园区高质量发展新逻辑

New Logic for Industrial Parks

临港案例

A CASE STUDY OF LINGANG GROUP

阎海峰　李刚　等◎著

北京大学出版社
PEKING UNIVERSITY PRESS

图书在版编目（CIP）数据

园区高质量发展新逻辑：临港案例/阎海峰，李刚等著.—北京：北京大学出版社，2024.4
ISBN 978-7-301-34847-5

Ⅰ.①园… Ⅱ.①阎… ②李… Ⅲ.①工业园区－经济发展－研究－威海 Ⅳ.①F427.523

中国国家版本馆CIP数据核字(2024)第045492号

书　　名	园区高质量发展新逻辑：临港案例
	YUANQU GAOZHILIANG FAZHAN XIN LUOJI：LINGGAN ANLI
著作责任者	阎海峰　李　刚　等著
责任编辑	余秋亦　任京雪
标准书号	ISBN 978-7-301-34847-5
出版发行	北京大学出版社
地　　址	北京市海淀区成府路205号　100871
网　　址	http://www.pup.cn
微信公众号	北京大学经管书苑（pupembook）
电子邮箱	编辑部 em@pup.cn　总编室 zpup@pup.cn
电　　话	邮购部 010-62752015　发行部 010-62750672　编辑部 010-62752926
印　刷　者	北京宏伟双华印刷有限公司
经　销　者	新华书店
	720毫米×1020毫米　16开本　23.5印张　384千字
	2024年3月第1版　2024年3月第1次印刷
定　　价	96.00元

未经许可，不得以任何方式复制或抄袭本书之部分或全部内容。
版权所有，侵权必究
举报电话：010-62752024　电子邮箱：fd@pup.cn
图书如有印装质量问题，请与出版部联系，电话：010-62756370

序 言

园区是中国改革开放的伟大创举，它贯穿了中国改革开放的发展始终，是中国特色社会主义现代化道路的生动实践。中国的园区发展体现了具有中国特色的以政府为主导的建设经验和"有效市场＋有为政府"的体制模式及制度优势。在我国开启全面推进中国式现代化新征程新时代的背景下，以"创新、协调、绿色、开放、共享"的新发展理念为引领，园区正在步入高质量发展的新阶段，如何进一步提升园区服务国家战略的能力，探索更高水平对外开放与制度创新，服务科技和产业的创新发展，这些问题需要理论联系实际，进行深度的研究与思考。

临港集团是以园区开发、企业服务和产业投资为主业的上海市属大型国有企业集团，即将迎来20周年的生日。集团深耕临港、走进上海、融入长三角、走向全国，走过了从无到有、从小到大、从弱到强的发展历程，积累了较为丰富的发展经验。近年来，集团秉持高质量、特色化、可持续发展理念，构建特色产业生态，着力构建科技创新、数字创新、绿色创新、服务创新、金融创新、海外创新的"六创"赋能体系，培育世界级产业集群，打造科技园区品牌，力争建设成为世界一流的卓越科创园区和卓越开发企业。集团作为长三角开发区协同发展联盟首届主席单位，致力于贯彻长三角一体化发展国家战略，为园区行业发展赋能，将我们在园区开发历程中所积累的经验与知识分享给全国园区，促进园区的创新发展。为此，集团还成立了临港创新管理学院、产业和创新发展研究中心等教育、研究平台，积极邀请学界专家为临港发展把脉问诊，推动园区发展实践创新和理论创新。

《园区高质量发展新逻辑：临港案例》一书就是依托临港—华东理工大学自贸区创新研究院这一校企合作平台，在华东理工大学副校长阎海峰教授的倡议与推动下，由华东理工大学商学院和临港集团创新管理学院共同研究、提炼和撰写的学术成果。本书从高水平开放、科技创新、产业集群、金融创新、空间建设、低碳发展等六个维度描绘了临港的创新实践，对实践背后蕴含的新的技术逻辑、市场逻辑和治理逻辑进行了理论探索，每章末还选取了部分国内外其他优秀园区的做法进行了对标研究。相信本书既可作为临港与全国园区行业同仁工作交流的桥梁，也可为高校、研究机构的人才培养和科学研究提供新的案例。希望本书能够吸引学术界、实务界更多的专家学者关注临港新片区的发展，共同为新时代中国园区高质量发展做出贡献。借此机会，感谢业内及社会各界对临港集团的倾心关注和大力支持，并诚挚地欢迎大家提出宝贵意见。

袁国华

上海临港经济发展集团（有限）公司党委书记、董事长

目录

第一章 绪论

1 临港是谁？ ··· 1
   1.1 临港之"港" ·· 2
   1.2 缘起漕河泾 ·· 5
   1.3 "上海临港" ·· 7
   1.4 临港新片区 ·· 9
   1.5 今天的临港 ·· 12

2 临港做了什么？ ··· 13
   2.1 培育先进产业集群 ·· 15
   2.2 引领绿色低碳发展 ·· 17
   2.3 探索更高水平开放 ·· 19
   2.4 构筑科技创新高地 ·· 21
   2.5 致力金融创新赋能 ·· 23
   2.6 塑造高品质空间 ··· 25

3 新逻辑之新 ··· 27
   3.1 新片区之新 ·· 29
   3.2 技术逻辑之新 ··· 32
   3.3 市场逻辑之新 ··· 35
   3.4 治理逻辑之新 ··· 38

4 结语：从乘势到造势 ··· 42

第二章 探索更高水平开放

1 构建"引力场" ·· 46
   1.1 特斯拉的选择 ··· 46

  1.2 不只特斯拉 ……………………………………………… 52
  1.3 从制造业到服务业 …………………………………… 58
2 拆除"玻璃门" …………………………………………………… 66
  2.1 小"楔钉"大用处 …………………………………… 66
  2.2 首个且唯一 …………………………………………… 73
  2.3 新片区的路：无中生有 ……………………………… 80
3 架设"起跳板" …………………………………………………… 85
  3.1 解决困局的跨境金融方案 …………………………… 85
  3.2 跨境资金池的前生与未来 …………………………… 89
  3.3 高水平开放的制度中介 ……………………………… 98
4 他山之石：新加坡——以数字展望未来 ……………………… 103
参考文献 ……………………………………………………………… 110

第三章 构筑科技创新高地

1 "热带雨林"的营造者 …………………………………………… 113
  1.1 修炼内功：接力式孵化价值链 ……………………… 115
  1.2 标准为王：国内首个孵化器标准 …………………… 120
  1.3 品牌名片：漕河泾嘉年华 …………………………… 122
2 "最后一千米"的助跑者 ………………………………………… 125
  2.1 从高校实验室开出的"五朵金花" ………………… 125
  2.2 如何走出科技创新"死亡峡谷" …………………… 129
3 从0到1的拓荒者 ………………………………………………… 134
  3.1 从无尽前沿到巴斯德象限 …………………………… 134
  3.2 临港的巴斯德象限 …………………………………… 139
4 他山之石：江苏产业技术研究院 ……………………………… 148
  4.1 "一所两制"的协同运营模式 ……………………… 149
  4.2 多元化的创新力量 …………………………………… 150

4.3 四位一体的创新生态······154

参考文献······158

第四章　培育先进产业集群

1 "生命蓝湾"：先进制造业集群的缩影······163
　　1.1 美敦力来了······167
　　1.2 链主的力量······172
　　1.3 先进产业集群的吸引力······175
2 强链补链······179
　　2.1 艰难的起步······179
　　2.2 "东方芯港"的成长之路······184
3 开放融合的产业生态······196
　　3.1 纵向协同融合······198
　　3.2 横向跨界融合······200
　　3.3 引进来，走出去······202
4 他山之石：波士顿生物医药产业园······204

参考文献······209

第五章　致力金融创新赋能

1 创新晶体的绿色价值······215
　　1.1 何为绿色建筑？······215
　　1.2 绿色建筑融资何以姗姗来迟······217
　　1.3 绿色＋管理：市场化思维下的价值挖掘······219
2 金融创新赋能······221
　　2.1 三资困境······221
　　2.2 REITs破局······223
　　2.3 有为政府与有效市场······240

3 他山之石：中新集团 ··253
    3.1 中新集团的上市历程 ···253
    3.2 中新集团上市的背后：园区开发政策的变迁 ········256

第六章 塑造高品质空间

1 种梧引凤：锻造高品质空间 ······································262
    1.1 宝石系标准厂房标杆 ···263
    1.2 生命蓝湾的 8 米远见 ··267
    1.3 全定制卫星制造"灯塔工厂" ·····························271

2 AI Park，联接园区今天与未来 ································275
    2.1 智慧服务赋能价值创造 ·····································276
    2.2 园区数据要素价值挖掘展望 ·····························281

3 产城融合：以人为本的城市空间演进 ······················284
    3.1 无边界的产业与生活空间 ··································286
    3.2 未来科学之城 ··293

4 他山之石：新加坡裕廊工业园 ·································297
    4.1 裕廊 1.0：政府垄断，快速立足 ·······················297
    4.2 裕廊 2.0：政府主导的市场化运作 ···················300
    4.3 裕廊的产城融合之路 ···303

参考文献 ··308

第七章 引领绿色低碳发展

1 绿色园区建设者 ···311
    1.1 绿色低碳转型的主力军 ·····································311
    1.2 绿色园区建设者 ··314

2 传统化工区变身碳谷绿湾 ··328
    2.1 金山二工区的困境 ··328

  2.2 以绿破局 ································· 332
3 "氢能谷"氢风来袭 ································· 340
  3.1 布局氢能产业 ································· 340
  3.2 打造氢能产业集群 ································· 343
  3.3 探索氢能应用场景 ································· 346
  3.4 打造园区多元化服务 ································· 349
4 他山之石 ································· 352
  4.1 低碳循环：日本北九州工业园区 ································· 352
  4.2 零碳智慧园区：德国欧瑞府（EUREF Campus）······ 358
参考文献 ································· 363

后记

第一章
绪论

1 临港是谁？

临港是一个产业区。临港产业区毗邻上海浦东国际航空港，背靠世界上最繁忙的洋山深水港，是上海进入 21 世纪后规模最大的区域开发项目，也是上海继浦东开发开放后做出的又一重大战略决策。2019 年 8 月 20 日，中国（上海）自由贸易试验区临港新片区（简称"临港新片区"）正式揭牌，将建设具有国际影响力和竞争力的特殊经济功能区。新片区位于上海东南，北临浦东国际航空港，南接洋山国际枢纽港，是上海沿海大通道的重要节点。

临港集团全称为上海临港经济发展（集团）有限公司，是临港新片区开发建设的主体。临港集团成立于 2003 年，是上海市国资委下属的唯一一家以产业园区投资、开发与经营和园区配套服务为主业的大型国有企业，负责临港产业区的土地开发、基础建设、招商引资、产业发展和功能配套等工作。在上海市国资委的企业分类中，临港集团被确定为功能类企业，在完成市委、市政府交办的重大任务和重大专项的基础上，兼顾经济效益。

临港集团是开发临港的主力军，而临港则是临港集团的主战场。

多年来，临港集团通过"区区合作、品牌联动""走出去"等举措，形成了深耕临港、立足上海、融入长三角、服务全国、走向海外的园区布局。在上海，临港集团高举科创中心建设旗帜，承担科创中心主体承载区、重要承载区建设任务，积极参与全市重点区域转型发展、镇域经济提质增效和工业遗存脱胎换骨，建设了多层次、多功能、多形态的产业园区；在沪外，临港集团主动承担上海对口支援和合作交流任务，在贵州遵义建设遵义漕河泾科创绿洲，推动产业协作扶贫。2016年以来，临港集团又相继在美国旧金山、芬兰赫尔辛基、瑞典斯德哥尔摩设立临港海外创新中心，在香港设立海外管理总部，全球布局的帷幕逐渐拉开。

临港集团总股本为69.82亿元，大股东是上海市国资委，出资36.8亿元、持股52.18%；同盛集团出资12亿元、持股17.02%；上海国盛（集团）有限公司吸收工业投资公司、上海地产集团、工业投资集团的股份，持股22.29%；久事公司和南汇城乡建设开发投资总公司分别出资4.5亿元、1.5亿元，持股6.38%、2.13%。旗下拥有一家沪市主板上市公司"上海临港"（600848.SH），已作为样本股入选上证180指数和沪深300指数，是资本市场上流动性好、行业代表性强、具有投资价值的优质上市公司。

1.1 临港之"港"

临港集团因港而生、因港而兴。从20世纪90年代开始，上海筹划建设深水港，力求打造其国际航运中心的地位，誓从"一个龙头、三个中心"跃升为"四个中心"。2002年，国家正式批准上海在洋山建立深水大港，同时要求在岸上建设20多平方千米的物流园区和生活配套区，定名为海港新城。伴随浦东国际航空港、洋山深水港的建设，上海城市东扩、生产力东移，产业转型升级亟需新的承载空间。为优化城市空间布局、推动形成新型产业体系，上海决定开发临港、建设临港产业区。2003年12月底，上海市人民政府以第16号令发布了《上海市临港新城管理办法》，明确由临港集团负责临港产业区的开发建设。

临港之"港"，肇始于上海东南角的一个小渔港——芦潮港。芦潮港坐落于上海南汇（2009年划归浦东新区）。据《旧唐书》记载，此地由扬子江水出海后受海潮顶托，折旋而南，与钱塘江水在此交汇而成陆，因其曲突入海，形状如嘴，故称"南汇嘴"，曾称"海曲""南沙"。芦潮港南临杭州湾，东临东海。20世纪60年代，由于内河河道连通着东海，建造了上海东南最大的水闸，取名"芦漕港"。1984年，南汇县向上海市递交《关于建议在芦潮港建设港口的报告》（后简称为《报告》），希望在芦潮港近海建设一个港口（客货两用码头）。《报告》将芦漕港更名为芦潮港，象征着改革开放大潮汹涌澎湃。1985年，南汇县政府批准《芦潮港总体规划》，对芦潮港的功能进行定位，决定在芦潮港建设码头等港口设施，并开通近海航线。1987年，芦潮港至宁波的航线开通。自此，芦潮港成为上海市发展海洋产业的重要焦点。

1992年10月，党的十四大报告中提出以上海浦东开发开放为龙头，进一步开放长江沿岸城市，尽快把上海建成国际经济、金融、贸易中心之一，带动长江三角洲和整个长江流域地区经济的新飞跃。此后，建设深水港成为上海新一轮城市基础建设十大工程之首。1996年，国家从战略层面决定加快推进以上海为中心、以苏浙为两翼的上海国际航运中心建设，将建设上海国际航运中心作为直接影响长三角地区和长江经济带发展的重要环节，更作为中国扩大对外开放、推动中国经济融入全球经济的重要举措。站在更高起点，对标英国伦敦、德国汉堡、美国纽约、新加坡、中国香港等国际航运中心，建设中国国际航运中心的目标定位，要求上海要以更深的水建设更大的港，由此孕育了开发洋山深水港和临港地区的战略规划。

洋山深水港因大、小洋山岛得名，位于浙江嵊泗列岛以北，航道水深

15米以上，海域潮流强劲，泥沙不易落淤，地理位置优越，西北距上海芦潮港约32千米，向东经黄泽洋水道直通外海，距国际航线仅45海里，扼守亚洲—美洲、亚洲—欧洲两大国际航线要道，是距离上海最近的深水良港。洋山深水港工程由深水港区、芦潮港海港新城和连接港区和港城的长约30千米的东海大桥组成。目前，洋山港最大可靠泊15万吨级的集装箱船舶，已远非昔日芦潮港可比。

在早期规划中，海港新城的定位是作为洋山深水港的陆域支撑城市，提供生活区和配套服务。为更好地抓住历史机遇、进一步发挥浦东开发开放和建设国际航运中心的集聚辐射效应，2002年，根据上海市产业发展要求，临港地区的定位从海港新城升级为临港新城，融入产业功能。依托正在建设的深水港，建立临港综合经济开发区的工作开始启动。

2003年2月，第十二届上海市人民代表大会第一次会议上的《上海市政府工作报告》中提出，以高新技术产业和现代装备制造业为重点，全面推进工业新高地建设，建设临港综合经济开发区被确定为上海新一轮优化产业布局的重要举措，并且首次明确提出建设新技术产业、现代装备制造业和出口加工的新型产业基地。至此，临港综合经济开发区与规划的海港新城整体发展的设想，以及海港新城发展规模和空间范围初步形成。7月，临港综合经济开发区定名为"临港新城"。

1.2 缘起漕河泾

临港集团并非白手起家。实际上临港集团首批成员中的许多人来自上海漕河泾新兴技术开发区（后简称为漕河泾开发区）。

漕河泾开发区分别于1988年、1991年经国务院批准为国家经济技术开发区和国家高新技术产业开发区，2000年又成为APEC国际科技工业园区。规划面积5.984平方千米，是经国务院批准的第一批以引进外资、引进国外先进技术、发展新兴技术为主的国家级经济技术开发区和高新技术开发区。其前身是起步于1984年的微电子工业区，旨在利用上海科技优势、人才优势，加快中国微电子（集成电路、半导体等）产业发展，赶上全球第三次科技浪潮。

1988年7月，上海市漕河泾微电子工业区开发公司更名为上海市漕河泾新兴技术开发区发展总公司，统一负责漕河泾开发区的建设和经营管理等工作。

成立至今，漕河泾开发区始终走在产业发展的最前沿。从80年代末至90年代初，漕河泾开发区大胆利用外资，引进先进技术，兴办包括微电子、光纤通信、激光、生物工程、航天技术和新型材料等新技术产业。一批知名中外科技企业先后落户漕河泾开发区，如飞利浦照明、贝岭微电子、AT&T、法国液化空气集团、3M、大计数据、爱普生、英业达电子、施耐德电气、大唐移动、复星生物等。90年代末，互联网浪潮席卷全球，一个科技巨变的时代悄然来临。漕河泾开发区也迎来了"二次创业"。同时，孵化器基地不断发展，科技创新功能日趋完善，一批又一批的科技成果破茧而出，这一切令漕河泾开发区的金字招牌越来越亮。

2003 年，开发临港的任务应运而生，初创团队是以时任漕河泾开发区党委书记和董事长为首的、一大批来自漕河泾开发区的中层骨干和后备年轻干部，旨在把漕河泾开发区开发过程中积累多年的理念、文化、制度、模式等迁移到临港的开发建设之中。

2004 年 8 月，临港集团股东会表决通过：同意股东上海工业投资（集团）总公司以经资产评估确认的上海市漕河泾新兴技术开发区发展总公司的 4.5 亿元净资产以股权划转形式投资上海临港经济发展（集团）有限公司；同时，该 4.5 亿元作为上海临港经济发展（集团）有限公司对上海漕河泾新兴技术开发区发展总公司的出资。至此，漕河泾新兴技术开发区发展总公司成为上海临港经济发展（集团）有限公司下属子公司，漕河泾开发区成为临港集团开发建设的核心园区，并实现临港产业与漕河泾开发区资源的互通共享。临港集团作为上海市唯一一家以产业园区投资、开发与经营和园区配套服务为主业的大型国有企业，开始以"漕河泾"和"临港"双品牌运营。图 1.1 为 2004 年的芦潮港。

图 1.1　2004 年的芦潮港

1.3 "上海临港"

临港集团成立之初资本金为 30 亿元人民币。在临港地区开发过程中，大量基础设施建设及土地储备占用了大量资金，由于政府财力支持和前期开发投入不匹配、资本金规模与开发面积不匹配，集团合并报表资产负债率一度超过 90%，限制了集团后续融资发展。在资本金规模限制和保持合理资产负债率的条件下，集团要应对进入全面发展期巨大的项目投资需求，亟需打开新的资金渠道。同时，集团在园区开发建设过程中沉淀了大量优质资产，具有稳定现金流，但是依然处于"捧着金饭碗讨饭吃"的状态，无法通过资本市场的价值实现机制盘活、放大资产价值，更好地吸引社会资金为园区开发建设所用。

作为一家国有企业，由于市场化激励不足，体制机制方面面临诸多挑战，企业的可持续健康发展受制明显。而伴随着我国社会主义市场经济体制的不断完善，产业地产市场逐步开放，国内市场上形成了一些品牌开发企业。面向市场，政府在选择开发主体时，必定会优先考虑市场能力强、品牌信誉好的开发主体，未必是本地国有企业。另外，随着集团空间拓展、业务规模扩大，以及投资、运营手段的日趋多样，对资源多元化、操作市场化、人员专业化的要求也越来越高。如何通过机制创新更大程度实现市场化平台、市场化考核、市场化激励、市场化约束，日渐成为集团进入全面发展期亟待破解的问题。而问题的本质就是，临港集团是否要成为真正的市场主体？是否要坚定地走向市场化道路？

2014 年，"上海国资国企改革 20 条"明确了"以国资管理创新带动国企改革为核心，全面推进新一轮国资国企改革发展"的改革方向，提出

"积极发展混合所有制经济,加快企业制股份制改革,实现整体上市或核心业务资产上市"。借此国企投融资体制改革的东风,2015 年,临港集团通过借壳"自仪股份"推动"上海临港"上市,实现了部分园区资产证券化并顺利兑现三年盈利承诺,不仅推动了集团更好对接资本市场,降低资产负债率,提升经营业绩,还有力地推动了集团治理结构和管理架构的优化,加快破解了制约集团发展的体制机制瓶颈,推动了集团的转型发展。

1.4 临港新片区

为了更好发挥上海在对外开放中的重要作用,鼓励和支持上海在推进投资和贸易自由化便利化方面大胆创新探索,为全国积累更多可复制可推广经验,2019年8月6日,《中国(上海)自由贸易试验区临港新片区总体方案》(简称为《总体方案》)正式印发,标志着临港新片区正式设立。按照《总体方案》的部署,临港新片区将实施具有较强国际市场竞争力的开放政策和制度,加大开放型经济的风险压力测试,成为我国经济高质量发展转型的试验田和深度融入经济全球化的重要载体。显然,临港新片区的设立担负着继续扩大开放的国家战略,是对标国际最高水平经济规则的压力测试区,也是顺应全球生产链重新布局的战略高地。2019年8月20日,中国(上海)自贸试验区临港新片区挂牌。

作为上海自贸区的重要组成部分,临港新片区可谓"天生丽质"。中央交付上海的三项新的重大任务中,一项就是增设上海自贸试验区临港新片区。新片区与上海西侧的长三角生态绿色一体化发展示范区、虹桥国际中央商务区一同,并称为"东西两翼",是上海城市空间格局重塑的重大手笔。而新片区肩负的第一道使命就是"打造世界领先的产业集群,打造安全、完整、可靠的世界领先产业集群"。

在2022年版的上海市产业地图上,临港是上海的5大区域之一,是制造业发展的战略增长极。聚焦前沿产业,打造"4+2+2"产业体系,即集成电路、生物医药、人工智能、民用航空四大核心产业,高端装备制造、智能新能源汽车两大优势产业,氢能、绿色再制造两大未来产业。

临港新片区挂牌成立当天，新片区第一家公司——临港集团上海临港新片区经济发展公司注册成立。作为临港产业区开发的主力军，临港集团扮演的主要角色是，新片区开发建设主体和各园区平台公司的管理总部。公司根据"临港新片区要进行更深层次、更宽领域、更大力度的全方位高水平开放"等要求，以打造"特殊经济功能区"和建设"现代化新城"为目标，致力建设国际一流的金融和贸易集聚区。全面构建开放型现代服务业生态体系，提升全球资源要素的配置能力，进一步拓展跨境金融服务、促进离岸业务发展、提升新型国际贸易、优化新片区营商环境。成立以来，公司先后设立了临港新片区创新金融服务中心、新型国际贸易服务中心、国际航运促进中心、法律服务中心、国际教育发展促进中心、国际人才交流促进中心，通过搭建功能平台来构建产业生态。

公司的主要任务是，坚持以功能开发引领形态开发，以开放开发助推产业开发，以增量开发提升存量开发，以主导开发引导合作开发，积极运用市场化手段，完成分区规划、功能塑造、产业导入、土地和物业开发等各类任务，致力建设国际一流的现代服务业开放区、全球协同创新区、新兴产业引领区、特殊综合保税区、高品质国际社区等重点功能分区，实现各功能分区在产业、功能、形态上的有机融合、联动发展，形成以创新经济、总部经济、数字经济、离岸经济为主的新片区现代化经济体系基础框架。

用临港集团自己的话说，就是：

围绕全球资源配置功能，依托现代服务业开放区和洋山特殊综合保税区，设立新型国际贸易、创新金融、国际航运和国际法律等服务型功能平台，统筹在岸和离岸业务，为提高我国要素市场定价权和人民币国际化做贡献。包括在滴水湖北岸建设现代服务业开放区，强化核心区域高密度开发。充分发挥新片区境内关外优势，发展大宗商品的离岸交易，开展全球资产管理业务，打造多元化、国际化的跨境金融、跨境贸易、航运服务功能载体，吸引贸易运营、结算、国际采购等总部型功能机构集聚，建设境内关外的国际会展中心、国际免税品展示交易中心等服务载体，发展高端国际服务贸易。

围绕科技创新策源功能，以临港科技城扩区为契机，全面融入全球创新网络，加大科技创新领域开放度，建设以开放创新为核心的全球协同创新区，提升创新策源能力。建设高品质国际科学社区，吸引国际研发总部、科技银行、研发和转化功能性平台、国际化教育医疗机构、科技孵化服务机构等入驻，探索创新源头"最先一千米"与产业化"最后一千米"的对接，打造功能定位科学、创新载体互联、生态宜居宜业的全球创新协同区。

围绕高端产业引领功能，瞄准高端化、集群化、基地化产业发展方向，以特色园区建设为抓手，积极布局新赛道，推动集成电路、生物医药、人工智能三大先导产业规模倍增，聚焦临港新片区"4+2+2"前沿产业和集成电路、新能源汽车、生物医药、高端装备制造、民用航空五大千亿级产业集群集聚发展。通过先进产业引领，推动创新资源集聚，突破"卡脖子"的关键核心技术、关键部件和关键材料，形成"创新链、产业链和价值链"三链融合发展新模式，打造产业集群和产业生态。同时，把握产业创新跨界融合发展趋势，推动人工智能装备、产品与核心部件、系统协同发展，促进智能汽车、智能制造、智能机器人等新业态发展。

围绕开放枢纽门户，依托洋山国际深水港、浦东机场国际航空港和信息飞鱼国际数据港的区位叠加优势和海陆空铁水一体化集疏运体系的交通配套优势，发展高能级的航运服务和更便捷的数据跨境流通服务，拓展开放枢纽门户功能。

为此，临港集团必须以特色化高品质服务，赋能上述"四大功能"建设。比如，以客户需求为导向，建设高水平特色载体空间；以科技创新为引领，配置特色创新资源；以及围绕国际化高端人才对环境、居住、教育、医疗、商业等各方面的需求，探索国际化条件下社会治理新模式，规划建设产城融合的世界一流国际社区，等等。

1.5 今天的临港

2021年11月1日,总建筑面积达10万平方米、以生命科学和人工智能为研究方向的顶尖科学家联合研发中心正式启动开工建设,标志着上海自贸区临港新片区国际创新协同区全面启动建设。国际协同创新区聚焦发展集成电路、生命科学、人工智能、数字经济、蓝色经济等前沿科技产业,加快集聚总部经济,以制度创新引领加快数字经济赋能实体经济,将发挥"海内外人才集聚、国际创新网络节点、创新策源提升、科技成果转化、产城生态融合"五大功能优势,助力上海科创中心建设。

今天,临港集团在上海范围内已经逐渐形成了"2+4+3+X"的园区布局。即临港科创中心主体承载区和漕河泾重要承载区两大核心区,松江、浦江、桃浦、临港四大科技城,南桥、康桥、金山三个区域科创中心,以及包括位于宝山、静安的若干新业坊。集团下属园区在功能上涵盖了生产制造、生产性服务业、总部商务、商贸物流、创新创业等全产业链园区品类。此外,临港集团还与全国各地开展合作,如在长三角开发建设了漕河泾海宁园区、盐城园区、沪苏大丰产业联动合作示范区,与成都电子科技大学合作建设双创园,在贵州遵义建设遵义园区等。

为了更好地融入全球创新体系,集聚全球创新资源,集团在美国旧金山、芬兰赫尔辛基、瑞典斯德哥尔摩等地设立了海外创新中心,在香港设立海外发展公司,并建设临港香港创新中心。

2 临港做了什么？

图 1.2 所呈现的是临港集团的战略行动框架。

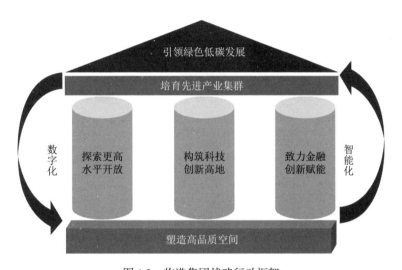

图 1.2 临港集团战略行动框架

聚力特殊经济功能，培育先进产业集群是临港集团最重要的战略目标。塑造高品质空间，以高适配性满足特色产业发展要求，则是其服务赋能的基础性要件。绿色低碳发展，则体现出临港作为一家负责任的领导型企业，所应有的伦理价值和使命担当。集团在高水平开放、科技创新、金融创新方面的主动性、创造性行动，是支撑其实现战略目标和价值引领的核心力量。

贯穿这一战略行动框架的则是一股面向未来的科技力量——数字化、智能化。在先进产业集群中，集成电路、人工智能本身就是重点培育的新赛道。无论引领绿色低碳发展，还是塑造高品质空间，数字化、智能化都在其中扮演着重要角色。至于新型国际贸易、全球创新网络、跨境离岸金融……数字化、智能化更是无所不在。

临港新片区肩负"打造安全、完整、可靠的世界领先产业集群"的战略使命。而作为新片区开发建设主力军的临港集团，自然也将培育先进产业集群置于企业战略目标的核心位置。同时，培育先进产业集群也是集团继往开来、创新发展的动力引擎。如果说培育先进产业集群体现的是临港集团的战略竞争力，那么，引领绿色低碳发展就是临港集团的价值领导力。不论从人类可持续生存发展，还是全球话语权竞争，绿色低碳都是任何一家负责任的领导型企业应有的价值追求。临港集团作为国家战略承载区的主要建设者，既有必要也有义务引领产业绿色低碳发展。

高水平开放、科技创新、金融创新作为三大前沿性、开拓性力量，构成了临港集团实现培育先进产业集群、引领绿色低碳发展的核心力量源泉。站在新的历史起点，承续改革开放主题，临港集团正在开放、创新领域进行着更高水平、更大力度、更深层次的探索行动。探索更高水平开放，意味着要推动国内国际两个市场、两种资源的融合，以及更有效率、更有效果的制度型创新实践，也意味着更积极、更成熟地为中国企业"走出去"提供保障。构筑科技创新高地通过创新链、价值链的延伸，打通科技创新活动中"由0到1""由1到10""由10到100"全过程，为产业长期可持续发展提供源源不断的科技源动力，也为打造科技创新策源地奠定了坚实的基础。金融创新则是临港集团拥抱市场、锐意进取的重要标志。通过REITs等资本项目的落地，临港集团对市场化运营的自信、对内外部治理模式改革的探索也体现得淋漓尽致。通过金融创新，集团为实现战略目标提供了充足的资金流和强有力的治理保障，赢得了市场的信任。

当然，所有这一切，都需要高品质空间予以承托。因此，临港集团在塑造高品质空间载体上倾注了大量心血，不仅提供高品质的基础设施与完备的配套服务，也不仅以高适配性的空间满足特色产业发展要求，甚至以打造"经典之作、传世之作"的艺术标准，以高水平建筑作品引领高品质城市形态。

2.1　培育先进产业集群

培育先进产业集群是临港集团最核心的任务，也是其竞争力的来源。临港集团对自身的定位是对标"国家亟须、战略必需"重点产业领域，瞄准高端化、集群化、基地化产业发展方向，以特色园区建设为抓手，积极布局新赛道，推动上海三大先导产业规模倍增，战略性支柱产业厚积成势，聚焦临港新片区"6+2"前沿产业和五大千亿级产业集群集聚发展。

临港集团迄今所交出的答卷是亮眼的。目前已经形成东方芯港、生命蓝湾、动力之源、信息飞鱼、大飞机园、国际氢能谷等14个特色产业园区，集聚了大批在先进产业中处于领先地位的企业。

培育先进产业集群绝非易事。临港集团的关键做法是深刻认识、紧紧抓住"链主"企业对产业链的带动作用，将引入链主作为招商工作的重中之重。链主企业在整个产业链中处于核心地位，有着丰富的技术、资源和市场影响力。这些企业的引入往往会吸引其他相关企业入驻，形成产业集聚效应，同时带动园区内其他企业的发展，形成产业链上下游的协同。以生命蓝湾特色产业园区为例，2021年医疗领域科技巨头美敦力进入之后，其自身不仅根据中国独特需求做出定制化改造，也牵引、支持着一批产业链上本土初创企业的创新发展，助力生命蓝湾产业集群吸引并培育出源源不断的新创企业和成熟的医疗产业链企业。

近年来，培育先进产业集群遭遇了外部环境变化的挑战。从2018年美国商务部对华发布第一份实体清单之后，在关键环节被"卡脖子"成为中国高科技产业发展的难题。比如，在集成电路产业中，芯片设计、关键材料、生产设备、制造工艺、测试和封装各个环节中一旦某处被卡,芯片的自主制造就难以实现。为突破"卡脖子"难题,临港集团坚持全产业链招商,基于龙头引领、中小企业随行的路线,打破产业链上的瓶颈,确保产业链的正常运转;针对产业链的短板,尤其是受制于人的关键领域,通过培育专精特新"小巨人"企业,致力于在短时间内掌握关键核心技术,突破短板瓶颈的制约。

先进产业集群如何才能进一步提升竞争力?临港集团的做法是,同一产业内部和不同产业之间必须形成一个具有高度包容性的产业生态,促进企业能力的外溢。集团通过引导集群内企业纵向协同融合,产业间横向跨界融合,共同构建开放融合的产业生态,最终实现各个产业集群的竞争力升级。

2.2 引领绿色低碳发展

改革开放四十多年以来,中国取得了伟大的经济成就,同时也付出了环境代价。工业园区是经济发展和企业集聚的前沿,通常也是资源消耗和环境破坏比较集中的区域。因此,工业园区是实现绿色低碳发展的关键载体。

上海是我国最早和最重要的工业基地之一,众多老旧工业园区面临紧迫的产业升级和绿色低碳发展难题。在上海金山第二工业区,临港集团开启了将传统化工产业园区向绿色化、高端化的转型,在园区内成功启动"碳谷绿湾"产业园项目,集聚和培育新材料、节能环保等绿色产业,实现"腾笼换鸟"。全国聚集高排放、高污染产业的工业园区不在少数,转型同样迫在眉睫,"碳谷绿湾"的实践可以为传统产业园区转型升级提供一个参考样本。

在实现旧产业转型升级的同时,全面的新能源转型更为关键。2020年9月,我国提出2030年前"碳达峰"与2060年前"碳中和"的"双碳"战略目标,对全球气候变化问题做出了积极响应,体现了一个负责任国家的担当。目前,我国的能源结构中,燃煤发电仍占到70%,需要大力发展风、光、储、氢等新能源解决方案。氢储能作为潜力最大的储能方式,可以很好地解决风、光等再生能源发电后的储存问题。临港集团从2016年开始布局氢能产业,经过七年的发展,氢能产业链已初具规模,上游氢气供应,中游生产、研发、制造领域聚集了一大批技术领先企业,并借助临港自身应用体量大的场景优势,实现了产品的落地应用。

从人类生存发展的视角来讲，过去高污染、高排放的发展模式显然已经不可持续。除非离开地球，否则，构建绿色低碳的新发展模式是人类拯救自然、拯救自己的唯一手段。从更现实的角度看，通过减少碳排放以延缓全球气候变暖趋势已经成为全球共识，碳排放权正在形成有史以来第一个全球统一税负，并可能成为未来在数据要素之外的最大无形资产，是参与大国竞争的必要条件。在这样的背景下，临港集团积极推动绿色发展，构建绿色价值，在园区低碳建设、产业绿色转型和新能源产业发展等方面所作的努力，不仅体现出参与未来竞争的前瞻性，也彰显领导型企业的伦理价值。

2.3 探索更高水平开放

高水平对外开放是中国顺应全球自由贸易发展趋势和本国发展阶段，深度融入世界经济，实现高质量发展的战略选择。近年来，全球化进程遭受贸易保护主义的挑战，国际经贸规则面临深度重构。在这种情势下，高水平开放的历史意义和时代价值进一步凸显。临港集团，作为高水平开放的先行先试者，正在从多个维度展开新的探索。

通过构建"引力场"，临港集团积极打造国内大循环的中心节点和国内国际两个市场、两种资源的战略链接，吸引世界顶尖人才、著名跨国企业、顶尖服务机构落户临港，为全球资源要素提供最优配置方案和最佳服务保障。以2018年临港集团成功引入特斯拉超级工厂项目为例，中国的汽车市场和产业化能力与特斯拉的先进技术相结合，不仅让特斯拉成为了全球市值最高的汽车企业，更推动了中国新能源产业链加速走向成熟。

在探索高水平开放的道路上，一些符合过去国情的政策、制度可能在当下变成阻碍进一步开放的难点、堵点。这些难点、堵点仿佛一扇扇"玻璃门"阻断了企业的创新探索。临港集团作为功能独特的企业服务者，致力扮演好制度创业者的角色，积极探索推动制度创新，为园区企业拆除"玻璃门"，消除障碍、提升效率。在洋山特殊综合保税区内，临港集团大物贸平台破除保税船供的制度障碍，开拓船舶保税维修服务业业态，便是一个很好的例证。

伴随"一带一路"倡议影响力的扩大和中国企业竞争力的日益提升，越来越多的中国企业积极踏出国门，拓展海外市场，尝试跨国经营。临港集团发挥它作为连接企业与公共资源的制度中介的作用,为企业跨国经营架设"起跳板",助力企业深度融入国内国际双循环。例如,临港集团与泰国大华银行合作探索设立中泰跨境资金池,为希望在泰国扩大生产能力的企业解决资金困局;建设国际数据港,为跨国企业、科研机构、金融机构等提供关键的数据跨境流动支持服务。

历史经验表明,后发国家通过对外开放,吸收世界先进的理念、制度、技术,是实现文化、社会、经济快速发展的必由之路。为实现高质量发展,中国一再向全世界宣示,将坚定不移推进高水平对外开放,更好发挥上海在对外开放中的重要作用,而临港集团就像一扇开放的窗口,向世界展示中国始终坚持对外开放的姿态与决心。

2.4 构筑科技创新高地

科学技术是第一生产力。对企业来说，科技创新可以实实在在地提高企业的收益。对产业园区来说，科技创新可以增强园区的竞争力和吸引力。对于国家来说，科技创新可以带来生产率的提高、催生新的产业领域和市场、改善生活质量、解决社会问题。在全球新一轮关键领域科技竞争背景下，对企业、对园区、对国家，科技创新都面临更大的机会和挑战。如何抓住机遇、应对挑战，临港集团正在以勇闯无人区的勇气，进行着创新实践。

科技创新按创新链先后可以分为"从 0 到 1""从 1 到 10"和"从 10 到 100"三个重要阶段。"从 0 到 1"是科创链的最前端，是高校和科研院所进行基础研究，科学技术从无到有的阶段。"从 1 到 10"被称为从实验室到产业的"最后一千米"，是科创链中承上启下的阶段，是为实验室的创新成果寻找商业价值，并对接市场需求的过程。而"从 10 到 100"是科创链的后端，是科创成果的规模化和产业化落地，科创企业从初创到发展壮大、最终带动整个产业链发展的阶段。

在"从 10 到 100"阶段，临港集团的科创服务体系具有传统优势和专业经验。从 20 世纪 90 年代的漕河泾开发区开始，临港集团建立了科技创业苗圃、大学生创业创新园、孵化器、加速器在内的接力式孵化载体，精心构建了接力式的科创服务体系，为初创企业提供了良好的成长环境和服务支持，培育出"热带雨林"式的创新生态。基于三十年来的科创服务经验，集团曾经总结编纂了《科技创新创业服务标准》一书，首次系统性提出创新创业服务标准和规范。通过服务标准化，临港集团的科创服务经验正在更大范围复制推广。

"从1到10"阶段一直被视为科技创业面临的极具风险挑战的"死亡峡谷",大量在实验室中诞生的科技创新没能最终走出实验室。为翻越这座死亡峡谷,临港集团与上海交通大学自2014年开始合作,共同成立智能制造研发与转化功能型平台,通过体制创新帮助学校教师在从事科技成果转化的同时,可以兼顾高校的绩效考核。临港集团则为入驻平台的科技公司提供专业的产业服务,弥补科技工作者在商业运营上的不足。在此基础之上,通过采取项目法人制形式进行管理,并要求每个项目组建多元化、混合型人才团队,以保证科技成果转化的顺利进行。双方紧密的合作和探索绽放出"五朵金花",在汽车动力总成高端智能制造、航空发动机测试验证、燃料电池、轻合金材料、核电测试装备五个领域培育出了极具代表性的智能制造相关科研成果转化项目。

在"从0到1"阶段,由于分工深化,目前科研体制遵从的是科技发展的线性模式,意味着基础研究与商业应用各自独立,分别由科研机构与商业机构负责。然而,在线性模式的影响下,许多基础研究的成果很难找到市场需求,而企业因其逐利的本质,也不愿意参与基础研究,由此导致创新链与产业链的分割,甚至断裂。为了突破研究与应用的区隔,将两者紧密结合,临港集团形成了两种主要模式以打通创新链与产业链。其一是引导各产业集群当中的产业链链主企业,主导产业链协同创新,突破产业链所需的基础科学研究难题,其中以临港集团与中国商飞共建的大飞机创新谷最为典型。其二是建立服务基础研究的新型功能平台,链接产业界与学术界,撮合和促进企业联合高校和科研院所开展协同创新。如此一来,链主企业、高等院校和科研院所等创新主体得以有机连接起来,实现产业链与创新链的双向赋能,进而形成实力强大的创新联合体。

"从10到100""从1到10""从0到1",四十年来,临港集团完成了从科创链后端向最前端的延伸,构建了全过程科技创新体系和全链条科创产业,将高水平创新主体和内外部资源连接在一起,贯通了创新链与产业链的各个环节。

2.5 致力金融创新赋能

产业园区开发者的主要工作是根据政府产业规划对所管理的区域进行土地开发、基础设施建设和物业建设，这种功能定位使得园区企业往往依赖于其与地方政府的密切关联。在寻求银行信贷支持时，地方银行也出于行政关联和对隐性担保的预期，为园区开发企业提供低廉的贷款。这种模式能帮助地方实现基础设施的从无到有，但市场化程度不高。对大量依赖非市场化方式运行的传统园区开发企业而言，容易形成"资金供给无弹性——资本配置无效率——资产质量无保障"的恶性循环，最终陷入不断借新还旧的"三资困境"。

与传统园区开发企业一样，临港集团也曾面临资金困境，高度依赖银行借款，资产负债率一度高达 89%。为打破这种局面，如今的临港集团成功走出了一条通过金融创新的市场化变革之路，为自身健康可持续发展赋能。

金融创新本质上是为了应对实体经济融资需求的变化，而实体经济融资需求的变化则根植于经济发展目标和价值理念的变化。作为园区开发企业，通过支持和服务企业来创造价值，并通过这些价值反过来帮助自身进行金融创新，才能实现可持续和高质量的发展。基于这一认识，临港集团通过价值挖掘，在离岸金融、跨境金融、绿色金融和科技金融四个方面实现了金融创新突破。

除了前端的价值挖掘，任何企业的市场化运作都需要在后端将这一价值推向市场，通过市场投资者的资金供给实现流动性的回笼和价值的最终实现。临港集团充分挖掘其运营资产的价值，推动优质资产走向市场，从而获得成本更低的直接融资。由于其融资是基于已市场化资产的价值，必须接受外部投资者监督，因此又推动了招商、运营等部门对于运营管理能力的提升，以保证资产优质和可持续性融资。由此，金融与业务之间互相促进，推动了资产——资金——资本之间的良性循环。其中最具代表性的两项金融创新案例，一是在 2015 年临港集团推动"上海临港"借壳上市，实现了部分园区资产证券化并顺利兑现三年盈利承诺。二是在 2022 年推出的全国首单产业园公募 REITs，以标准厂房为基础资产，将流动性弱的不动产盘活，转变为方便广大投资者参与投资和交易的金融产品。

通过金融创新、走市场化道路，临港集团在降低自身资产负债率，提升经营业绩的同时，还有力地推动了集团治理结构和管理架构的优化，破解了许多制约集团发展的体制机制瓶颈，这些经验对全国各地的园区建设和经营者具有借鉴意义。

2.6 塑造高品质空间

产业发展与空间载体密不可分，高品质的空间载体是承载高水平产业发展的基础。作为推动园区产业转型和创新发展的引领者，临港集团通过合理规划的厂房布局、便捷的交通和完善的公共服务设施等方式优化企业运营效率，提高资源利用效率；打造舒适美观的工作环境和功能完备的配套服务，以吸引高素质人才加入，并激发员工的创造力；建设富有设计感的空间，提升产业的科技感和品质感；采用高标准的硬件条件，如通信、供能等，支撑产业发展。

上述举措满足了大部分普适性的需求，但临港集团旗下各个园区承载着众多不同的先进产业，不同产业间对于空间载体的要求差异巨大，一套标准公式显然无法满足差异化的特殊需求。比方说，生物医药企业需要 5 米以上的层高来垂直布置发酵、制剂等工艺所需的多种复杂设备，而船舶发动机等大型重装备的生产和运输要求厂房的门高需要 10 米以上；对类似卫星制造等产价值品动辄千万甚至上亿的精密设备生产企业来说，防水要求则极其严苛。为此，在产业园区规划之初，临港集团就与世界顶级的咨询机构合作，先行制定该园区内的细分行业方向。确定方向之后，再与该产业专业厂房设计单位对接，向投资机构、在谈企业等多方主体广泛了解需求，最终做到为每个细分行业、每个具体企业量身定制最适合的空间载体，实现企业"拎包入住"。

为更好、更全面地服务园区内企业和在其中工作生活的人们，临港集团积极探索智慧园区建设，应用人工智能、物联网、大数据等新一代数字技术，对传统产业园区进行智能化升级和数字化重构。比如，上海市普陀区桃浦门户界面的智创 TOP，作为临港集团 AI Park 智慧园区的先行试点项目，已经应用数字化技术实现了多种园区智慧服务，如智慧安防、智慧能源、智慧消防、数字孪生、智能终端管理等，并持续挖掘园区数据要素价值，探索面向企业与个人的个性化服务。

在此基础之上，作为城市的更新者和建设者，临港集团还从更高的维度思考产业与城市的未来。随着城市发展，过去主要以满足产业功能性需求的产城分离模式，遇到越来越多的问题，人本主义导向的产城融合成为城市未来的发展方向。临港集团的建设理念正在从企业生产为核心的产业园区向职住平衡的产业社区过渡，最终走向完全打破工作与生活边界、集产城融合、功能完备、职住平衡、生态宜居、交通便利、治理高效等为一体的国际产业新城。这并非仅存于脑海的构想，今天的漕河泾开发区，已不仅仅是一个科创园区，更是一个具有现代感的城市社区，而正在建设中的数字江海国际产业新城，或将是一个未来数字城市示范区。

3 新逻辑之新

中国经济已经由高速增长阶段转向高质量发展新阶段，意味着我国经济发展方式要从规模速度型转向质量效率型，经济结构调整也要从增量扩能为主转向调整存量、做优增量并举，发展动力则要从主要依靠资源和低成本劳动力等要素投入驱动转向创新驱动。

改革开放以来，以开发区为主体的各级各类园区为实现中国经济的快速增长提供了关键的平台支撑。自1984年中国设立第一批国家级开发区以来，开发区便凭借其在管理机制、创新要素、政策优惠等方面的独特优势持续快速发展。

根据相关统计数据，截至2023年2月9日，中国已建成由674个国家级开发区（包含国务院批准设立的经济技术开发区、高新技术产业开发区、海关特殊监管区域以及其他类型开发区），2107家省（区、市）级开发区组成的开发区体系。

作为改革开放的创造性成果，开发区不仅是中国区域经济发展的战略载体，更可视为兼具新兴经济体和发展中国家特征的准自然实验。作为我国改革开放进程中非常重要的一种制度安排，开发区在制度转型、市场机制培育、产业结构升级和带动地区经济增长等方面发挥着引领示范作用；作为体制外变革的一种创新性制度安排，中国开发区的探索与实践也已经被公认为包含中国智慧的"中国经验"，受到了国际社会特别是发展中国家的关注。

开发区在改革开放进程中主要承担了两大功能：一是引进外资、生产技术和管理经验的主要空间载体，是展示中国对外开放的重要窗口；二是平台经济功能，为外企、民企提供了市场化功能的发展平台，在我国市场机制的形成和发展过程中发挥着孵化器的作用。在制度创新方面，开发区也体现出"政策试验场"的特征，承担制度转型和培育市场机制的改革任务。

随着开发区政策在空间上的扩散，特别是市场经济体制的日益确立和完善，受区域竞争加剧和政治锦标赛激励影响，开发区间的竞争也日趋激烈。地方政府越来越关注开发区能够创造多少 GDP，能够带来多少税收。由此，制度创新空间载体的功能逐渐弱化，招商引资、承接国际产业转移的功能不断强化。应该承认，过去的三十多年，以服务经济发展为核心的开发区发展，走的主要是一条以招商引资、项目引进、加工制造为主的 GDP 增长路径。同时，服务于这一经济增长路径的是，对优惠政策供给的高度依赖。优惠政策成为我国各级政府干预开发区发展的最直接手段，也成了开发区之间彼此竞争、比拼 GDP 增长的主要动力机制。这些优惠政策主要包括土地、税收、补贴、人才、金融和产权保护等。众所周知，税收和土地政策是被广泛采用的政策形式，恐怕也是企业进驻开发区的主要动机。由于过于依靠优惠政策招商。在过去较长一段时期，土地、税收等方面的优惠政策往往成为园区招商引资的最好手段，但也令不少园区形成了过度依靠优惠政策招商的路径依赖。

至此，开发区的制度创新功能逐步让位于经济增长，并形成了一个有趣的悖论：以探索市场机制创新为主旨的一项制度安排，变得高度依赖政府的政策支持，本应是制度创新高地，终究演化成了政策洼地。

随着中国经济由高速发展转向高质量发展的新阶段，建设高标准市场经济体制、现代化产业体系，推进高水平对外开放，成为新的时代背景下推动高质量发展的内在逻辑和必然要求，以自由贸易试验区为代表的新一代开发区与时俱进地被赋予了新的使命和内涵，开发区再次成为驱动制度创新的重要空间载体；与此同时，开发区作为产业主要集聚地，一定程度上也在实现高质量发展中一如既往地发挥着重要的经济功能。

总之，高质量发展应该是能够很好满足人民日益增长的美好生活需要的发展，为开发区赋予了新使命。因此，新时代开发区建设需要新理念、新动力。

3.1 新片区之新

临港新片区不只是原有自贸区在地理范围上的拓宽，而是把产业体系和制度创新放在了更加突出的位置，强调"建设具有国际市场竞争力的开放型产业体系"，要求为推进高水平对外开放进行大胆的制度创新。新片区要成为"更具国际市场影响力和竞争力的特殊经济功能区"，要形成更加成熟定型的制度成果，成为中国深度融入经济全球化的重要载体。

首先，新片区要发挥全球高端资源要素配置的核心功能。市场经济的核心就是通过市场机制进行资源配置。作为承担国家战略的新片区，要想成为具有国际市场影响力和竞争力的特殊经济功能区，必须具备全球资源配置能力，特别是以国际金融资产、国际高端人才和先进前沿技术和数据为代表的关键要素集聚、配置能力。这些要素的配置，比如绿色金融产品和标准的制定与业务创新，对制度环境和服务水平的要求极高，不具备相当的能力和水平是很难实现的。

其次，新片区建设更加注重企业科技创新的主体地位，突出链主企业牵头、高等院校和科研院所等各类创新组织相互协同，需要通过包括国家实验室和国际联合实验室在内的国家级创新基地和重大科研基础设施建设，面向全球科技资源打造具有科学自由港和人才自由港特征的强大的人才引力场，集聚战略科学家和科技领军人才，营造从研发端到产品端创新的全链条创新创业生态，推动产业链和创新链双向赋能，推动解决"卡脖子"关键核心技术，进而打造全球创新网络的重要节点和重大科技创新的策源地。这一功能的实现，离不开全球一流高校、科研机构和行业领军企业的共同参与，和创新链、产业链、资金链的有效衔接，并辅之以相应的制度创新。

最后，新片区还承载着强化开放枢纽门户的功能，需要着眼营商软环境建设，探索深化规则、规制、管理、标准等制度型开放，如对接CPTPP、DEPA等高水平国际经贸规则，深化贸易投资自由化便利化，扩大服务业开放，为我国参与全球经济治理，进行制度创新实验，以及打造市场化、法治化、国际化的一流营商环境等。当然，高水平硬件设施载体建设也是题中应有之义。再者，做好中国企业进军海外市场的重要桥头堡和跳板，服务好中国企业"走出去"，也是发挥枢纽门户功能的重要体现。比如，在具体功能上，新片区要在巩固投资贸易便利化的基础上，不断向投资贸易自由化突破，争取到2025年，建立比较成熟的投资贸易自由化便利化制度体系，并最终建立以投资贸易自由化为核心的制度体系。

尽管特殊，新片区终究是一个承载经济功能的空间，其成效关键还是要看高端产业引领功能如何。它代表的是实体经济的能级，体现的是产业基础高级化程度和产业链的现代化水平，是科技创新、制度创新和全球资源配置最重要的成果显现。具体标志是：集成电路、生物医药、人工智能等先进产业领域，在全国乃至全球的集群影响力；代表产业未来转型升级方向的数智化、绿色化服务发展方面的引领性；参与全球竞争的一流企业数量。要做到这些，就必须注重产业链和产业生态建设。由于全球产业链分工体系的风险点和脆弱性进一步暴露，西方国家加快推动产业链和供应链自主重建，以降低对外依赖和产品进口风险，更小范围内的产业集群和链条协同受到重视，因此，前一波全球化中以深度分工合作为特征的全球分工格局正在发生深度调整，美国等发达国家已经重新认识到实体经济的重要性，正在持续大力推动"再工业化"战略，纷纷制订计划推动制造业投资和生产回迁本国。

从过去几年正在进行的全球经济格局深度调整之中，可以很清楚地观察到，如今的全球竞争已不是一个个产品之间的竞争，甚至也不是一个个企业之间的竞争，而是产业链的竞争。在全球产业链本土化趋势加强和创新竞争日趋激烈的情况下，只有率先把新技术和新应用培育成为新产业，掌握产业链的核心关键环节，构建起包括世界一流"链主"企业在内的先进产业集群生态，才能在高技术产业和未来产业领域抢得先机、赢得优势。

要把临港新片区打造成为集聚国际优秀人才、全球协同的科技创新重要基地；要把临港新片区统筹利用好，发展成离岸业务的重要枢纽；要把临港新片区打造成国内企业走出去的重要跳板；希望能够成为充分利用好"两个市场""两个资源"的重要通道；希望将临港新片区打造成制度改革的重要试验田。总而言之，临港新片区承载着新使命。作为新片区开发建设任务主要承担者，新使命要求临港经济发展集团在打造特殊经济功能、而非一般经济功能的过程中把握新逻辑。

3.2 技术逻辑之新

实现高质量发展,必须依靠创新驱动的内涵型增长,大力提升自主创新能力。新技术逻辑的核心,就是要求园区建设者聚焦打造创新生态,助力企业实现从依赖外部技术引进到自主科技创新的转变。具体而言,就是要准确把握科技和产业未来发展方向,聚焦前沿科技产业,全过程、全链条布局科技创新,构建开放创新生态体系,抢占先进产业和未来产业竞争高地。

聚焦前沿科技产业

作为新片区开发建设者,临港集团聚焦的是集成电路、人工智能、生物医药、民用航空、智能新能源汽车、高端装备制造六大重点产业,以及新材料和氢能两大新兴产业,瞄准数智化、绿色化发展方向,建设特色园区。如,围绕集成电路各个关键环节,建设东方芯港为标志的国家级集成电路综合性产业基地和装备材料创新中心。对标美国波士顿生命科技城,深入研判生物科技发展态势和全球生物医药产业链分布,在生命蓝湾产业园布局精准诊断、精准药物、精准手术和健康服务四大领域 33 个细分赛道,等等。

全过程、全链条布局

在基础研究端，园区将临港中心建成为世界顶尖科学家论坛的永久会址，每年承办高水平的"世界顶尖科学家论坛"。作为具有全球影响力的国际科学交流平台，论坛每年邀请一批诺贝尔奖、沃尔夫奖、拉斯克奖、图灵奖、麦克阿瑟天才奖等全球顶尖科学奖项得主与中国两院院士、全球顶尖青年科学家共同讨论人类当前与未来面临的科技挑战、可持续发展等重大主题，聚焦基础科学和源头创新，发布最顶尖科技成果与思想理念。以 2022 年 11 月 6 日开幕的主题为"科学向新　共创未来"的第五届世界顶尖科学家论坛为例，尽管受到疫情影响，依然有 27 位诺贝尔奖得主、30 多位中国院士与 50 多位青年科学家、100 多位"小科学家"以线上或线下形式出席了论坛。同时，为持续释放顶尖科学家论坛的知识"溢出效应"，临港集团还着力推进高标准国家实验室和国际联合实验室建设。

在应用研究方面，园区大力引进、支持全球一流高校、科研机构和行业领军企业合作建设共性技术研发与科技成果转化功能性平台。如上海交大智能制造研发与转化功能型平台、复旦大学产业化科技创新型平台、临港数据流通科技创新型平台、朱光亚战略科技创新型平台、电子科大智能系统关键技术创新平台、北京大学上海临港国际创新中心、清华大学尖端实验室等。

围绕产业链部署创新链，园区致力于打通产业链和创新链。具体来说，通过强化园区企业，特别是链主企业科技创新的主体地位，从而发挥市场对技术研发方向、路线选择和各类创新资源的配置作用，推动实施新技术逻辑，畅通从基础研究、应用研究到产业化、产品化的链条路径。例如，围绕大飞机先进航电系统、增材制造和飞控／液压／起落架等关键技术创新，集团积极推动建立由相关龙头企业牵头、高校和科研院所支撑、各创新主体相互协同的创新联合体，开展协同创新。再如，为推动科技成果转化，围绕特色产业园区布局特色孵化器。在生命蓝湾，联合中国科学院有机所等建设飞镖加速器和生命科技超级加速器；在大飞机园，发挥"链主"企业引领作用，构建"一器一室一基金"大飞机特色科创体系等。

构建开放创新生态

创新生态的关键是具有创新能力的各类人才能够在相应的生态环境中聚集和发展，需要有面向未来的先进产业集群、以金融服务为代表的高水平生产性服务业，以及与之配套的高质量社会生态。为此，临港集团以产城融合为目标，努力将新片区打造成为具有人才自由港特征的人才平台和宜居宜业的现代产业新城，致力做"热带雨林"的营建者。

一方面，通过举办具有世界一流水平的顶尖科学家论坛，园区充分利用前沿科技研发与转化平台等对高端人才的集聚效应，以高标准建设国际科学家联合实验室等方式，精准实施海内外引才计划，打造全球高端科技人才的引力场。通过创新苗圃、企业孵化器、加速器建设，园区吸引、移植、培育雨林中的参天大树。通过大力引进全球有影响力的"链主"企业、"专精特新"企业等来强链、补链、延链，构筑面向未来、具有全球竞争力的先进产业集群。在金融服务方面，集团围绕园区和重点产业，联合政府设立特色产业投资基金，充分发挥投资对要素集聚、产业拉动和园区赋能作用。例如，设立临港智能制造基金、临港先进产业基金、生物医药产业基金及氢能产业基金，以及牵头设立募资规模约 100 亿元的上海市园区高质量发展基金，并成功发售全国首单以标准厂房为基础资产的产业园公募 REITs。为保证金融服务的高水平和可持续发展，园区与上海财经大学合作成立滴水湖高级金融学院，为临港培养具有全球引领能力的金融人才，积极完善金融服务生态要素。

另一方面，以产城融合为目标，园区围绕生活居住、子女教育、医疗、交通、商业设施等，全方位倾心打造各类创新人才所需的社会生态。例如，在临港等相关园区，配套建设高品质的公租房；在漕河泾、滴水湖金融湾等区域推进长租公寓和蓝领公寓的建设，以满足园区内不同层次人才的居住需求；引进建设九年一贯制的临港世外学校，引进上海市著名高中——华东师范大学第二附属中学等；建造蓝湾天地，引进万达广场，提升园区商业配套，满足人们日常生活、社交所需；在交通方面，除了传统的定制班车，临港地区还开发运营了国内首条中运量示范走廊 T1 线和首条氢能源动力中运量 T2 线；目前，相关高水平医院也在研究建设之中。

3.3　市场逻辑之新

新的市场逻辑要求园区建设者从传统的招商引资转向产业集群培育。今天的临港集团，正以崭新的市场逻辑，蜕变成为聚焦先进产业、预判技术应用前景，打通产业链和创新链、培育产业集群的特殊市场主体。

站在新的历史起点，临港集团已经不再是一般意义上的产业园区开发建设者，尽管在特色载体空间建设方面，专业优势明显，不仅能够做到以客户需求为导向，将企业的生产工艺、生产流程和组织方式，融入园区规划、设计、建设全过程，以高适配性满足特色产业发展要求。例如，集团在科技绿洲以及生命蓝湾、东方芯港内设计建造的标准厂房和特殊用途专业厂房，已经成为同行竞相研究和参照的样板。而且，其在园区空间建设方面甚至达到了城市建筑艺术引领者的水准：以高规格建筑作品引领高品质城市形态，以"作品产品化、产品标准化"融入城市空间新格局，建设城市新地标，打造区域产业风景线。也尽管积漕河泾开发区以来近四十年的经验，集团在招商引资方面成就非凡、声誉卓著。

公司聚焦前述六大先进产业和新材料、氢能两大新兴产业，紧紧盯住集群化发展方向，以特色园区建设为载体，通过积极引进全球有影响力的链主企业、引育占据价值链关键地位的"专精特新"企业来固链、强链、补链，推动相关产业的全产业链融合；以现代金融服务为引领，引进培育产业发展所需的高水平生产性服务业，推进、深化产业发展专业化，提升价值创造水平；推进以高标准国家实验室、国际联合实验室，以及集聚一流高校、科研机构和行业领军企业共性技术研发与成果转化功能平台为标志的创新链与产业链融合，助力产业集群整体价值升级。

例如，在东方芯港产业园区，为构建集成电路全产业链融合的集群发展格局，临港集团围绕芯片设计、制造、封装测试、装备材料等关键环节，引进、培育相关企业和研究机构，建设国家级集成电路综合性产业基地和装备材料创新中心。目前，中芯国际、天岳先进、江波龙、格科微、中微、盛美、积塔等一众半导体已经云集于此。

再如，集团依托中国商飞、上海机场集团两大"链主"企业，全力汇聚航空研发、制造、运维、服务等产业链各环节高端业态，打造以"航空制造＋航空科技＋航空服务"三大产业链融合的世界级航空产业集群。目前已经成功导入中复神鹰、华夏云翼 GE 发动机快修等一批产业链项目。

还如，公司正在打造的氢能产业园区。该园区依托中日（上海）地方发展合作示范园，以实现氢能的"制、储、加、运、用"全产业链布局为目标，引进落地氢燃料电池系统、电堆、双极板、质子交换膜、加氢、储氢以及检验检测等氢能产业链关键企业，并与上海环境能源交易所合作建设国内首个"氢交易平台"，致力于氢燃料电池产业集群、新能源交易和氢能应用社区建设。旨在培育掌握核心技术和关键环节，占据价值链高端的未来产业集群。2023 年 4 月，长三角首个氢能领域地方标准化技术委员会——上海市氢能标准化技术委员会正式成立，秘书处就设在临港集团。

一些先进产业的集群效应、园区的品牌效应已经开始显现。典型如生物医药产业集群特色产业园区——生命蓝湾。

生命蓝湾重点聚焦生物医药、高端医疗器械、国际医疗服务三大板块，在精准诊断、精准药物、精准手术及相关健康外延服务 4 个一级产业领域、12 个二级子产业和 33 个细分领域，旨在形成精准医疗产业、创新转化和创新服务全产业链布局。专业性强，进入门槛自然也高。实际上，除了全球领军的链主企业，生命蓝湾锚定的企业大都是在细分领域全国排名前三的领军企业。比如，园区内的君实生物曾获批全国第一个单克隆抗体，恩华药业则是国内中枢神经药物领域的龙头，透景诊断推出了新冠肺炎快速诊断试剂盒……

生命蓝湾于 2020 年 9 月 10 日正式开园，到 2023 年不过 3 年，此间上海市生物医药行业新增项目大约 40% 都落地在这个特色园区。已建成厂房规模超过 150 万平方米，累计落地涵盖小分子药、生物药、高端医疗器械、CRO/CDMO 服务等领域项目超过 130 个，涉及总投资约 400 亿元。

2022 年 2 月，全球医疗器械行业龙头企业美敦力的科技产业基地落户；2021 年 10 月，药明康德旗下药明生基新建的工艺研发和商业化生产中心正式投入运营。

从公共研发实验平台，到产学研创新创业孵化平台，从搭建完整的供应链服务体系，到引入国际标准的 CRO+CDMO 龙头企业，从加强产教融合集聚专业人才，到完善全生命周期落地赋能的生产性服务体系，再到即将建设的集结顶尖药学家、生物学家和医生在一起的研究型医院……无论生命蓝湾还是东方芯港，无论动力之源还是国际氢能谷，临港集团都在以打通产业链与创新链、构筑先进产业集群的新市场逻辑，加速形成所谓"一街之隔便是产业链上下游"的园区集群景象，打造拥有核心技术、掌握关键环节、占领高端价值链的先进产业集群。

3.4 治理逻辑之新

这里所说的治理，指的是公司治理。尽管我们的研究对象——临港集团是一家承担特殊使命的国有企业。

公司治理的本质就是公司与所有利益相关者（股东、债权人、供应者、雇员、政府、社区）之间利益关系的机制和（或）制度性安排。广义的公司治理包括内部治理和外部治理。所谓内部治理，即狭义上的公司治理，它是关于公司内部的、直接的利益主体及其关系的制度设计或安排，主要作用是协调公司内部各个利益主体之间的关系。外部治理则是内部治理的外部环境，包括政府、外部市场（产品市场、经理人市场、资本市场等）、法规制度（例如有关公司治理和企业信息公开等相关法规要求）、舆论监督等方面。内部治理和外部治理二者关系互补，共同构成完整的公司治理体系。

作为一家以园区开发、企业服务和产业投资为主业的上海市属大型功能保障类国有企业集团公司，临港集团左手连接政府、右手连接企业，是一家深具中国特色、承担特殊功能的企业样本，其治理逻辑的关键，就是如何处理好政府与市场的关系，如何在有为政府和有效市场之间扮演好制度中介角色。

从政策依赖到制度创新

临港新片区设立的初衷既不是简单的面积扩大，也不是要沿袭已有的开发区、保税区，或是建设一个城市新区，而是有更高的定位、更丰富的战略任务。简而言之，新片区既要更加突出产业发展新特点，又要更能代表根本性的制度创新，要进行更深层次、更宽领域、更大力度的全方位高水平开放探索，要发挥构建更高水平开放型经济新体制的试验田作用，在扩大规则、规制、管理、标准等制度型开放方面先行先试，创造出可以对接 CPTPP、DEPA 等国际高标准经贸规则、可制度化的经验与做法。这就要求作为新片区建设者，临港集团必须依赖政府优惠政策供给的传统开发区建设者，蜕变为在先行先试中创造政策供给的制度创新者。

例如，在新型国际贸易服务型功能平台建设方面，集团通过集聚跨国公司贸易总部，建设国际贸易分拨中心。除开展一般贸易和转口贸易外，还创新性开展保税维修再制造业务，开拓跨境电商保税出口业务，推进试点跨境电商保税出口模式和国际直播交易中心建设；打造涵盖结算通、申报通、仓单通等功能在内的一站式离岸贸易服务平台。在跨境离岸金融方面，不仅积极吸引跨国公司在临港设立全球性或区域性财资中心，更创新性地推进国际金融资产、国际能源等金融交易功能基础设施平台建设，吸引了汇丰金科、交银金科以及国际量化交易巨头 Jump Trading 旗下公司落地，推动金融科技创新，等等。

临港在创造性实施更高水平的贸易自由化便利化政策和制度，打造国际贸易开放创新的新枢纽，统筹在岸和离岸业务，构建新型国际贸易、创新金融、国际航运和国际法律等服务型功能平台等方面的一系列创造性活动，背后所蕴含的政策创新、制度创新价值不容小觑。

做政府和市场间的制度中介

与普通中介不同，制度中介所连接的通常是公共资源。制度中介的存在，一方面，是现有制度体系存在空缺导致企业无法直接获取公共资源，如政府配套政策、高质量的信息等，另一方面，则是现有市场体系并不完善，存在失灵情况。

临港集团特殊的身份及其积累的数十年的市场经验,决定了它比一般政府部门更理解市场和各类市场主体,也比一般市场主体更理解政府。这种独特性,正是它在两者之间可以扮演好制度中介角色,更好发挥政府作用,有效弥补市场失灵的原因。

比如,在先进产业体系和现代化创新体系的系统布局方面,单纯依靠市场力量可能不足以实现。为此,临港集团在各类产业基地建设、推动相关产业全产业链布局发展,以及诸如一体化人工智能全产业生态体系打造方面,可以按照政府有关要求先进行系统谋划,再以市场化方式加以推进落实。

在各类平台搭建方面,临港显然也起到了市场中任何其他企业主体难以匹敌的独特作用,如跨境数据公共服务平台、金融交易功能基础设施平台、国内首个"氢交易平台"、保税船供平台,以及为打通创新链和产业链、构建以企业为主体的创新体系而建立的共性技术研发与科技成果转化平台,等等。有的是集团自己搭建的,有的是根据产业发展需求与高等院校、科研院所或相关机构(包括国际机构)联合搭建的。凡此种种,其中相当数量的平台显然也不太可能通过一般市场主体来实现。

在推动产业链和创新链双向赋能组织方面,临港集团也发挥了自身的独特功能。诸如引进中国科学院高效低碳燃气轮机、重型燃气轮机和中国航发商用航空发动机等国家重点实验装置,建设高水平研究基地,集聚以上海交通大学智能制造研发与转化功能型平台、复旦大学产业化科技创新型平台、朱光亚战略科技创新平台、电子科技大学智能系统关键技术创新平台、北京大学上海临港国际创新中心、清华大学尖端实验室等为代表的一批功能性平台。所有这些拥有国内顶尖水平创新资源的组织,都是一般市场化企业难以企及的。

至于参与新片区管委会重点产业基金(如临港智能制造基金、临港先进产业基金等)的设立与管理,围绕特色产业园区设立特色产业基金(如生物医药产业基金、氢能产业基金),以及作为上海市出资人代表参与中国国有企业混合所有制改革基金,牵头设立募资规模约 100 亿元的上海市园区高质量发展基金等，都显示出临港集团在链接公共资源、满足重点产业发展需求方面的特殊功能。

值得一说的是，临港集团这个功能保障类大型国有企业集团公司，在其承担政府与市场间中介职能的过程中，始终坚持以市场化方式履行使命、投资产业、服务企业。这一点，在集团通过金融创新推进内部治理创新的实践中展现得淋漓尽致。

以金融创新推进内部治理

传统产业园区开发者，最主要的工作就是围绕政府产业规划、招商引资政策开展工作，市场化程度并不高，与地方政府的关联度明显高于市场。坚持走市场化道路的园区开发公司不仅要完成好政府交给的任务，更需要时刻接受市场的监督。通过市场化改革上市的企业，对公司治理和信息披露都有非常严格的要求，自然对其内部治理也提出了更高的要求，这就倒逼企业除了必须维持好与政府的关系、获得政府支持，还需要通过出色的经营管理能力，以市场化方式实现资产运营的优质高效。

在临港集团的市场化进程中，金融创新始终扮演着非常重要的角色。从 2015 年的成功借壳上市到 2022 年成功发售全国首单以标准厂房为基础资产的产业园公募 REITs，公司不断通过金融创新推进内部治理，坚定拥抱市场，并以承担特殊功能的市场主体身份，与园区内所有市场主体共同创造一流的市场化、法治化、国际化营商环境。这些作为，本书已有专章论述，临港集团坚定拥抱市场的决心和信心，相信读者都可体会到，这里不再赘言。

4 结语：从乘势到造势

"势"在中国哲学中是一个非常重要的概念，意蕴深邃，相关的词语组合也很多，甚至在某些语境下讲不清楚具体意思。

回眸20世纪80年代发轫于上海漕河泾开发区的临港集团所走过的路，诚如明清时期著名思想家王夫之（船山）所言，"事所成者，势也"。前期或可称之为"乘势"，如今更多的则是在"造势"。

《孟子》中说"虽有智慧，不如乘势"，正所谓飞蓬遇飘风而行千里，是因为乘风之势（《商君书》）。显然，临港集团昨天的成就和成功，离不开公司审时度势和上下一心的主动作为。没有全体临港人乘时因势的主动作为，"势"也好、"时机"也罢，便没有任何意义。正所谓"不为者无时""不动者无机"。回望来时路，临港人不正是以敢为人先的智慧和勇气，乘上了中国改革开放的大势，乘上经济全球化的大势，成就了昨日的辉煌业绩吗？

当今世界，新一轮科技革命和产业变革正在深入发展，一度令世人惊叹"世界是平的"的那个全球化正在退潮，美国等国家已经不再将中国视为发展中国家，开始制造摩擦。国际经贸格局出现了新变化，经济全球化面临着新形势；与此同时，我们所能发挥的"后发优势"，也都发挥得差不多了：允许引进的技术已经引进完毕，创新逐渐走到了无人区；人口步入老龄化，劳动力成本越来越高……发展模式需要从规模扩张转向高质量发展，发展动力则要从资源和低成本劳动力等要素投入转向创新。

昨日之势或已去，未来，更需要先行者"造势"。所谓"造势"，也就是通过有为者的大胆想象、主动作为，形成有利于实践过程展开的趋向和背景，改变或避免不利的实践境域。按照当下的话语体系，就是"以改革开放的新作为新探索，开辟发展新领域新赛道，塑造发展新动能新优势。"

《韩非子·难势》曾言："夫势者，名一而变无数者也。"这一个"变无数"，正是"势"所具有的生成性，以及造势形式本身所具有的多样性，从而使善作为者的造势成为可能。

先进产业引领、科技创新策源、全球资源配置、高水平开放枢纽门户，在我看来，今日之临港，正以"造势者"的姿态，书写新的历史。

第二章
探索更高水平开放

2022年11月6日,第五届世界顶尖科学家论坛开幕式在位于临港新片区滴水湖南侧的"世界顶尖科学家论坛永久会址"——临港中心举行。世界顶尖科学家协会主席、2006年诺贝尔化学奖得主罗杰·科恩伯格出席开幕式并发表致辞。27位诺贝尔奖得主和30余位中国两院院士组成的"顶科天团",与50余位青年科学家、100余位"小科学家"和各界嘉宾以线上或线下形式出席论坛。这是临港依托新片区进行的新探索,即以顶尖科学家需求为核心,打造科学思想自由、科研生态完善的新时代前沿科学策源地。

2023年6月30日,全国性大宗商品仓单注册登记中心(简称"全仓登")上海项目正式上线运行。上线当日,共有2 493吨保税铜和2 621吨20号胶标准仓单登记上链。该项目致力于打造数字化大宗商品仓单登记和公示系统,实现大宗商品"统一登记、数字监管、期现结合、产融互通"。上海临港经济发展集团(简称"临港集团")作为该重量级金融基础设施平台的发起单位之一,致力于服务产业园区高端资源要素跨境流动与高效配置,赋能仓储物流资产价值,奋力助推上海国际贸易中心实现能级跃升。

2023年7月7日,亚洲物流航运及空运会议(ALMAC)沪港合作新机遇分论坛在滴水湖畔举行。论坛聚焦"科技与开放""贸易与投资"等核心内容,重点探讨"区域全面经济伙伴关系协定(RCEP)""高端航运服务""航运仲裁"以及"智慧航运和可持续供应链"等主题内容,旨在进一步增强香港与上海乃至长三角地区在国际贸易领域的合作联动,推动临港新片区与香港"两港合作、共赢发展"新局面的形成。

读者或可从上述三个"临港片段"窥见临港作为高水平开放引领者的些许端倪。世界顶尖科学家论坛已经连续举办数年，它向全球顶尖科技人才抛出橄榄枝的同时，也向世界宣告：顶尖人才、顶尖企业、顶尖服务可以安心来到临港，临港能够为全球资源要素提供最优配置方案和最佳服务保障。全仓登系统的上线标志着临港通过制度创新降低企业交易融资成本、继而改善市场生态和诚信体系的信心：愿意联合一切力量，为企业精准消除业务过程中的堵点提供制度安排与系统支持。而 ALMAC 的举办，则彰显了临港为企业"走出去"提供高质量支持的决心：为企业更深融入国内国际双循环创造多元的机会平台。

1 构建"引力场"

"开门迎客"是开放最重要的特征之一。如何才能迎来甚至赢来更多的客人,尤其是高质量的客人呢?这片土地是否具有全球视野,是否足够包容,是否能够给予每一位客人平等的尊重?多年以来,临港始终这样追问,秉持包容的初心,热情欢迎每一位合作伙伴,让全球企业都能感受到诚意。这些或许蕴含了构建"引力场"的精髓。在需要构建更大范围、更强引力场域,吸引更多更高质量资源要素的今天,临港又能够提供怎样的启示?

1.1 特斯拉的选择

相隔五年的两份财报

北京时间 2023 年 7 月 20 日,特斯拉发布 2023 年第二季度财报:二季度全球共计交付电动车超 46.6 万辆,同比增长 83%;总收入约 249 亿美元(约合 1 800 亿元人民币),同比增长 47%;净利润约 27 亿美元(约合 195.1 亿元人民币)。特斯拉上海超级工厂作为中流砥柱,表现亮眼。据乘用车市场信息联席会(简称"乘联会")数据显示,特斯拉上海超级工厂上半年累计交付超过 47.6 万辆中国制造电动车,成为特斯拉最重要的出口中心之一。同年7月起，上海超级工厂开始面向韩国出口Model Y后轮驱动版。与此同时，在上半年，特斯拉中国还一举斩获了三个"销冠"——乘用车型交付量第一、豪华轿车交付量第一、豪华品牌交付量第一。

与这份财报中突出的交付数据形成鲜明对比的，是5年前同一时期发布的财务报告。2018年7月2日，特斯拉宣布在6月最后一周生产了5 031台Model 3。这是马斯克本人亲自督战的结果。他坦言："过去一周整整7天，我几乎都在工厂里度过。事实上在过去三个月里，我几乎没怎么休息。我已经连续五天都穿同一件衣服了，我和其他人一样紧张。"

那时，新车型量产的问题已经困扰马斯克近两年。被寄予厚望的中型电动轿车Model 3是特斯拉价格最低的车型，在2016年3月正式发布并开始接受预约之后，当周周末订单量达到32.5万台，成为特斯拉最"畅销"车型。马斯克将首批交付时间设定在2017年7月。如果要消化客户的订单需求，Model 3每周产量需要达到5 000辆。然而，从2017年春天开始，特斯拉进入痛苦的"产能地狱"时期。财报显示，2017年第三季度，特斯拉仅生产了222台Model 3。前9个月累计亏损高达15亿美元。直到一年后，特斯拉才终于达到生产目标，而面对数量日益增多的在手订单，特斯拉急需扩大产能。马斯克深知：全球范围内，能够同时提供高效的行政支持、强大的金融助力、充足的土地供应、高素质的产业工人，同时配备先进供应链、完善基础设施、便利交通区位以及巨大市场的，唯有中国。

相隔三年的一致选择

事实上，在中国建设超级工厂的想法在马斯克心中酝酿已久。2014年，马斯克首次访华。名义上，这次出访是为了亲自向8位中国首批Model S车主交付车钥匙；实际上是为了"试水"——了解中国政府对特斯拉的态度，规划特斯拉进军中国市场的发展战略。在与科技部领导的会面中，马斯克明确表达了来意：希望中国能够给予特斯拉关税优惠，双方探讨在中国建厂的可能性。随后,在与上海浦东新区洽谈合作时,马斯克提出两个条件:第一,要独资建厂;第二,产品登记变成电子消费类产品,而非汽车产品。在马斯克所提的两个条件中,第二个并不难满足,难办的是第一条。独资建厂一直是中外合资汽车企业不可逾越的限制。从1984年中国汽车产业开始引入外资至今,合资的股比一直都按照50:50安排。首次中国行,马斯克并未获得他想要的结果。但他却坚信,特斯拉进一步发展离不开中国,而中国也需要特斯拉。

三年后,转机出现了。2017年4月6日,工业和信息化部、发展改革委、科技部印发《汽车产业中长期发展规划》,宣布将放宽外资汽车厂商在华运营生产合作企业时的出资限制。马斯克立刻前往北京,拜访了相关的国家领导人。在得到中国将开放股比限制的明确答复后,2017年6月22日,特斯拉与上海市政府正式签署投资建厂协议,特斯拉新工厂将落户上海临港。

一年之后的6月28日,发展改革委和商务部共同发布了《外商投资准入特别管理措施(负面清单)(2018年版)》,在原有规定"汽车整车制造的中方股比不低于50%"的基础上,增加了"除专用车、新能源汽车外"。这给特斯拉寻求独资建厂移除了政策障碍。

2018年7月10日,特斯拉与上海临港管委会、临港集团签署协议,以市场价格的1/10购入86万平方米地块、5年内年利率3.9%贷款100亿元人民币等优惠条件,在临港地区独资建设集研发、制造、销售等功能于一体的特斯拉上海超级工厂。规划中,工厂将在2—3年后完成建设,并将生产50万辆纯电动整车。

临港集团做对了什么?

事实上,工厂的建设速度远比预期要快。仅仅一年多的时间,特斯拉上海超级工厂就已经投产交付。在2019年年底举行的特斯拉股东大会上,马斯克感慨称，上海超级工厂"是我见过的建成速度最快的建筑"。2018年7月10日，特斯拉公司与上海市政府及临港管委会、临港集团签署纯电动车项目投资协议；2018年10月17日，特斯拉项目签订土地出让合同；同年12月28日，获得首张施工许可证；2019年1月7日，特斯拉中国超级工厂（一期）奠基仪式举行；10个月不到的时间，一期工程的竣工验收已全部完成；2019年12月30日，第一批15辆Model 3已正式向内部员工交付。"当年开工、当年投产、当年交付"创造了新的"上海速度"。与之形成鲜明对比的是，特斯拉加利福尼亚工厂耗时2年多才交付第一台Model S电动车；内华达工厂耗时4年才生产出35 GWh动力电池；2019年11月宣布建造的柏林工厂，2021年才开始投产。

特斯拉上海超级工厂的超快速落地，离不开临港集团项目团队的不懈努力。特斯拉上海超级工厂作为各方关注的重点项目，自然承载了从中央到上海市政府的高期待。相应的，政府介入自然也比较多。作为承接方，临港集团不仅需要在各方关系中周旋，还要确保在最短时间内完成项目任务——让项目落地、开工和量产。其中，面临的最大挑战就是制度机制问题。一期工厂占地15.7万平方米，体量大且建设复杂，仅施工许可证就核发了9张。若按照传统行政审批思路，每核发1张证就意味着一次"等待"。但特斯拉等不了这么久，国家也不允许等这么久。因此，这个项目成了临港构建引力场的一个标杆：通过构建信任的场、高效的场、尊重的场，完善从前期进场、过程体验与节点锁定一系列环节上的服务感受，让投资的外商真实地看到流程可优化、审批可简化、手续可精简的国际化开放型营商环境。

建立信任场。时间紧、任务重，如果不提前规划、提前布局、提前行动，临港集团是无法创造"上海速度"的。基于多年服务园区企业的经验，临港人深知信任的重要性。与中国的"关系"思维不同，外企更注重落在实处的承诺。为此，临港集团主动提出签订保密协议。这样，就能够提前获取项目信息，从而提前参与项目的前期准备。整个项目周期虽然不长，但在这个过程中充满变数。临港集团也做好了充分的心理准备，站在特斯拉的角度提前进行预演，锁定可能出现的变数，并且提前准备好预案。这样在项目实际实施过程中，当特斯拉提出诉求时，临港集团就已经可以拿出初步设定好的建议方案。这使得双方迅速积累了信任。

建立高效场。 为了斡旋多方关系，扮演好齿轮和润滑剂的角色，临港集团建立专班机制，由公司领导作为组长，从招商、规划、工程、土地等部门抽调精干人员，针对项目拿地开工建设过程中的手续办理、配套需求等成立专门工作组，探索出"容缺后补"机制。一方面，发放施工许可证，再由建设方补齐机电工程图，保证所有审批环节合法合规；另一方面，列出负面清单，只要涉及安全、环保等问题，坚决守牢底线。同时，为了应对项目中的复杂事项，临港集团设立例会制度，将需要解决的复杂问题提前列成内容清单，交由相关部门提前准备方案，在会上就事论事、直击主题，会后形成纪要，全力落实，推动、促成了许多复杂问题的解决。

建立尊重场。 在时间压力下，人们往往会忽略细节。但如果细节中依然能够体现尊重，双方会更容易形成合力，共克难关。归根结底，这才是发自内心的尊重。在临港集团与特斯拉的合作中，通过邮件沟通并锁定阶段性成果就是一个绝佳的例子。外企的邮件文化并不符合国企的沟通习惯。但是临港集团快速学习，用项目方适应的方式开展沟通，起到了事半功倍的效果。同时，通过邮件传递阶段性成果，也能够帮助项目方内部以此为据推进相关工作，形成统一意见，推动项目进程。

特斯拉上海超级工厂的落成，对于临港、对于上海的重要性不言而喻。它所创造的多个"第一"，标志着临港新片区引领更深层次、更宽领域、更大力度的全方位高水平开放的决心。它是当时上海有史以来"第一"大的外资制造业项目，是国内新能源汽车外资股比开放后的"第一"个项目，同时也是特斯拉在海外建立的"第一"家超级工厂。除了这些名头上的"第一"之外，特斯拉上海超级工厂带来的产业集聚效应与"鲶鱼效应"，对临港的现代产业集群建设的作用也不可小觑。

引进特斯拉之后，临港新片区大力发展新能源汽车产业，还在"风—光—氢—电—制—储—用"产业领域吸引了众多优质企业，形成了较为完备的产业链布局。以高技术壁垒的叶片制造为核心，集聚有西门子歌美飒、上海电气等一批全球知名风电产业企业；在重要光伏材料及装备领域，集聚有中国电气装备集团、弘博新能源等企业；在锂电材料、储能电池领域，引进了以瑞庭时代、杉杉科技等为代表的先进储能类企业；在新能源氢能领域，更是集聚了以康明斯、陕汽德创等30多家企业，构建了拥有氢能产业核心零部件自主创新能力的产业集聚地。

中国汽车市场竞争活力也进一步提升了。特斯拉的到来，重塑了市场认知，不仅带动新势力的崛起，也倒逼传统车企加大转型力度，催化了近年来新能源市场的全面爆发。特斯拉还带来了基于电动化和智能化的商业生态打造和用户体验提升，包括直营模式的构建和充电生态网络的布局。这也促使越来越多汽车品牌加速转型，运营关注点从"量"转向"质"，从立足产品经营转向聚焦用户运营。更重要的是，特斯拉的出现，将中国汽车出口销售区域扩大到欧美等发达国家市场，打破了中国制造汽车"低价、低质、低价值"的偏见，将"高质量、高价值"的中国制造汽车送入国际高端市场。如今，特斯拉在我国的新能源乘用车出口中占据了巨大份额，可以说为中国制造的新能源汽车出海起到了示范作用。这正是临港构建引力场之后的反向输出。

今天，临港的引力场效应依然在持续发挥作用。2023年4月9日，特斯拉与临港新片区签约，开始布局建设其海外首个储能超级工厂。搭建引力场看似只是服务技巧，但其本质是思维的开放、心态的开放。"以礼存心。仁者爱人，有礼者敬人。爱人者，人恒爱之；敬人者，人恒敬之。"虹吸全球资源要素的底层逻辑正是自信开放的全球化视野与胸襟。

1.2 不只特斯拉

巨人的肩膀

特斯拉落户临港,是踩在了巨人的肩膀上。中国汽车工业的发展与开放以及上海高度成熟的汽车消费市场与产业体系为特斯拉的选择提供了底气。

从近代的发展维度看,一个国家要想跻身发达经济体的行列,最重要的手段和标志,就是汽车工业的竞争力与潜力,美德日韩等国的成功经验就是最好的注解。由于汽车工业的劳动密集、资本密集以及技术密集特征,其发展对一个国家(地区)的就业率、产业链条完善、国际竞争力提升的影响都较为突出。以中国市场为例,目前,我国汽车行业直接和间接就业人数已超过 3 000 万人,占全国城镇就业人数的 10% 以上,这还不包括因汽车工业而产生的基础建设、管理部门,以及非汽车产业中与汽车使用有关的就业。汽车工业还是技术创新的重要领域,涉及动力系统、材料科学、人工智能等众多科技领域。国家可以通过汽车工业培养和吸引大量的科技人才,推动相关技术的进步和创新,提升全球科技竞争力。因此,中国一直致力于提升汽车工业的实力。国家统计局的数据为此提供了具有说服力的证明:2021 年,中国汽车工业总产值突破 10 万亿,占全国 GDP 总量近 10%,远超房地产行业的 77 561 亿,是当之无愧的实业冠军。而近 20 年前的 2002 年,中国汽车工业总产值还只有 7 467.6 亿元,占当年 GDP 的 7% 左右。

我们再来看看临港能够吸引特斯拉的基础条件是什么。首先,从消费市场上看，根据工信部数据，中国新能源汽车销量截至2018年年底已经连续四年全球第一，个人消费接近全年新能源乘用车销量的75%，有四家中国企业进入全球新能源汽车市场前十名，动力电池出货量超越日韩成为全球第一生产国。无论从市场增速、全球排名还是产业链成熟度、投资热度等指标衡量，中国市场都极具吸引力。

其次，临港和上海已经建成高标准的汽车产业体系。临港开发之初，就瞄准高端装备制造业和战略性新兴产业，吸引了一大批重大项目：全球最大的低速大功率柴油机以及配套船用曲轴、全国首台百万千瓦级核电主设备、具有自主知识产权的国产大飞机发动机。在国家振兴装备制造业的16个重大专项中，临港涉及8个，"半壁江山"实至名归。汽车及零部件产业也是其中之一。2004年，在园区开发的最初阶段，临港便引入上汽大众项目，此后，上汽自主品牌的乘用车工厂也陆续落户临港，并吸引其供应商在周边设厂。此外，为未来能够服务重型设备运输、整车滚装运输，在园区开发之初，临港集团的创始团队就坚持在芦潮港附近建设南港码头。

最后，从营商环境上看，上海自1843年开埠以来就是中国最具开放性的城市之一，在改革开放之后也一直是吸引外资的高地。2020年，普华永道发布的《临港新片区营商环境发展报告》显示，作为上海市对外开放的最前线，临港新片区的营商环境已经接近全球前沿水平，领先澳大利亚、日本等经济体。一直以来，临港的招商服务能力也在落户企业中有口皆碑，硬件配套、财税奖励、政策扶持、金融资本、法律咨询等方方面面，临港都能够尽己所能给予支持，使落户企业能够集中精力发展自身业务。这些基础的搭建，当然也离不开中国汽车工业的成长壮大，离不开中国经济数十年的发展，它们共同奠定了临港的引力场基础。

开放带来"反客为主"

中国汽车工业的成长史，本质上是不断扩大对外开放的历史。外资的

知识窗

中国汽车工业成长史

中国汽车真正成为一个产业,是从1956年才开始。在苏联的支援下,中国引进设备和技术,建成了中国第一汽车制造厂,下线了第一辆规模生产的国产汽车——解放CA10。改革开放后,打开的国门迅速让中国的汽车市场从闭塞和单一走向多元化。我国经济迅速发展,国内市场对汽车尤其是轿车的需求急剧增加。而当时国内仅有一汽和上汽两家汽车企业能够生产轿车,年产量还不足1万辆,难以满足快速增长的市场需求。基于此,我国希望通过利用外资,引进国外技术,以国内生产代替进口。自此,我国开启了汽车领域中外合资合作的序幕。不同国家的汽车再一次汇聚在中华大地上。

但真正标志着中国汽车业进入一个新时期的,还是1984年1月第一个合资车企——北京吉普正式开业。同年,中德合营合同签订,中国历史上最重要的合资汽车制造企业——上海大众应运而生。以此为标志,中国开启了中外合资生产汽车的试点。之后,世界汽车工业的先进技术和产品开始涌入中国,深刻改变了中国的经济和社会。这一时期,为了避免小厂林立带来的低效重复建设,通过建立汽车生产牌照准入制度,国家将重要资源都集中于少数几个大型国企手中。

1994年,国家出台《汽车工业产业政策》,明确了鼓励利用外资发展我国汽车工业的政策导向,外国(或地区)企业同一类整车产品不得在中国建立两家以上的合资、合作企业。生产汽车、摩托车整车和发动机产品的中外合资、合作企业的中方所占股份比例不得低于50%。从此,中外各持股50%的模式被确定下来。

伴随着新千年的到来,中国的汽车市场也进入一个新的阶段。如果将80年代中期外资厂商进入中国生产轿车标记为中国汽车"近代史"的开端,那么直到2000年后,中国汽车正式进入"现代史"阶段。伴随中国加入WTO,外资开始全面进入中国市场,不同的外资企业和品牌纷纷与中方成立合资企业。新的合资企业如雨后春笋般冒了出来。天津丰田(2000年)、长安福特(2001年)、北京现代(2002年)、东风标致(2002年)、东风本田(2003年)、东风日产(2003年)、华晨宝马(2003年)等,都是消费者耳熟能详的品牌。

2000年时,中国汽车销量还只有208万辆,只是世界第八大汽车生产国,整个乘用车市大量进入,直接推动了汽车产业的大发展,为本土汽车企业发展提供了必要的产业和技术资源,奠定了汽车产业由小到大的基础。在发展过程中,中国本土车企充分与外方合作,消化吸收先进技术,不仅促进了国内汽车产业链的快速成长,也为国内培养了一大批优秀的工程师、技术人员以及管理人才。汽车产业链的不断成长,让自主品牌有了更好的发展空间,在产品和市场的不断迭代中从低端向中端迈进。

开放合资股比限制也让选择"躺平"的企业瑟瑟发抖。长期的保护使得很多企业不仅没有学到先进的技术,反而沉溺在合资企业高利润中不思场只有十余款车型可选。而10年后的2010年，中国汽车销量就已经达到了1 806万辆，几乎是2000年的9倍，中国市场可选的国产车型数量就超过百种，超过任何一个市场。而从2009年开始，中国取代美国成为第一大汽车销售国，同时取代日本成为第一大汽车生产国。可以说，2000年到2010年，中国汽车行业经历了最迅速的扩张和最激烈的变革。

到2010年，全球主要汽车及零部件企业均已在中国投资建厂，中国企业也在汽车整车及零部件制造、研发、销售及服务等领域与外商投资企业开展了广泛深入合作，促进了中国汽车行业规模的扩大和技术水平的提高，使中国步入汽车大国行列。

为保护本国汽车工业的发展，整车企业外商投资50%股比限制这一规定长期不变，但在发动机、零部件等领域逐步放开。2004年，《汽车产业发展政策》正式颁布实施，取代了实施10年的《汽车工业产业政策》，文件中履行了中国加入WTO时的承诺，正式取消外商投资车用发动机企业的股比限制。《外商投资产业指导目录（2015年修订）》取消了汽车嵌入式电子集成系统和摩托车电控燃油喷射技术的股比限制。《外商投资产业指导目录（2017年修订）》又进一步取消了汽车电子、新能源汽车电池等关键零部件的股比限制，取消摩托车股比限制，取消电动汽车合资企业家数限制。2017年，我国印发《汽车产业中长期发展规划》，首次向全世界发出信号，中国未来将完善内外资管理制度，有序放开汽车合资企业股比限制。

2018年4月10日，国家主席习近平在博鳌亚洲论坛2018年年会开幕式上表态，将尽快放宽外资股比限制特别是汽车行业外资限制。同年6月28日，国家发展改革委、商务部联合发布《外商投资准入特别管理措施（负面清单）（2018年版）》，公布了汽车行业股比开放的时间表，分类别实行过渡期开放：2018年取消专用车、新能源汽车外资股比限制；2020年取消商用车制造外资股比限制；2022年取消乘用车制造外资股比限制以及同一家外商可在国内建立两家及两家以下生产同类整车产品的合资企业的限制。

此后，国家发改委、商务部发布《外商投资准入特别管理措施（负面清单）（2021年版）》，明确规定从2022年1月1日起，在汽车制造领域，取消乘用车制造外资股比限制，同一家外商也不再受到只能在国内建立两家及两家以下生产同类整车产品的合资企业的限制。通过五年过渡期，中国汽车行业已经全面取消外资股比限制，结束了长达近40年的股比限制历史，汽车制造业全面对外开放。

进取。这样的结果违背了最初设计合资股比限制的初衷。2020年宣布破产重组的华晨集团就是这样一个例子。2015年至2019年，华晨宝马给华晨贡献的净利润分别为38.23亿元、39.93亿元、52.33亿元、62.45亿元和76.26亿元。但除去华晨宝马的利润贡献，华晨旗下三大自主品牌（中华、金杯、华颂）及其他业务5年内共计亏损34.84亿元。华晨的例子对于过去那些严重依赖合资企业而自主品牌发展缓慢的企业来说，是一个警示。这将倒逼他们加大研发投入。如果依旧故步自封、不思进取，终将被市场所淘汰。

新能源汽车的发展则是一个正面的例证。在特斯拉的带动下，行业开始逐步走出政策推动模式，进入由市场主导的新阶段。特斯拉独资进入中国的初期，许多人感到担忧，认为中国企业在与品牌和技术两方面都具有压倒性优势的特斯拉的竞争中将毫无还手之力。如今回过头看，新能源汽车市场已经经历了一场大洗牌，最后存活下来的企业和品牌都具有极强的竞争力，特斯拉独资落户在其中的作用不可谓不关键。

引领技术革新，带动新能源汽车产业链升级。 为兑现100%国产化的承诺，特斯拉与众多中国供应商开展合作。在特斯拉落户之后，友升铝业、长盈精密、均胜电子等供应商便迅速在临港特斯拉工厂周围拿地建厂。特斯拉相对前沿的设计理念、产品需求和技术实力带动供应商优化产品线，随之推动的是中国新能源汽车产业链整体的产品和技术进步。

拓宽市场空间，加速提升新能源汽车渗透率。 在2019年之前，中国普通消费者对新能源汽车特别是纯电动汽车接受度并不高，甚至嗤之以鼻。大家普遍认为新能源汽车是政策推动的产物，还远未成熟。如此一来，新能源汽车的绝大部分被出租车、专车等商用市场消化，拉低了新能源汽车的整体形象。特斯拉进入中国后，凭借其产品的独特性、成熟度和产品魅力吸引了更多消费者的关注和购买，扩大了市场空间，一定程度上改善了新能源汽车的产品形象。蔚来汽车高管曾多次在公开场合表示，特斯拉进入中国和后续零部件国产化后的降价行为加速了新能源汽车渗透率的提升，对本土新能源车企来说也是有益的。

发挥"鲶鱼效应"，促进行业竞争。 特斯拉作为新能源汽车市场的领导者，其进入中国市场后也为中国的新能源汽车行业带来了新的竞争压力。特斯拉的进入不仅促进了中国新能源汽车产业的发展，也促进了中国新能源汽车企业们的技术升级和产品优化。中国的新能源汽车企业们纷纷加大技术研发力度，推出更加智能化、高效、环保的新能源汽车产品，希望能够在激烈的市场竞争中获得更大的市场份额。

中国新能源产业对外开放已经带来了许多意想不到的变化。中国品牌从以往的"客"转向"主"。2020年，吉利宣布与奔驰合作，以50∶50

股比成立合资公司，共同开发 Smart 品牌的全球电动车型。与人们的想象相反的是，这一次，吉利将作为技术提供方，基于旗下浩瀚平台架构打造新车型；而奔驰团队则负责外观与内饰设计。丰田首款纯电车型 bz4x 在中国上市遇冷之后，在第二款车型 bz3x 上，丰田决定采用比亚迪更加成熟的电池、电驱、电控技术。大众汽车高管团队在 2023 年 4 月的上海车展中被中国新能源车的网联化、智能化水平所震撼，回国后解散旗下开发进度严重落后的软件子公司 CARIAD 所有高层管理人员。3 个月之后，大众以 7 亿美元收购小鹏汽车约 5% 的股权，达成技术框架协议，宣布联手开发面向中国中型车市场的两款大众品牌电动车型。大众旗下的奥迪品牌也宣布将与老伙伴上汽集团深度合作，使用上汽旗下智己品牌的平台开发奥迪车型。中国新能源汽车弯道超车，开始向国际头部汽车集团输出技术。

对外开放已经成为全球不可阻挡的潮流趋势。大道至简，规律只有一条：谁能更好地为消费者提供产品和服务，谁就是产业和市场的主导者。当前中国汽车产业已经走过需要精心呵护的起步阶段，形成了规范的运营机制、成熟的产品开发流程。传统技术方面逐渐追赶外资车企，具备了与外资车企在同一平台上竞争的底气。在新能源汽车、智能互联等新技术上，甚至处于领先位置。对中国车企来说，拥抱更高水平的对外开放，主动迎接外来挑战者的竞争，才能让自身始终保持活力和战斗热情，在竞争中不断赶超甚至保持领先。

中国汽车产业对外开放也体现在汽车出口数据上。2022 年，中国对外出口汽车 311.1 万辆，超越德国成为全球第二大汽车出口国。2023 年上半年，中国又以 214 万辆的成绩超越日本，成为全球第一大汽车出口国。在政策温床下生长的花朵终将凋谢，而在本土与外资企业公平竞争中取得优势的中国企业，当然有机会和能力走出国门，在更广阔的舞台取得耀眼的成绩。

1.3 从制造业到服务业

中国汽车工业的开放与发展,是中国制造业开放的缩影。但中国产业开放的格局并不仅仅局限于制造业。临港搭建的引力场还有一项重要使命——推动服务业的开放。

服务业开放的挑战

2006年12月11日起,我国加入WTO的过渡期结束,服务业全面开放,尤其是在零售、金融、交通运输等行业全面开放,吸引了大量外资进入中国;2008年,我国人均GDP突破3 000美元大关,步入服务业高速发展阶段;2010年,我国制造业增加值全面超过美国,成为世界第一制造业大国,中国制造业规模的不断扩张,带动了生产性服务业市场的扩容。2010年服务业利用外资占比首次超过制造业以来,服务业已经成为中国吸引外资的主导领域。从总量上看,服务业利用外资占全部外资的比重从2005年的不足1/3,增长到2010年的接近1/2,之后更一路攀升,2017年已达67.9%,2022年达到73.7%。从质量上看,科技研发服务业、零售批发业等增长十分迅猛,成为服务业中利用外资增长最迅速的行业。

与制造业产品不同,服务业所提供的产品具有无形性、不可分离性、易逝性、可变性、相互替代性等特点。体验对于消费者购买服务时的决策至关重要,因此服务提供者需要通过与消费者直接互动确保并提升消费者的体验。一体两面,服务质量也因此不易衡量。服务的生产和消费往往不能在空间和时间上分开，使得产品难以标准化，服务的质量在交付前无法确定。服务还难以储存，不能像制造业商品一样生产出来之后储存在仓库中，这就使得服务的交易过程中容易出现供需失衡的现象……

这些导致服务在交易时不具有一般商品的特性，一般可以理解为是信任品的交易，在交易过程中具有更高的风险性。为了避免信息不对称、道德风险、垄断等外部性造成服务市场的失灵问题发生，各国政府都对服务业有更高的监管要求，通过更多的法律、法规、行业规范和政府政策对其实施规制，使得服务业成为制度密集型行业。

这些规制从两个方面影响了服务业开放：其一是壁垒效应，服务贸易国制定的管制措施可能会对国外和本国服务企业构成限制，形成进入壁垒，如政府对特殊服务业的进入核准、限制资金比例和颁发许可证等手段，阻碍服务企业的市场参与。其二是成本效应，不同国家对服务业规制标准、程序等的差异，带来跨境服务流动成本的提高。

如何把监管程度控制在合理的范围，在降低进入壁垒、减少服务成本的同时有效防范风险，是服务业高水平开放的目标。这也就是为什么高水平开放的重要内涵之一是制度型开放。

与服务贸易强国的距离

近年来，我国服务业开放不断推进，服务业取得快速发展。但不能否认的是，目前我们还不是一个服务贸易强国。一是服务业占 GDP 的比重依然不高，与发达国家 76% 的水平仍有差距；二是服务贸易长期存在巨额逆差。

服务贸易限制性指数（Service Trade Restrictiveness Index，STRI），是经济合作与发展组织（OECD）对全球 42 个经济体服务贸易政策评估后得到的贸易壁垒测度指标体系。该指标体系中共涉及 22 个行业。虽然该指数并不能全面、精准地反映我国现实的服务行业开放现状，但能为我们

知识窗

中国制造业到服务业的开放之路

要理解现阶段我国提出的在"更大范围、更宽领域、更深层次"对外开放,更高水平地吸引和利用外资,不能脱离历史的起点。回顾历史,采取渐进式的开放路径逐步引进和利用外资,是中国降低改革风险、实现快速工业化的重要经验之一,也是大国方略的重要组成部分。从新中国成立至今,我国利用外资可以分为 5 个阶段,每个阶段的对外开放模式和特点各有不同,逐步从对外借债引进设备,到开放制造业"以市场换技术",再到因制造业繁荣而带来的生产性服务业的发展。现今,国家正在通过制度型开放实现服务业更宽领域、更深层次的高水平对外开放。

1949—1978:初步探索阶段

新中国成立前,我国领导人对利用外资持积极态度。当时,外资在华企业有 1 700 多家,投资总额为 8.6 亿美元,到新中国成立之初仍有 1 192 家。但朝鲜战争爆发后,英美开始对华实施禁运,在华外资企业处境越发艰难。至 1953 年,这一数字减少到 563 家。随着中国对资本主义工商业实施改造,以对价方式将合法经营的外资企业转变为国有企业,外商大型企业在华逐步消失。此后,我国与外部经济体的联系非常少,引进外资尤其是外国直接投资非常有限。这一阶段,我国采取"一边倒"的方针,和苏联签署《中苏友好同盟互助条约》,接受苏联低息贷款和重点项目援建。由苏联援助的 156 项重点工程,包含大规模重工业建设和资本密集型工厂,涉及冶金、机械、制造、电力、煤炭、石油化工、航天航空和军用产品等行业,为中国工业发展奠定了重要基础。

60 年代苏联援助中断之后,中国进入了"既无内债也无外债"的阶段,中国利用外资的窗口基本关闭。但是为了发展国民经济,从 1962 年开始,中国仍少量以延期付款方式从西方国家引进解决吃、穿、用问题所必需的成套设备。70 年代初,美国总统尼克松访华、《中日联合声明》发布、中国重返联合国等事件都昭示着中国与西方世界的关系逐步缓和。1973 年,毛泽东和周恩来亲自主导了"旨在改善民生"的对外引进方案。这一时期我国通过吸收、利用苏联援助和引进西方成套设备技术的方式,实现了初步工业化。

1979—1991:试点改革阶段

1978 年 12 月,党的十一届三中全会确定了改革开放的基本国策,这不仅标志着中国经济发展进入新阶段,也是中国真正意义上大规模利用外资的开端,为中国融入全球工业化的生产体系奠定了基础。

1979 年,中国出台了首部关于外国投资的法规,即《中华人民共和国中外合资经营企业法》,允许外国投资者与中国企业组建合资企业。1986 年,国务院颁布了《关于鼓励外商投资的规定》,该规定在税收、土地使用费、信贷、用汇以及进出口手续方面给予先进技术企业和产品出口企业特别优惠,并保障其在生产经营方面的自主权。1989 年到 1990 年,国家还颁布了鼓励华侨及港澳台同胞投资的规定。这些措施逐步形成了鼓励外商投资的制度环境,使得外商直接投资在中国呈现逐步增长的趋势。同时,对于生产性外商投资企业,在税收方面还享受优惠政策,成为各地吸引外资制造业的主要举措。

通过引进外资解决经济建设中的资金短缺和技术不足,是我国引进外资的政策初衷。1984 年,邓小平在会见中外企业家代表时强调,中国需要对外开放,吸收外国的资金和技术来帮助发展。尽管"以市场换技术"政策方针形成于1982—1983年，但在改革开放初期，由于外汇短缺、技术基础有限、民族产业孱弱等问题，中国实际上是通过优惠条件来吸引外向型企业和进口替代型制造技术的进入，以达到技术学习和外汇积累的目标。在这个阶段，外资来源以港澳台地区和东南亚为主，除商业和地产的投资外，制造业方面主要承接劳动密集型的"三来一补"加工贸易，生产面向国际市场的出口导向型产品。

在鼓励政策和侨商示范的推动下，经济特区成为中国改革开放的前沿阵地，开始吸引美、日、英、法、德等国的资本进入。由于技术学习和保护幼稚产业的需求，合资合作成为引进外资的首选。同时，新进入的外资企业由于不熟悉中国的制度环境，也需要与中国本土企业合作以更快地适应中国的经济体制转型。随着80年代中后期鼓励性优惠政策和相关法律的出台，西方跨国公司开始进入中国市场。1984—1985年，中国成立了第一批汽车合资企业。1987年，日本的松下电器和美国的摩托罗拉进入中国市场。越来越多的跨国公司进入，标志着全球制造业生产部门开始向中国转移。

1992—2000：外资高速流入阶段

1992年，邓小平的南方谈话再次明确了国家未来的发展方向，增强了外资投资中国的信心，改革开放迎来了新局面。这一时期，来自西方发达国家的对外投资开始增多，FDI质量略有提高且吸收额持续高速增长，成为中国资本流入的主要方式。

随着中国经济的发展，中国资本严重稀缺的问题得到解决，居民储蓄和外汇储备的缺口逐渐消失，国家开始加强对引资项目的产业引导，中国利用外资的政策目标更多地转向引进技术、促进产业结构升级，以及提升全要素生产率，真正开始实践"以市场换技术"原则。1995年，中国发布了《外商投资产业指导目录》和《指导外商投资方向暂行规定》，鼓励外资企业在华投资高新制造业，设立科学研究中心，并实行税收优惠政策，FDI流入制造业的比重迅速提高。在此基础上，国家开始尝试引入服务业外资准入的"正面清单"，允许金融、保险、会计、医疗、咨询等领域进行合作或合资试点。

自1992年起，中国连续成为发展中国家引资规模最大的国家。1992—1997年，是我国引进外资的第一段高速发展期，实际使用外资额从1991年的115.54亿美元快速增长到1997年的644.08亿美元。1998年亚洲金融危机使FDI流入受到短暂冲击，2000年之后又进入快速增长通道。

2001—2011：对外开放成熟阶段

2001年12月11日，中国正式加入世界贸易组织（WTO），进入引进外资的高水平发展阶段。WTO要求进一步开放市场，不断扩大外国投资的准入领域，并增加政策的透明度。这一时期，2 300多件全国层面的法律法规和19万件地方性法律法规得到清理，中国外资政策的法律法规和营商环境逐渐与世界接轨，成为世界经济发展中重要一员。

在庞大的市场和更好的投资环境的驱动下，以欧美跨国公司为主的对华直接投资大幅增加。更多的大型跨国公司在中国设立分支机构和研发中心，推行本土化战略。跨国公司独资经营占比超过了中外合资经营，成为FDI的主要形式。在继续颁布《外商投资产业指导目录》以实现战略产业发展的基础上，中国扩大了服务业对外资的市场准入，在法律、广告、会计、金融等领域放宽外资许可，以期通过外资技术溢出效应带动整个行业发展，实现服务业整体战略转型。2008年起，中国取消了外资企业的超国民待遇，这标志着本国现代制造业

> 和服业已经在国际上具备了一定优势，对外资在质量和效益上的要求也大幅提高。
>
> 　　2012年至今：高水平开放阶段
>
> 　　党的十八大之后，创新和高水平开放成为商业发展的主要推动力。外资进入采用准入前国民待遇加负面清单的管理模式，通过制度创新来完善外商来华投资全过程中的监管与服务，并设立自由贸易试验区的方式先行先试，从而形成国际化的良好营商环境。随着负面清单的逐步缩减，我国制造业已基本开放。第一张外资准入负面清单自2013年出台以来共进行了7次修订，从最初的190条缩减至2021年全国版31条、自由贸易试验区版27条。目前，制造业限制措施在自由贸易试验区清零，农业大幅放开，而在金融、交通运输、商贸物流、专业服务等服务业领域有序放开。
>
> 　　尽管2012年以来，中国FDI流量增长放缓，但中国仍然是世界最具吸引力的FDI投资地之一。根据商务部数据，2018年，全国新设立外商投资企业60 533家，同比增长69.8%；合同外资额达5 000万美元以上的大项目近1 700个，同比增长23.3%。这显示了外商对华投资信心仍然强劲。最近两年，外资企业以占全国不足3%的数量，创造了近1/2的对外贸易额、1/4的规模以上工业企业利润，贡献了1/5的税收收入，经济效益明显好于全国平均水平。

提供一个关于服务业限制状况的宏观描述，直观认识我国服务业在国际环境下的开放和排名情况。

2021年STRI报告指出：①与STRI样本中的其他经济体相比，2021年中国的STRI水平相对较高（如图2.1所示），表明中国的贸易监管环境较为严格，但由于不同服务行业的监管改革，中国的STRI水平在过去几年已逐步下降。②与所有经济体的平均STRI相比，建筑服务业得分最低，表明这是中国最为开放的贸易领域；电信服务业得分最高（如图2.2所示）。③尽管在贸易自由化方面取得了进展，但就某些关键服务领域，中国仍禁止外资进入或设立了严格的条件。

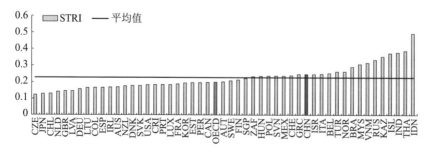

图2.1　2021年各经济体STRI

来源：OECD。

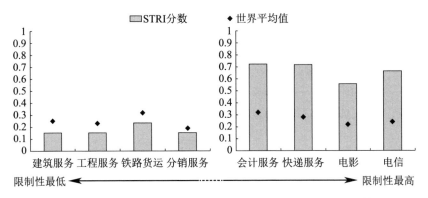

图 2.2　2021 年中国 STRI 值最低与最高的四个行业及其与世界平均值的对比
来源：OECD。

临港集团的先手棋

作为"先行先试"区的主要建设者，临港集团充分意识到服务开放对于高水平开放的意义。因此，为了推动服务产业的投资开放，临港集团也在进行着积极的探索和持之以恒的努力。其中最值得一书的，就是临港现代服务业开放区的建设。构建现代服务业开放区的目的就是在于打造推动服务投资开放的引力场。

现代服务业开放区位于临港主城区，总用地面积19.67平方千米。按照"全域统筹、区域联动、生态宜居、高端集聚"的建设要求，优化调整空间布局，构建"一岛五区"的空间布局，着力打造更具国际市场影响力和竞争力的特殊经济功能区，和开放创新、智慧生态、产城融合、宜业宜居的现代化新城。现代服务业开放区对标国际上公认的竞争力最强的自由贸易园区，依托新片区金融先行先试政策，以金融和贸易为核心，重点推进跨境金融、产业金融、科创金融、金融科技及财富管理等功能形态建设，建设中国金融开放示范高地——滴水湖金融湾。2020年8月20日，在新片区挂牌一周年之际，滴水湖金融湾项目拉开序幕，首批入驻企业签约仪式同期举行。太平洋保险、工商银行、交通银行、农业银行等8家全球优秀金融机构、国际贸易企业签约入驻金融湾。金融湾成为新片区构建更高水平开放型经济新体制的试验田和应对内外挑战的先手棋。

这几年，金融湾的建设如火如荼。2022年5月，金融湾迎来首家外资银行——大华银行。为了保障大华银行的顺利入驻与长期发展，临港集团旗下的上海临港新片区经济发展有限公司全程提供服务，比如，金融招商服务团队与相关政府部门搭建了顺畅的"绿色通道"，为企业提供一站式沟通和服务问题，针对办公场所租赁购买、人才落户等事项跟进帮办，支持协助企业在临港新片区快速发展。

同时，依托金融湾（即图2.3标示的金融功能创新区），临港新片区全面构建包括创新金融服务中心、国际法律服务中心、国际人才自由港等在内的现代服务业创新生态体系，全力提升全球资源要素的配置能力，进一步拓展跨境金融服务功能、促进离岸业务发展、提升总部经济能级、发展新型国际贸易。而为了支持现代服务业开放区，临港集团还正在开辟建设相关配套园区。具体规划如图1.3所示。

图2.3 临港新片区现代服务业开放区空间布局
来源：搜狐财经频道－临港头条。

各区以滴水湖为圆心，如涟漪般荡开，充分支持现代服务业的发展。其中，文化艺术岛定位为文化艺术展示、拍卖与交易中心，旨在吸引各类文化精英集聚。二环公园带定位为公共基础设施配套，城市漫步道、亲水平台、水景广场、滨水步道、花园步道为工作与生活其中的人才提供良好的休闲氛围。向北则是中央商务区，该区结合两港快线南站进行高强度立体化开发，并辐射周边区域范围，倡导高效、混合的土地利用，提升国际金融服务业的集聚效应。继续向外扩散，依次是跨境国际贸易与国际社区、国际信息产业集聚区和配套产业服务区。三区分工清晰：跨境国际贸易与国际社区将积极探索新零售的多种新业务模式，打造休闲娱乐、免税购物、文化展示等商贸功能，形成免税购物城、文化展示、文物拍卖等体验型经济消费场所，加快区域人气集聚和城市功能提升；国际信息产业集聚区着力打造世界级前沿产业集群，融合开放的信息服务产业，集聚服务全球软件信息产业链的专业团队，建设标志性的国际信息港；而配套产业服务区则以居住功能为基础，为区内产业提供教育、医疗、体育等配套功能服务，打造宜业宜居的现代化产业新城。

临港一直行进在推动服务业开放的路上……

2 拆除"玻璃门"

如果说坐拥"引力场"为高水平开放提供了底气,那么拆除"玻璃门"则为开放拓展了新空间。临港已经拥有新片区这样的开放窗口,但真正实现高质量开放,还需要通过大量的制度创新,疏通阻碍内外连接的各种制度堵点,拆除推进高水平开放道路上的"玻璃门",让高水平开放的国际宣誓词不仅看上去很美,更是可触达、可感知的。为此,临港循序渐进,如同利用一砖一瓦建造房屋一样,通过实践、复制、推广一个又一个制度创新案例,不断探索拆除制度壁垒。不止于此,临港还率先与国际规则对接、对话,运用智慧、大胆尝试,致力推动制度型开放,提升国家竞争力。

2.1 小"楔钉"大用处

平常中的不平常

榫卯是一种中国传统的木结构建筑技术。楔钉榫是其中最为常见的一种材片连接方式(如图 2.4 所示)。在榫头和卯眼之间的缝隙,一颗小小的楔钉可以令连接材上下、左右不错移,保证木材连接的紧密度与稳定性。

洋山特殊综合保税区内，就存在这样一颗小"楔钉"。通过将海关的货物系统和船供物料系统这两个独立系统连接起来，这颗小"楔钉"使船舶保税维修业务得以突破现有的制度约束，在洋山特殊综合保税区内落地生根，不仅推动了"保税+"这一高附加值的业务模式在洋山特殊综合保税区获得成长空间，更促使上海形成了以洋山特殊综合保税区、外高桥保税区、机场综合保税区三方各有千秋、协同发展的保税维修生态格局，为临港乃至上海赶超国际先进服务产业发展水平奠定了基础。

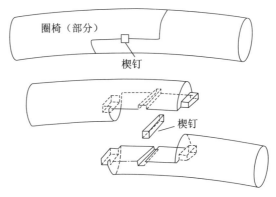

图 2.4 楔钉榫结构示意图
来源：搜狗百科。

在洋山岛南端、紧邻长江口、距离浦东国际机场约 40 千米的位置，坐落着中国沿海地区最大的深水码头之一——洋山特殊综合保税区南港码头。2014 年 9 月 27 日，一艘来自法国、刚刚卸货完毕的巨型远洋集装箱货轮缓缓驶入船坞。曼华供应链管理有限公司（简称"曼华"[①]）的工人们已在此等待多时。他们迅速进入船体内部的发动机舱，将已经运行数万小时、磨损严重的曲轴从柴油发动机中取出，起重机将它移动到地面后被运送至曼华的维修车间等待修复翻新。随后，一根全新的曲轴被运送到发动机舱进行组装。经过严密的调试后，货轮重新驶向装卸码头。在那里，5 000 只满载货物的集装箱正等待着随它一同前往美国洛杉矶港。随着这一系列动作稳步有序地进行，曼华完成了第一笔船舶柴油机的保税维修业务。

---

① 企业化名。

曼华这样的船舶维修公司在全球重要的港口都布局了售后服务网点，为停靠在港口进行装卸作业的船舶提供即时的保税维修服务。工人们通常会在保税仓库内准备一整套已经维修保养好的发动机备件，一旦船舶所装载的发动机零部件有更换需求或达到维修保养期限，就会将保税仓库内的备件运送上船替换旧部件。而被换下的旧部件则在维修车间进行保养翻新，此后再安装到有替换需求的下一艘姊妹船上。

如果不了解背后的故事，你也许会觉得以上的场景稀松平常，不就是像 F1 赛车比赛过程中的进站换胎吗？但是，在这个"平常的一天"之前，洋山保税港区（现洋山特殊综合保税区）是无法开展船舶保税维修的。时间回溯到 2013 年，彼时中国相关的进出口政策并不认可替换式的船舶备件维修能够保税。这意味着船东和维修企业在船舶维修过程中，需要缴纳一笔不菲的税费，包括 17% 的增值税以及平均 8% 的关税。除此之外，零部件进出口报关、通关手续还需历时数天。按小时计算船期的货船不可能为此长期滞留在港口。因此，出于时间和经济的考虑，船东通常不会选择在中国的港口安排船用发动机的维修与保养。与此形成鲜明对比的是，新加坡、迪拜等自由港，对于挂外旗的船舶进港维修都是免税的。可以想见，每天停靠在上海港的 800 艘船舶，如果需要做一次简单的发动机保养，只能绕道新加坡、迪拜港口。而如果懒得绕道，这些船只往往就会跳过简单基础的养护，一直等到 5 年一次的大修。而这对船舶发动机的使用寿命与船舶航行安全都是不利的，本质上损害的还是船东的利益，同时也让上海港错过了巨大的商业服务利益。

政策松动、堵点仍在

为了避免双输，政策很快调整、放开。2013 年，为了试验新的贸易和投资自由化政策，促进经济创新和产业升级，探索更加开放的政策和制度，以吸引更多国际企业、投资者和创新资源，上海自由贸易试验区设立。为了推进上海自由贸易试验区的建设，促进制造业和高端贸易服务业的集聚发展。同年 9 月 28 日，上海商务委联合上海经信委、上海海关、上海出入境检验检疫局和自贸区管委会发布《关于印发在中国（上海）自由贸易试验区开展全球维修业务实施意见的通知》。该意见中的维修业务，是指"试验区内的企业对来自境内外的部分损坏、部分功能丧失或者出现缺陷的货物进行检测、维修的经营活动"。维修货物包括"待维修货物、已维修货物、维修用的保税料件、维修替换下的坏件"。在海关监管方面，"对从境外入区、经维修后出境的维修货物实行保税监管；对从境内区外入区、经维修后出区的维修货物，按照耗用的保税料件费和修理费（含检测费）征税。对从境内区外入区的维修货物，不予签发出口退税报关单。""对进出试验区的待维修货物和已维修货物，按照'修理物品'方式进行申报；企业维修用的保税料件、维修替换下的坏件，根据实际情况按照加工贸易有关方式进行申报。"这意味着，试验区内符合准入门槛的企业可以试点开展保税维修业务。

曼华就是在此契机下成立的。政策出台后，凭借毗邻洋山深水港和上海南港两大海港的区位优势，地处上海东南角的临港洋山保税港区是发展船舶保税维修的最佳选择。而曼华在德国的母公司为世界五百强企业，主打业务就是制造和销售船用发动机等船舶推进系统，占全球市场约50%份额。曼华作为其子公司，在提供船舶发动机的维修和保养方面也具有突出的优势。而且，船舶的后期服务本就是一块诱人的"大蛋糕"。相关调查数据显示，从船舶营运费用的分配情况来看，主机备件、辅机备件、其他设备备件以及维修的总体费用占船舶营运费用的33%。一旦洋山保税港区可以开展船舶的保税维修业务，曼华就可以凭借其专业优势迅速占有并享用这块诱人的蛋糕。因此，曼华果断决定，前往临港注册成立公司，并将保税仓库和维修车间设置在距离全球第一大港洋山不过半小时车程的洋山保税港区。

然而，曼华即便租用了洋山保税港区内的仓库，依然无法开展实质性的保税维修业务。这源于维修货物须"原进原出"的海关监管要求。"原进原出"是指对商品进行维修后仍然维持原状态。但对于船用发动机维修而言，为实现快速进出站、减少船舶靠港时间，常规做法往往是采用全新的零部件替换需要维修保养的零部件。但因为国外进口的船用发动机配件出洋山保税港区仓库时，其性质为货物，当该配件装上船舶替换受损零件时，其性质则变为国际交通运输工具的组成部分，属于船舶物料。根据现行相关海关法规，同一货物为不同性质时，适用不同的监管方法。货物登上外籍船舶，理论上是出口行为，但由于没有运单等报关资料，导致海关监管部门无法核销、商检部门也无法进行有效监管，货物就无法享受出口退税优惠。曼华的负责人称，"我们做维修，是直接用新件换旧件，这只能算进口一批零部件货物，是要加关税的。"这种情形下，曼华若想开展船用发动机的保税维修业务，必须先解决保税船供的问题。

尽管保税船供与保税维修都与保税区内的船舶相关，但二者业务性质与重点都存在显著差别。保税船供业务主要涉及为停靠在保税港口的船舶提供物资和服务，包括供应燃油、润滑油、食品、饮用水、维修设备、船舶零部件等物资，以及提供清洁、维修、保养等服务。保税船供业务的重点是满足船舶对物资和服务的需求，提高船舶运行的效率和便利性。而保税维修是指在保税区域内进行的维修、改装等服务性质的活动，涉及对船舶的机械、电子、结构等方面进行维修、检修、改造等。保税维修的重点是提供专业的维修服务，确保船舶的安全和运行状态。但当涉及船舶发动机的维修时，情况变得复杂。简言之，发动机维修企业是通过船供方式提供维修服务。如果无法解决保税船供问题，保税维修就是无源之水。

小楔钉敲进去了

为了减少船舶发动机维修的效率和经济损失、真正推动洋山保税区内的保税维修业务开展，临港集团旗下的大物贸平台与海关密切合作，联手打造保税船供服务平台。

小楔钉诞生了。细小的巧妙操作，却解决了大麻烦。

具体如何呢？很简单。就是设立了专门的船供仓库，把进入保税港区的发动机零部件性质从货物转为船供物料，再进行申报供船，巧妙地连接了海关的货物系统与船供物料系统，打造出洋山船舶保税维修业务中的

"楔钉榫"。自 2013 年 9 月 28 日政策出台到 2014 年 9 月 27 日第一笔船舶柴油机保税维修业务顺利开展,临港大物贸平台在整整一年的时间内一直与曼华维系着紧密的沟通机制。工作人员每月组织两次工作例会,密切关注项目进展,帮助公司协调解决了诸多困难。正是在临港大物贸平台的协调下,洋山海关专门成立工作小组,运用工单式核销、区内自行运输等创新制度,结合简化备案、船边监管、快捷通关、卡口验核、联网监控和定期核销等严密监管、高效服务的监管模式,极大地支持了曼华在自贸试验区先行先试开展船舶保税维修业务,并在后续的工作中不断帮助公司优化业务模式。为了进一步提升效率,曼华则推出了 PIT-STOP(一站式快速维修),为到洋山港及中国船厂的全球船东提供维修保养服务。

保税船供公共服务平台这颗"楔钉",带来了企业利润的提升与贸易的便利。在洋山港上下船保税维修业务持续稳定开展的基础上,政府和园区又进一步开放政策,帮助曼华将该业务模式扩展到洋山港以外的其他港口和码头。不久之后,曼华这一创新模式就在外高桥口岸、吴淞邮轮码头和张华浜散货码头等地进行了"复制推广"。据曼华负责人预估,曼华 2013 年产值达 2.15 亿元人民币。借助各方的帮助和政策红利,曼华供应链也积极探索拓展维修业务范围,使维修产品更多样化,从之前单一的柴油发动机气缸单元的维修拓展到空冷器、FIVA 阀等其他产品的维修业务,推动曼华 2014 年销售额超 3 亿元人民币。至此,自贸试验区所属的外高桥保税区、机场综合保税区和洋山保税港区三大区域实现了保税维修业务的全覆盖,初步形成了外高桥以设备和电子产品维修为主、机场以飞机及航空产业维修为主、洋山以船舶及航运产业维修为主的业务格局。

保税维修业务的发展水平直接映射了区域经济的开放质量与水平。首先,保税维修业务只能在海关特殊监管区域开展,而海关特殊监管区域本身就是开放型经济的重要平台。其属性决定了对于开放的意义。其次,作为高附加值的加工制造环节,保税维修业务有利于延伸产业链,提高附加值。开展保税维修是鼓励企业利用保税政策功能优势,充分参与国际分工的重要形式,通过保税维修还能积累产品性能等数据信息,增强产品竞争力。最后,开展保税维修有助于推动区域产业结构调整,尤其是飞机、船舶和机械装备等精密大型设备的维修与再制造业务,能够推动区内产业结构从传统制造业向制造服务贸易转变，加速融入国际先进制造体系。从另一个角度看，这也倒逼区内产业链条必须向高技术、高附加值、高环保要求的方向发展，倒逼区内形成更多促进贸易与投资自由化的便利政策，不然无法与保税维修业务匹配。

这颗小楔钉并没有直接掀翻已有制度，而是在已有制度框架下，创新性地打了一个补丁。但是，临港集团和洋山特殊综合保税区并没有止步于此，而是积极推动更大范围的创新尝试，在制度层面上探索做出更大胆的突破，不仅为保税维修这样的高附加值业务开辟空间，也吸纳了更多新型服务形式，为洋山特殊综合保税区"首个且唯一"的特殊地位添加注脚。

2.2 首个且唯一

海关特殊监管区域的沿革与创新

船舶保税维修业务得以开花结果的这片区域，如今的正式名称为中国（上海）自由贸易试验区临港新片区洋山特殊综合保税区。2020年1月，国务院批复同意设立洋山特殊综合保税区。它是我国目前100余个海关特殊监管区域中首个且唯一的特殊综合保税区。与这一地位相匹配的是它在官方文件中的制度安排。《中国（上海）自由贸易试验区临港新片区总体方案》中称，洋山特殊综合保税区作为对标国际公认、竞争力最强自由贸易园区的重要载体，在全面实施综合保税区政策的基础上，取消不必要的贸易监管、许可和程序要求，实施更高水平的贸易自由化便利化政策和制度。

海关特殊监管区域一直以来就是发展开放型经济的重要平台与创新载体。随着我国对外开放和经济发展需要的不断升级，海关特殊监管区域的发展也经历了从起步到井喷再到整合的阶梯式跨越。第一阶段就是以"两仓"模式为代表的启蒙起步期，进口保税仓和出口监管仓共同解决进口料件的保税仓储问题和出口货品的监管问题，并降低物流和交易成本。第二阶段就是快速发展期。第一个海关特殊监管区域——上海外高桥保税区在1990年6月由国务院批准设立。10个月后，我国批准设立了首个出口加工区，开始了形式上的拓展。之后，为进一步发挥港口城市的比较优势、打破区域界限，实现更大范围的开放合作，我国开始港区联动探索，实现港口城市间及港口与内陆城市间各要素的流动。标志就是，2003年12月，我国首个保税物流园区——上海外高桥保税物流园区的设立。2005

年6月，我国首个保税港区——洋山保税港区成立，港区一体化初具雏形。既然港口与内陆、港口与港口间能够形成联动，那么城市与城市、城市内部各功能区间也可以打破界限，让要素高效流动。为此，2006年12月，我国首个综合保税区——苏州工业园综合保税区设立。区域一体化探索正式开始。第三阶段即整合发展期。自2012年起，国务院开始整合海关特殊监管区域类型，完善政策和功能，强化监管和服务，促进特殊监管区域科学发展。在整合之前，综合保税区的功能与保税港区相似，其区别只在于综合保税区只以虚拟港口为依托，设立在内陆地区。而整合后的综合保税区功能包含了所有海关特殊监管区域的功能，并取消了设立地点的限制。截至2022年12月底，全国31个省、自治区、直辖市（不包含港澳台）共设立海关特殊监管区域168个。而在这168个海关特殊监管区域中，洋山特殊综合保税区是首个也是唯一一个特殊综合保税区。

对于开放而言，洋山特殊综合保税区具有无可比拟的制度优势。其最大的创新特征就是"一线放开，二线管住"（见图2.5）。

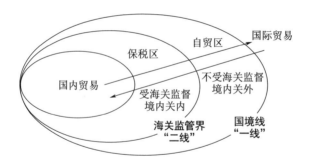

图2.5 "一线放开，二线管住"及相关管制措施示意图
来源：澎湃新闻。

"一线放开、二线管住"主要体现在申报模式、贸易管制、区内管理、统计制度、信息化管理、协同管理等六个方面。在申报模式上，除法律法规要求外，"一线"对于不涉证、不涉检的货物，采用径行放行，企业可直接提、发货；"二线"由以往区内外企业双侧申报制度改为区外企业单侧申报制度。申报模式的放开极大提高了企业运营效率，鼓励企业积极开展跨境贸易。

在贸易管制上,除涉及国际公约、条约、协定或涉及安全准入管理的货物,确需在"一线"验核监管证件外,其余在"二线"验核。对涉证、涉检货物在"一线"或"二线"只验核一次,不重复验核。这不仅会减少企业的效率损失,还能推动洋山特殊综合保税区构建高水平的检验中心,增加其服务全球企业的可能性,从长期看,将提升其深度融入全球产业的能力。

在区内管理上,海关取消账册管理,不干预企业正常经营活动。企业也因此可依法开展中转、集拼、存储、加工、制造、交易、展示、研发、再制造、检测维修、分销和配送等业务。货物在洋山特殊综合保税区内不设存储期限。

在统计制度上,则改变原有实时、逐票统计方式,将统计数据采集手段前伸至洋山特殊综合保税区管理机构建立的公共信息服务平台,自动汇总。

在信息化管理上,依托临港新片区管理委员会开发建设的一体化信息管理服务平台,搭建统一规范、真实可靠的信息底账库,实现信息互联互通、数据可溯、责任可究。

在协同管理上,作为保税区管理机构,临港新片区管委会要建立企业信用、重大事件、年报披露等信息主动公示制度,体现共管共治。

除了贸易监管,洋山特殊综合保税区"88条"[①]还从金融创新、重点领域政策创新和财政扶持、综合保障等其他方面提供政策支持,推动洋山特殊综合保税区建设为具有全球示范意义的国际投资贸易服务自由化、便利化、一体化的最佳实践区。

---

① 即2020年6月2日,由上海自贸区临港新片区管委会与人民银行上海总部、上海海事局、上海出入境边防检查总站联合发布的《关于促进洋山特殊综合保税区对外开放与创新发展的若干意见》,共有88条意见。

如何将制度创新落地

从保税港区一路升级，洋山特殊综合保税区也被赋予了更高的期待。而作为始终致力于洋山特殊综合保税区开放建设及产业功能创新的载体，临港集团旗下的大物贸平台也经历了从临港保税港经济发展有限公司到上海综合保税区经济联合发展有限公司再到如今的变化，过程中也被赋予了更多的发展自主权，资源俘获能力也大大提升，发展格局也得到了突破。换言之，临港集团实际上也是伴随着洋山特殊综合保税区的变化，持续不断创新的。洋山特殊综合保税区的创新性管制举措为临港集团的发展提供了有利的契机。

借助洋山特殊综合保税区的制度优势以及南港码头，临港集团推动了特斯拉汽车顺利从南港码头出口，极大减少了特斯拉的物流成本。与此同时，临港集团还积极开发其信息化系统，希望帮助企业不仅被制度的表现（即监管政策）所吸引，也在制度的落地上都更加信任临港集团。具体体现是，海关监管政策提出确保出入区的顺畅丝滑，但如果依然沿用传统的出入区方式，还是会在实际操作过程中耗费较多的时间和精力。比如在特斯拉进出口这个场景下，临港集团与第三方合作开发了一套仓储管理系统，与特斯拉协调统一入区、出区的业务逻辑，推动无感出入区的实现。过程中，临港集团不仅需要获取特斯拉的信任，接入特斯拉的系统获取数据信息；还需要根据这些数据信息对自己的系统进行定向改造，确保系统与系统能够无缝对接。

而有些制度创新甚至是临港集团直接推动实现的，比如全仓登这一重量级金融基础设施平台的落地。2012年，相较于外高桥保税区，洋山综合保税区还有没有极具特色与竞争力的产业。为了与外高桥形成差异，临港集团决定结合自身特点，从外高桥还没关注到的产业着手。于是，大宗商品落入了备选项。一方面，大宗商品需要更大的仓库面积，外高桥仓库寸土寸金，不会去承接大宗商品的保税仓储业务；另一方面，大宗商品利润较低，竞争对手相对较少。而考虑到环境污染等因素，临港集团最终在众多大宗商品中选定有色金属中的铜开展保税仓储与交易。通过推动海关总署发文，临港集团得以开展铜的保税交割。铜交易存在于两个割裂的市场，国际市场以伦敦金属交易所为主，国内市场以上海期货交易所为主。由于我国对铜的规定是只能进口、不能出口。因此，企业可以在国际市场铜价格低于国内市场时，将保税区内铜交割清关卖入国内；而当国际市场铜价格高于国内市场时，在保税区内进行缓冲，寻找到合适时点，在伦敦金属交易所生成仓单，卖到国际市场即可。因此，企业可以将大量精炼铜安放在保税区内，择机实现盈利。久而久之，临港集团为洋山特殊综合保税区构建起了大宗商品交割的基础。而大宗商品的期货属性，意味着衍生更多金融业务的可能性。而上海作为金融中心，具有支撑这些金融衍生业务的能力。在发现这一契机后，临港集团希望能够让外汇管理局（简称外管局）等更多政府部门介入，共同搭建一个服务大宗商品的具有公信力的服务平台。在这个理念的推动下，临港集团与中物流集团协商，并最终引入数十家大型国有企业、与期货交易所对接，在浦东落地成立了"全仓登"系统。通过推进区域间仓单信息的互联、互通、互认、共享，全仓登可以实现信息流与货物流的深度绑定，利于化解"虚假仓单""重复质押""一货多卖"等风险，助推大宗商品仓单资源高效管理，降低企业交易融资成本，继而对改善市场生态和诚信体系，为开展更多元的金融业务提供便利，对保障大宗商品的安全与高效流通具有重要意义。

而且，临港集团还在不断探索更多的创新形式，推动保税区内的开放，比如正在试图与海关总署协商推动保税区内的现货质押以及在同一仓库内实现保税与非保税货物的共存。这些制度一旦得以突破创新，将为企业的业务带来更多便利，也会助推更多新的业态诞生。

制度创新成效何在

如上所述，区内企业是这些特殊之处的直接受益者。得益于特殊综合保税区这些制度创新，区内企业能够提升服务能效。例如，上海某国际物流公司负责人蓝总表示，"洋山特殊综合保税区的制度创新使我们70—80人团队的服务能力能够从以前10万平方米仓库增加至30万平方米。"根据保税港区的监管流程，货物到港前三天，该公司就需要去海关进行货物清单备案，得到海关同意后，货物靠港时，公司需要制作报关单、入区申报、提货，再进保税仓。申报完成后，货物进入二线，发运时需要再次制作报关单、整理关税预算、与客户沟通。虽然自贸区允许该公司可以在提货后再进行申报、发运后再申报，但申报依然是必选项。但特殊综合保税区在此基础上进一步突破，首先取消一线入区的报关，二线出区也只需要单侧报关。报关文件的整理和报关从以往的3次减少为1次，效率大幅度提升。因进出区核销所形成的账册管理体系也相应取消，原有的账册管理人员成本也相应降低。

不仅如此，这些制度创新还能够为先导产业集聚提供助力。《上海市国民经济和社会发展第十四个五年规划和二〇三五年远景目标纲要》（简称上海市"十四五"规划）中提到，到2025年，战略性新兴产业增加值占全市生产总值比重达到20%左右，增加值超过1万亿元，经济发展主引擎作用更加突出，具有全球影响力的集成电路、生物医药、人工智能上海高地基本形成。而这些产业的发展，离不开对国际国内优势企业的吸引与赋能。洋山特殊综合保税区针对区内企业之间的货物交易和服务实行税收的减免，让洋山特殊综合保税区成为先导产业集聚的温室。上药控股负责人坦陈，"与区内跨国药企交易免税，对双方来说都是非常大的优惠措施，更有利于形成产业集聚效应，带动更多企业入驻。"上药集团在浦东机场南片区建立了亚太综合中心，并利用自身的产业影响力，带动一批包括跨国药企、国内创新企业一起入驻。优质的国际国内企业入驻与合作共创，是上海构建具有全球影响力的战略性新兴产业高地的先决条件，而洋山特殊综合保税区通过制度创新，拆除了企业集聚合作中的"玻璃门"。

同时，洋山特殊综合保税区制度创新也辐射至区内外产业联动，共同推进产业能级提升。"保税+"成为区内企业合作创新、发展业务的利器。比如，区内企业可以利用"一线放开、区内自由"的监管便利，在区内设立全球分拨中心，为区外生产企业或贸易企业提供全球供应链平台服务。此外，区内和区外企业之间，还可以通过委托加工的方式，在特殊工艺的制造加工方面联动互补；区内企业也可以申请一般纳税人资格，与区外企业开展内外贸一体化业务，通过政策设计，统筹国际国内两个市场。2019年年底，海关总署出台了支持新片区重点产业创新发展的11条政策措施，对临港新片区内、特殊综合保税区以外，经认定的从事集成电路、人工智能、生物医药、民用航空等关键领域核心环节生产研发的重点企业，给予进出口便利和保税业务的便利。措施提出试行企业集团化保税监管。据此，原来集团成员企业之间的保税监管模式，就被扩展到了有稳定供应链关系的上下游企业之间，可以打通产业链和供应链，对于强链、固链、补链和增加价值都有直接促进作用。

作为制度先行区，洋山特殊综合保税区是试点。但它不仅仅是一个平常的试点，而是临港新片区"先行先试"的缩影。

2.3 新片区的路：无中生有

新片区的发展历程

在上海、在洋山特殊综合保税区外围，更大范围、更深层次，肩负更大使命的制度创新正在发生。事实上，临港新片区从荒芜的滩涂到崛起的新城这条"无中生有"之路，正是临港集团推动高水平开放的决心、勇气与担当的体现。

2002年6月，临港新城作为洋山深水港的配套，正式宣布开发建设。2003年11月30日，上海临港新城管理委员会和上海临港经济发展（集团）有限公司正式挂牌成立，临港新城开发建设正式启动。作为临港开发的拓荒牛和主力军，临港集团平地兴产、滩涂造城，将东海之滨荒芜的低洼盐碱地开发建设成为产业项目集聚、功能配套完善、生产生态生活融合发展的中国制造新高地。"一张蓝图干到底"是临港开发建设的基本模式。伴随着临港新城能级的不断提升，"国家战略、上海优势、国际竞争力"也越来越凸显。比如，临港新城产业区的发展一直以坚持"联合大集团、引进大项目、建设大基地"的招商策略，引进包括C919发动机项目、中国科学院高效低碳燃气轮机项目、上海电气、上海汽车等重大项目和行业标杆企业，形成了国家新能源装备、船舶关键件、海洋工程、汽车整车及零部件、大型物流及工程机械、民用航空设备及关键零部件六大产业制造基地，同时还在汇聚集成电路、人工智能、生物医药等新兴产业。正是基于突出的产业发展成果，2019年，临港拥有了新的名字——中国（上海）自由贸易试验区临港新片区，成为我国首个且唯一的新片区。

制度特区如何"特"

自设立以来,临港新片区就被赋予了更大的自主改革权,成为推进制度型开放的主体承载区与压力试验田。临港新片区的精神就是大胆试、勇敢闯、自主改。自此,临港新片区在"五自由一便利"方面开展制度创新,对标国际标准,致力于建设具有国际影响力和竞争力的特殊经济功能区。设立之初提出的《中国(上海)自由贸易试验区临港新片区总体方案》中的 78 项任务已完成 90%,在国家、上海市、临港新片区不同层面,累计推动出台各类政策 260 余项,形成 87 个具有代表性和引领性的制度创新案例,其中 36 个为全国首创。这些全国首创的制度创新案例中,有一些格外凸显临港特色,使得制度创新成为临港靓丽的名片。而在这些制度创新的案例中,也不乏临港集团的身影。

在跨境投资自由方面,临港新片区在政策层面优化外商投资负面清单管理模式,通过"先行先试",推动了外商投资准入指引清单开放度的提升。中国的市场竞争环境一直以来被西方社会诟病为充斥"制度空缺"、缺乏正式制度的支持、非正式制度也多为默会而对非东方文化浸染下成长的企业颇不友好。如果开放,所要拆除的第一道"玻璃门",便是西方社会对此的误解与偏见。因此,特殊版负面清单在形式上与国际标准形式基本对接,转型为通用的"保留条款"形式,使特别管理措施形式更简洁,要素更严密,维护更具操作性,并且在信息发布、决策程序、内容变更等方面保持公开透明和一致性,使外商有稳定的预期。最直观的例证就是特斯拉上海超级工厂的落户。该项目为外商投资准入的开放进行了压力测试,其成功也为外商投资负面清单的精简提供了现实基础。

在资金自由方面,临港新片区推动金融创新改革则清晰地彰显了上海作为中国金融中心的特色以及升级建设为国际金融中心的宏伟目标。比如,临港新片区在全国率先取消外商直接投资人民币资本金专用账户。企业无须到柜台办理资本金专户开户手续,可通过现有账户直接从境外收取人民币资本金,并通过网银直接办理境内支付,整个流程由原先的一周缩短为 2 天。截至 2022 年 6 月底,共有 7 家银行办理了 67 笔外商直接投资人民币资本金汇入境内非专用账户的业务,涉及金额 42.18 亿元,惠及外商投资企业20家。临港集团协助许多企业体验了这一便利。比如，临港集团联合中国银行帮助新加坡企业兴农华赢仅用一个基本户便可完成公司的日常结算和接收境外母公司的投资资金，既提高了企业账户使用效率，也降低了财务管理成本；类似地，卡哥特科、恒玄科技等公司则成功办理了凭付款指令直接向境外支付货款，这类货物贸易和服务贸易的国际结算原先应由银行审核发票、合同或报关单。新片区相关负责人称，"这些制度创新不仅在于少开一个账户、多一条资金通路，我们希望能给企业一个与国际接轨的营商环境——再特殊、再紧急的业务，在临港新片区都不会遇到不应有的阻力。"

在人员从业自由方面，为了推进人才引领战略、汇聚海内外人才、打造人才资源配置枢纽港，2022年12月，临港集团推动的新片区人才工作服务站暨园区人才工作联盟成立。集团旗下东方芯港、生命蓝湾、信息飞鱼、大飞机园、特殊综合保税区、滴水湖金融湾6大园区人才工作服务站正式设立，临港集团园区人才工作联盟同步成立。这些产业园区是上海产业发展的前沿，更是海内外人才集聚重地。如何吸引并留住他们，临港集团给出了自己的回答。他们揭牌运营上海临港产业大学人力资源服务中心，与人才招聘、代理外包、培训发展、健康关怀、保险司服、子女教育等28家人才服务商开展合作，专注于打通人才服务"最后一千米"，形成特色产业园区人才服务特色阵地集群，共同为园区企业和人才提供优质服务。

制度型开放的抓手：制度创业

拆除"玻璃门"的背后，是打破旧有的规则体系、建立新的制度，从而推动制度型开放，并从中获得国际竞争力与影响力的提升。这恰恰是制度创业的精髓。制度创业是行为主体利用资源创造新的制度或改变既有制度的行为。然而，制度象征着稳定、固化，而创业恰恰是突破、求新。制度创业本身即是充满悖论的，即改变既有制度、构建新制度的行动往往受限于"能动性嵌入悖论"而难以达成目标。想象作为行动主体的个人或组织，长期嵌入某一制度场域，认知、利益与身份都受到已有制度的形塑，如何能够产生制度变革的设想、采取新的实践并影响他人接受新设想与新实践呢？这就是"能动性嵌入悖论"。换言之，临港集团身处已高度制度化的场域（即成熟场域），自己该做什么、该如何做、应该达到何种成效等问题的答案早就受到旧有制度的规范与塑造，是如何产生构建新制度的设想并付诸实践的呢？

实际上，临港集团是存在制度创业动力的。动力来源就是其所感受到的现状与理想状态之间的差距。而这种现状与理想状况之间的差距，则由其网络位置决定。可以说，临港新片区既离世界很近，也离世界很远。一方面，相较于已经较为发达的浦东新区而言，地处偏远的临港新片区（彼时还只是一片滩涂）处于边缘位置；那么相较于其他企业而言，承担这片边缘区域开发与建设工作的临港集团，也处在网络的边缘位置。从中心/边缘的视角来看，边缘组织相对嵌入性更低，更容易偏离现有制度，而中心组织由于更多地享受到既有制度的利益，则不太可能发起制度创业（方世建与孙薇，2012）。另一方面，国家对临港新片区的定位是"先行先试"的特殊经济功能区，而洋山特殊综合保税区又在海关监管概念下直接与国际相连。因此，作为建设者，临港集团不论在功能上还是区位上都处于边界桥接（boundary bridging）位置。而处在边界桥接位置的行动主体更容易感受到制度的不兼容（Greenwood and Suddaby, 2006）。举例来讲，临港集团能够清晰地意识到新片区的制度规则与各大自由贸易港规则存在差异。边界桥接的位置引发了临港集团对制度矛盾的感知，而感知到的制度矛盾则会推动其展开制度创业。比如，当新加坡自贸港可以自由顺利地开展保税维修业务，而洋山特殊综合保税区却无法开展的时候，是处在第一线的临港集团最能感受到这种制度矛盾并意识到制度差距，因此会竭力推动对固化制度的变革。由网络位置决定的差距感知，使得临港集团拥有了对可替代制度的渴望，也因此降低了对原有制度的嵌入性，从而打破"能动性嵌入"悖论，为其变身成为制度创业者奠定了基础。

制度创业者的难题还不仅仅只限于打破"能动性嵌入"悖论。提出创新性的制度探索只是第一步，让新制度获得内部和外部的合法性带来的挑战更加艰巨。只有具体的、可执行的策略才能够帮助制度创业者提出的新制度获得合法性。从内部而言，临港集团产出了一个又一个制度创新的案例，将不可能变为可能。但仅仅拥有这些具体实践还远远不够，通过话语和策略手段对这些"具体"进行理论化，才是影响更多的主体参与制度变迁的关键（Maguire et al., 2004）。在实践中，临港集团通过向上游说、人大代表发声、典型案例集册编纂与传播等方式，充分挖掘这些制度创新背后深远的意义，以此影响并动员更多的部门为新制度打开绿灯。对外部而言，临港集团需要对话的是大型跨国企业、国际协会、多边经贸协定组织等，获得它们的认可是其能否承担起使命的关键。临港的诀窍在于，将自身的改变与对方的习惯连接起来。这正是制度化的核心：将新的实践与利益相关者的惯例和价值观联系起来（张铭与胡祖光，2010）。例如，把新的实践附着在既有实践中，就是洋山特殊综合保税区那颗小"楔钉"所采用的方式；通过与不同的利益相关者结盟，比如临港集团经常召开合作论坛、与大型跨国企业构建良好的关系，则可视为这种策略的体现。

通过占据制度创业者的网络位置摆脱"能动性嵌入悖论"后，临港集团利用"具体"案例连接制度创新，通过产出、复制并推广一个又一个制度创新案例，影响更多行动主体，推动制度创新层级与能效的一再跃升；通过与外部构建联盟，将这些"具体"的实践与外部利益相关者的惯例勾连起来，以获得外部利益相关者的接受。这一系列过程使得临港的制度创新不只是挂在嘴边的口号，更通过创造性的创新实践，打通了内外的连接，让开放变得日益畅通无阻。

3 架设"起跳板"

3.1 解决困局的跨境金融方案

困局何在

半年过去了，联运①泰国分公司的员工们都注意到他们方总②的眉头终于不再是一个"川"字了。在临港集团与大华银行的联手帮助下，联运通过在临港新片区内建立跨境资金池的方法，顺利解决了建设泰国二期工厂的资金困局。什么资金困局让方总困扰半年之久？故事要从 2013 年联运出海说起……

联运是一家致力于日化类乳液泵、喷雾泵、气雾阀、彩妆类包材的研发、生产和销售的中国企业。凭借强大的产品优势和技术实力，联运成为大多数国际及国内知名企业的战略合作伙伴，产品在东南亚一带热销。2013 年，为了响应"一带一路"倡议、扩大销售网络，联运成为首批出海前往泰国泰中罗勇工业园区建厂的中国包装企业之一。泰中罗勇工业园位于泰国首都曼谷东南 100 多千米处，是中国首批境外经贸合作区之一。椰林树影中，这里厂房鳞次栉比，商场超市也一应俱全。立足泰国的生产基

---

① 企业化名。
② 该企业泰国分公司总经理，已化名处理。

地,联运可以将产品销往整个东南亚以及北美市场。经过多年的耕耘,客户数量在稳步增长,客户需求也在不断扩大。现有生产基地的产能难以满足所有客户的需求,再建新厂、扩大产能势在必行。

2021年年初,公司下定决心建设泰国二期工厂。如此大的基础设施投入当然需要大笔资金。但是联运发现,企业身处海外若想进行大笔融资,面临重重阻碍;而如果从国内汇转资金,又因为外汇管制难以实现。此外,二重换汇也会极大增加他们的资金负担。因此,如何以可接受的成本获得建厂所必需的资金成为方总最头疼的问题。情急之下,他拨通了大华银行客户经理的电话……

大华银行与临港的渊源

新加坡大华银行于1935年创立,是新加坡第二大银行。大华银行在全球范围拥有超过500家分行和办事处,遍布亚太、欧洲和北美19个国家和地区。在泰国,大华银行深耕多年,是规模最大的外资银行之一,因此对泰国的商业机会与制度体系尤其是外汇管制规则极具洞察。

大华银行对中国市场的了解也非常深刻。伴随着中国的改革开放,大华银行为了支持新加坡企业开拓刚刚开放的中国市场,1984年就在北京设立了办事处。2007年,伴随中国银监会推动在华外资银行"法人化",大华银行(中国)在上海注册成立,大华银行也因此成为最早一批在中国设立法人银行的外资银行之一。

在中国不断扩大开放范围、拓宽开放领域、提升开放层次的过程中,外资银行也在其中积极发挥自身优势,促进国际合作,满足客户高质量跨境拓展和消费需求,为实体经济注入稳定的流动性和活力。

为满足越来越多的企业在跨境业务中选用人民币作为结算、贸易融资和贷款主要货币的需求,大华银行积极为走出去的中国企业提供更高效、更优惠的跨境人民币结算和资金管理服务，提出了许多创新方案，比如"东南亚货币一站式"解决方案、大宗商品融资及供应链融资业务。而这些想法具体在何处落地呢？临港新片区拥有的开放政策与合适的试点环境是最佳选址。临港新片区的金融创新一直走在前列。2020 年后更是按下了"快进键"。广为人知的"金融 30 条"[①] 中，涉及积极推进临港新片区金融先行先试的就有 7 条。意见中指出，对于符合条件的临港新片区优质企业，区内银行可在"展业三原则"基础上，凭企业收付款指令直接办理跨境贸易人民币结算业务，直接办理外商直接投资、跨境融资和境外上市等业务下的跨境人民币收入在境内支付使用。这与临港新片区内企业的金融需求不谋而合。大华银行上海分行行长袁泉此后回忆，不同于其他地区，临港主要聚焦离岸金融，客群的金融需求也以跨境为主。除了政策与需要政策的企业，临港集团所提供的服务也是重要加分项，比如积极引导招商引资，为银行和客户携手入驻新片区奠定了很好的基础；组织监管机构进行政策宣讲、组织业务先行的银行进行案例分享，鼓励金融机构创新；针对企业在税务方面的各项诉求，为企业寻求税务方面的一站式便利服务。

因此，当方总打通大华银行客户经理的电话时，他已经同时连接上了拥有丰富跨境金融服务经验的大华银行以及具备充分的政策与服务优势的临港集团，为二者携手解决其资金困局揭开了序幕。

中泰直连跨境资金池

根据中国人民银行上海总部文件〔2014〕22 号文《关于支持中国（上海）自由贸易试验区扩大人民币跨境使用的通知》，投资海外的中国企业可以采取在国内建立跨境资金池的办法来解决海外资金问题。利用这一政策优势，临港集团协助联运在新片区内设立了新公司，拥有"区内"企业这一身份，从而能够享受临港新片区的便利化政策。大华银行则充分利

---

① 即 2020 年 2 月 14 日，经国务院同意，由中国人民银行、银保监会、证监会、外汇局和上海市政府联合发布的《关于进一步加快推进上海国际金融中心建设和金融支持长三角一体化发展的意见》。

用其深入了解东南亚市场的优势，在为联运提供中泰两地授信的基础上，帮助客户进一步搭建中泰跨境人民币资金池作为打通境内外资金管理的通道。最终，2021年5月，大华银行推出了中泰直连跨境人民币资金池，解决了联运的资金困局。

借助中泰直连跨境人民币资金池，联运实现了跨境资金的灵活调拨，简化了集团跨境资金管理流程。联运建设新厂也不再需要在海外融资与二重换汇，只需两个工作日就能完成境内与跨境扫款交易。人民币直接兑换为泰铢，大大降低了联运多重汇兑的利率成本与税收成本，也平缓了企业面临的汇率风险。

现实中，像联运这样的民营企业，在跨国经营中经常遇到类似资金问题。受外汇管制约束，企业通常难以自由调拨资金。在推动高水平开放进程中，必然要求更高水平的金融开放创新，以更好地服务国内企业"走出去"和跨国公司"引进来"。设立跨境资金池，则是在解决企业跨国经营内部资金流动相关问题时的一项重要制度创新。

临港集团这项创新性的举措，也为其他中资企业出海提供了跨境资金管理的制度借鉴，对中国企业拓展海外市场具有重大意义。

3.2 跨境资金池的前生与未来

跨境资金池在中国

资金池,从字面意思来看,就是将资金集中储存在一定空间的池子里,类似蓄水池储存水,既有流入,也有流出。资金池的参与主体包括企业集团与银行。具体模式为:双方签订协议,由银行利用其先进的金融网络系统对集团分散在各地的成员的账户实施统一管理。企业集团通过资金池,对所有资金实行统一调配,可以将部分成员企业的资金盈余和部分企业的资金短缺进行抵消,实现集团内部资金的互相弥补融通,极大降低交易成本、融资成本,提高资金的使用效率。

跨境资金池则是在此基础上的进一步延伸,包含多个国家的银行账户,涉及境内外资金。但本质仍是储备资金的池子,是企业为了有效管理和集中运用多个国家或地区的资金,而设立的一个跨国界、跨货币流通的资金管理机制,用来在成员企业之间进行跨境资金余缺调剂和归集。通俗来讲,一家跨国公司往往拥有分布在境内境外的众多"家族成员",而家族成员里难免既有"缺钱的",也有"剩钱的"。于是整个家族指定了一个成员作为"管家",建立一个账户统筹境内外成员的人民币资金。于是,不论成员是在境内还是境外,当它"缺钱"的时候,就可以从这个池子里获得下划借款;而当有成员"剩钱"的时候,就可以将多余人民币资金上存池子里,准备对其他成员放款。

我国对跨境资金开展集中管理的尝试源自1997年。初期可以视为试点探索阶段,国家允许一部分跨国公司设立外汇结算账户,同时允许他们按照实际业务需求，从经常项目中自行决定保留一部分外汇收入。随着跨国公司资金融通业务量的增大，以及部分大型央企、国企也开始出现境外资金的管理需求，中石化等央企率先开展了境外资金汇总调配的试点。试点业务包括外币归集、经常项目外汇的集中收付、货物贸易的异地收付等内容。2004年1月，外币资金池业务正式设立。从2004年开始，外管局逐步明确了跨国公司对外汇资金进行内部集中管理的相关要求，例如，资金池设立条件、账户选择、限额管理及申请主体资格等。中国人民银行在2009年推出跨境贸易人民币结算试点，并从2013年开始，对跨境人民币业务进行了优化，同意境内非金融机构办理人民币境外放款结算业务，允许具有股权关系的境内非金融机构建立人民币资金池。此后，央行相继针对上海及其他自贸区企业的不同需求，推出了多种形式的人民币资金池，并于2014—2015年推出并完善了跨境双向人民币资金池，允许跨国公司结合实际运作状况，在境内外附属公司之间进行跨境人民币款项的归集和分配，以适应集团内部资源运转的现实需求。使用人民币资金池可以帮助企业免除外债登记和境外放款手续，同时规避汇率风险、节省资金跨境运作成本并提升管理水平。

第二阶段为政策优化阶段，在这一阶段，由于主管单位和资金池设立条件的不同，对于跨境经营的中国企业而言，有可能不得不同时报备两个版本的资金池，以确保本币和外币的境内外调拨过程平稳顺畅。在实务经营中，大型跨国公司一般会在境外设置一个外币资金池，因此，在国内设立的资金池，事实上只是起到方便将资金调拨到境外并兑换成外币这一兑换职能。这使得跨国公司在业务开展过程中并未充分利用境内资金池的功能。而央行和外管局也发现，人民币和外汇业务分别设置跨境资金池，并不一定能为跨国公司提供足够的便利。为了解决资金池规则差异以及实际应用中缺乏便利性等问题，央行和外管局分别逐步放开跨境资金池币种的限制。例如，2019年3月，外管局发布通知，允许人民币入池。而在2021年3月，央行和外管局共同推出了全口径的"本外币一体化资金池"，并宣布将在国内一线城市进行包括统一本外币政策、继续优化资金划转流程等五项内容在内的试点。这一新规对于整合目前不同版本的资金池具有较大指导意义。同时，也可以帮助跨国公司充分利用境内外资金，在更高层面优化其资金周转效率，整体性降低运营成本。新规允许跨国公司在有限额度内意愿购汇，这一规定在赋予跨国公司更多自主性的同时，也可以提升跨境融资的便利化水平，帮助这些公司在开展境外业务时以更从容的姿态应对汇率风险。2022年1月，本外币一体化资金池试点则进一步完善了跨境资金池的相关政策。

图2.6 我国跨境资金池管理沿革

分类与运营模式

国内使用跨国公司跨境资金集中运营服务的包括两类主体。一是"走出去"的企业，其母公司主体在国内，通过跨国公司跨境资金集中运营来统管境外子公司，有效解决跨境资金划转难的问题，实现跨境资金灵活调拨，简化跨境资金管理流程。通过办理经常项目资金集中收付或轧差净额结算业务，为同时有境外收入和境外支出的企业降低多重汇兑的利率成本与税收成本，降低汇率风险，多适用于跨境贸易公司、制造业公司等。

二是在华跨国公司，其母公司在境外，在我国境内有分支机构或生产基地，开办跨境资金池业务能够帮助这类型企业打通境外资金合规入境的渠道，让境内外资金在额度内自由流动；引入境外低成本资金，进一步降低其国内子公司的融资成本；这类企业可围绕跨境资金池打造跨国公司在中国的财资中心，将境内外盈余资金归集，提高内部资金运用效率，实现资金利用率最大化。

目前国内跨境资金池的分类如表2.1所示。

表 2.1 跨境资金池分类

归属监管	人民银行				外管局	人民银行与外管局
类型划分	全国版资金池	津闽粤及上海自贸区普通版资金池	自贸区全功能版资金池	FT全功能型资金池	跨国公司跨境资金集中运营资金池	本外币一体化资金池
	跨境双向人民币资金池（统称"人民币资金池"）				统称"外币资金池"	

这些不同版本的跨境资金池虽然核心功能大体相似，但在业务准入、架构搭建、实际运营等方面存在诸多不同。

跨境双向人民币资金池支持全国范围办理，由结算银行所在地人民银行副省级城市中心支行以上分支机构负责备案并发放备案通知书。FT全功能型资金池（自贸区全功能版资金池）目前仅支持上海、广东、深圳、海南、天津等已设立FT账户体系的地区办理，由结算银行和主办企业所在地人民银行分支机构负责管理。跨国公司跨境资金集中运营资金池支持全国范围办理，由主办企业所在地外汇局分局备案并发放备案通知书。

在申请机构方面，跨境双向人民币资金池与FT全功能型资金池均由业务合作结算银行负责申请，跨国公司跨境资金集中运营资金池和本外币一体化资金池均由集团主办企业负责申请。

在入池范围方面，各版本跨境资金池入池企业均要求以资本为纽带，组成由母公司、子公司及其他成员企业组成的联合体，其中金融企业（财务公司除外）、房地产企业、地方政府融资平台均不得入池。

备案企业入池条件方面，跨境资金池要求备案企业在有真实需求的前提下，满足一定的准入条件后才能够申请。其中，部分跨境资金池备案条件中明确量化了成立年限、收入金额、国际收支金额等具体条件。

跨境双向人民币资金池境内外成员企业须成立满一年，境内成员企业上年度营业收入合计金额不低于10亿元人民币，境外成员企业上年度营业收入合计金额不低于 2 亿元人民币。FT 全功能型资金池无成立年限及营业收入要求，相对全国版要求较低。这也是为何大华推荐联运选用该类型资金池的原因。跨国公司跨境资金集中运营资金池要求上年度境内成员企业国际收支合并超过 1 亿美元。图 2.7 至图 2.9 为不同版本跨境资金池的大致运营模式。

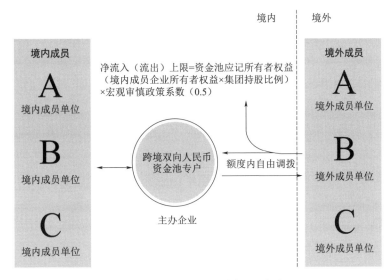

图 2.7　跨境双向人民币资金池框架
来源：司春晓等（2022）。

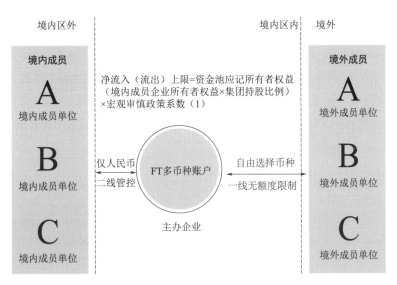

图 2.8　FT 全功能型资金池框架
来源：司春晓等（2022）。

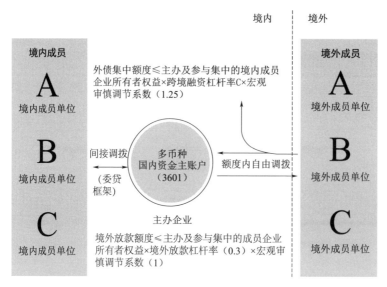

图 2.9 跨国公司跨境资金集中运营资金池框架
来源：司春晓等（2022）。

企业面对不同的要求，往往容易"挑花眼"，从而错过最佳决策时间。比如，有位民营大型跨境航运物流企业相关负责人曾称，其公司为方便将全球不同货币航运货款归集到企业总部境内账户，以及快速向境外发放资金拓展全球业务，曾在疫情防控期间尝试申请"跨国公司跨境资金集中运营资金池"试点，但耗时约两年仍未获批，后来向银行了解才知道，公司业务规模符合"跨境公司本外币一体化资金池试点"。这也是为何本外币一体化资金池业务后来居上，成为众多企业首选的原因。某种程度上而言，本外币一体化资金池业务试点是对跨国公司跨境资金集中运营资金池业务与跨境双向人民币资金池业务的整合升级——通过综合上述两大资金池业务的政策优势，在适度提高准入门槛的同时，释放更大的政策红利，便利跨国公司跨境资金统筹使用。

本外币一体化资金池的临港试点

跨境资金池的融合，即本外币合一跨境资金池试点，的确是投资贸易自由化、便利化路途上的一项重要的制度创新。由图 2.6 和表 2.1 可知，我国本币与外币跨境资金池长久以来分属不同部门主管，也因此遵循两套不同的规则。外币跨境资金池业务主管部门为外汇管理局；而人民币跨境资金池业务的主管部门是中国人民银行，其发展也稍滞后于外币跨境资金池业务。不过，随着本币和外币跨境资金池业务不断发展，开展本外币合一跨境资金池业务的条件已经成熟，本外币跨境资金池融合已成为趋势。

2019年3月，国家外汇管理局发布了《跨国公司跨境资金集中运营管理规定》（汇发〔2019〕7号），第一次明确提出国内资金主账户币种可以为多币种（含人民币）账户，表示在未来将对跨境资金本外币进行"一体化"模式的监管；同年7月，国家外汇管理局上海市分局出台的《进一步推进中国（上海）自由贸易试验区外汇管理改革试点实施细则（4.0版）》中指出，自贸区内企业开展跨国公司跨境资金集中运营管理业务，其上年度本外币国际收支规模由1亿美元调整为超过5 000万美元；2020年2月14日，央行等部门联合发布《关于进一步加快推进上海国际金融中心建设和金融支持长三角一体化发展的意见》，明确在临港新片区内探索开展本外币合一跨境资金池试点；支持符合条件的跨国企业集团在境内外成员之间集中开展本外币资金余缺调剂和归集业务，资金按实需兑换，对跨境资金流动实行双向宏观审慎管理。

多年来，临港集团在金融创新领域积极开拓、协助推进新片区金融先行先试，致力于探索可复制可推广的金融创新产品。2020年4月23日，在国家外汇管理局上海市分局大力支持下，临港集团本外币合一跨境资金池业务成功启动，成为2019年8月国家设立中国上海自由贸易试验区临港新片区以来，区内本外币合一跨境资金池落地的首家企业。跨境资金池的搭建，为境外资金参与新片区建设提供了非常通畅和快捷的渠道。本外币一体化的新功能，使得临港集团可以更好利用国内外两个市场、两种资源，降低企业融资成本，提高资金运营效率。图2.10为本外币一体化资金池示意图。

对于跨国企业而言，本外币合一跨境资金池业务的试点是重要的利好。一方面，单一的本外币资金池账户有利于跨国企业在集团层统筹资金，降低开展跨国经营业务的资金管理成本，也为开展国际投融资业务提供了便利。另一方面，本外币合一跨境资金池简化了跨国企业备案和审批程序，也避免了由于准入标准、资金期限和管理额度不同导致的额外合规成本。另外，本外币合一的跨境资金池还为跨国企业管理汇率风险创造了更有利的条件，显著降低了企业的汇兑成本。

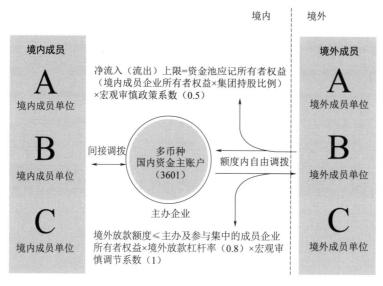

图2.10 本外币一体化资金池框架
来源：司春晓等（2022）。

对于银行而言，本外币合一跨境资金池也是有利的。结算银行不需要再遵循不同监管部门的不同规定，也不需要执行不同的操作流程，运营成本大大降低。而且，统一的跨境资金池账户由于能够促成规模更大、更加频繁的交易，其产生的收益也是大于多个分立的资金账户的。对于监管部门而言，本外币合一跨境资金池也能够使两个部门形成合力，弥补两个部门分管形成的监管漏洞，减少监管套利行为。

更重要的是，本外币合一跨境资金池着实为中国企业走出去搭建了重要的桥梁。许多中国企业在境外拥有多个投资项目，并设有相应的境外关联公司。如果境外公司在当地融资困难，则会极大程度制约业务的发展。没有本外币合一跨境资金池的情况下，企业可以选择内保外贷帮助境外公司进行融资，但这就需要支付借款利息和开立保函的手续费，而境外公司产生的现金流也无法便利地调回境内使用。本外币合一跨境资金池的出现，则能够最大限度地支持企业的国际化经营与发展，解除中国企业走出去的后顾之忧。

3.3 高水平开放的制度中介

跨境数据流通与制度中介

与资金一样,数据也是当今世界贸易中的重要元素。但与跨境资金自由已经得到长足的支持与发展不同的是,数据的跨境流通依然存在诸多挑战。而制度中介的存在,正是为了能够应对这些挑战。

在当今的世界贸易中,数据的重要性越来越突出。数据作为第五大生产要素,是数字化、网络化、智能化的基础,已经融入生产、分配、流通、消费和社会服务等各个环节,正在深刻改变人们的生产、生活与社会治理方式。而在这个过程中,企业与数据的关系是最为密切的。企业所产生的数据量正在激增。曾经的硬盘巨头、如今转型成为数据存储与运营商的希捷公司曾在 2017 年发布一份白皮书《数据时代 2025》,探讨了数据量以及数据的重要性。这份报告将数据来源分成三个部分:核心(企业数据中心和企业云的数据)、边缘(核心数据中心外的其他企业系统)与终端(PC、手机、传感器、照相机、智能汽车等)。与直觉不符的是,终端数据占比目前虽然很大,未来却会逐年下降。大量的终端设备(如手机)虽然不停地产生数据,但这些数据不重要的部分会被随时删掉,而重要的部分则会上传到各种云中,由某个企业或者云变成企业数据进行存储。还有一个有趣的现象是,企业的边缘产生的数据速度远超过核心数据中心。这份报告还给出了一个惊人的预测:到 2025 年,全球数据里有 20% 会是性命攸关的,大约 10% 会达到超级关键的程度。虽然这一论断过于耸人听闻,但因数据丢失导致决策链条的中断甚至错误决策从而造成远超现在情形的损失,确实可能会成为事实。

因此，数据的跨境流通与管理的重要性比肩甚至超过资金的跨境流通与管理。但与跨境资金池的发展与逐渐成熟不同，数据的跨境流通与管理仍旧是一个新的课题。总体而言，数据跨境流通面临的挑战包括国际规则、国内监管及企业合规三个方面。从全球范围来看，以数据跨境流动为核心的国际数字贸易规则不仅代表未来国际经贸规则的新方向，也是美国、欧盟及中国等经济体争夺话语权的关键领域。发达成员不愿意放弃其传统的主导地位，利用双边和区域贸易协定推动达成了一系列规则成果，试图先行制定更高标准的数据跨境流动规则，建立竞争优势，迫使中国等发展中成员在融入新的规则体系的过程中付出更高昂的代价和规则成本。在国内监管方面，中国目前在数据跨境流动监管能力和网络安全保护水平方面都面临着较大的考验。由于数据跨境流动天然具有全球化的属性，突破了传统物理国界和主权管辖的限制，因此，数据跨境流动规则会给防护实力相对较弱的成员带来网络安全和数字主权的挑战。只有本国拥有足够的监管能力和技术能力，才能为参与数字贸易活动提供必要的安全保障。对于企业而言，则必须应对迎接数据跨境合规的挑战。

在数据跨境流动日益频繁、数据跨境流动挑战尚存的当下，企业尤其是具有数据跨境流动需求的企业，难以依靠自身能力，有效规避风险同时又促成数据高效地跨境流动。此时，企业必须依赖专业的服务，助力其开展数据跨境流动。

临港的答卷

为了应对数据跨境流动的挑战，帮助企业开展数据跨境流动业务，临港集团又一次"先行先试"。自新片区设立以来，集团一直在探索如何通过进行数据跨境流动、发展数据产业、拓展数字贸易等建设国际数据港。

临港新片区建设国际数据港，具有坚实的制度基础。早在 2021 年 7 月，《中共中央 国务院关于支持浦东新区高水平改革开放 打造社会主义现代化建设引领区的意见》发布，其中明确要求上海建设"国际数据港"。

同年年底,《上海市数据条例》发布,明确要求在临港新片区率先推进国际数据港建设。而临港集团则是国际数据港的核心规划与推进方。

遵循规划进程,国际数据港目前已基本建成五大功能平台,其功能覆盖数据传输、备份、登记、存证、安全自评估、安全合规治理、数据安全防范、数据要素流通配置、数据真实性核验、科技创新服务、数据标准化与国际互认合作等各个环节。

明确制度支持后,临港集团努力推动优化数据港基础设施建设,比如引入电信、联通与移动三大通信服务商,打造全球数据汇聚流转枢纽;服务"国家(上海)新型互联网交换中心""国际数据港核心数据中心""创新试点专用数据机房"和"国际数据传输专用通道"等数据设施的规划、建设与落地。

最重要的是,作为服务者,临港集团在看到企业对数据跨境的强烈需求后,积极推动创新实践,满足企业需求。临港集团参投的跨境数科就是这个方面的佼佼者。其负责人总结了企业在数据跨境需求方面的较为集中的场景,并针对这些场景提供解决方案。其中,最突出的就是金融场景。上海不少银行有很多客户在亚马逊这样的跨境平台上销售产品。他们很想鉴别跨境贸易是否真实,从而判断是否需要为客户提供供应链金融等服务。这种数据需求是真实存在的,不仅对于金融机构来说具有价值,对这些银行的客户——企业自身也具有重要作用。类似个体的银行流水,企业自身的跨境贸易数据也可以成为其信誉资产,对其日后搭建更多的合作关系、获取更有分量的投资都具有意义。这一痛点被临港集团参投的跨境数科抓住,挖掘开发成为贸易真实性核验系统。借助该系统,企业可以从平台上获得完整流程线索,从而能够判定贸易真实性。除此之外,跨国企业总部需要了解中国分公司的员工、收入情形等,如何确保数据合规出境也是其探索的重点。另外,数字贸易也是需求较强的场景之一。企业需要将与贸易有关的供应链可视化,实现境内外的数据统一管理。而在数字服务方面,数字内容、数字技术服务、数字云平台服务等,都涉及大量的数据跨境工作。数据不仅需要出境还需要入境。高质量的科研数据入境能够协同国内企业进行尖端研发,对企业、社会的重要性都不言而喻。为此,跨境数科正在探索推进低风险数据目录，以负面清单的形式推动跨境数据的监管。

总体而言，依靠制度创新、平台建设和设施优化的"三位一体"支撑，临港集团已经在跨境贸易真实性核验、国际教育资源便捷访问等方面取得创新成果，并正在进一步扩展到数字贸易新业态、数字产品全球发行、国际金融创新合作、国际供应链可视化、国际数据外包服务、涉外商事纠纷举证，以及全球云服务等多个新领域，国际数据港的核心能力正逐步转化为经济与科技发展动力。除此之外，通过临港集团等核心支撑企业，国际数据港还在海外积极推动创建标准统一、内外协同的友好可信数据空间，帮助更多中国企业走出国门，实现数字化转型与国际化发展。

何以担当起跳板重任

走向高水平开放的中国企业，需要高质量的中介服务，因此必须架设好高质量的起跳板，帮助它们链接海内外市场。

在现代社会，中介几乎无处不在。但与普通中介不同的是，制度中介所连接的通常是企业与公共资源。而制度中介之所以存在，是由于现有体系中的制度空缺导致企业无法直接获取公共资源，如政府配套政策、高质量的信息等。临港集团于此中扮演的重要角色之一正是"左手政府、右手市场"的制度中介。比如，其所参与的国际数据港建设，正是具体执行制度中介任务的体现，即通过国际数据港建设帮助企业得到来自公共资源对数据跨境流通合规、便捷方面的支持。而对于企业来说，制度中介能够提供的服务往往只有两种（Dutt et al., 2016）：一是认证许可，比如临港集团在协助企业获得使用跨境资金池业务的资格时扮演的角色；二是能力培养，比如临港集团推动建设跨境数据流通基础设施。

作为制度中介，为企业提供高质量的中介服务是其目标。在高水平开放的要求下，为企业提供跨境经营方面的高质量中介服务成为其使命。然而，值得注意的是，企业类型不同，所需要的中介服务是不同的。如果无法在提供中介服务的过程中清晰地认识到这一点，也许会形成反效果。因此，对企业进行分类就显得尤为重要。表2.2从企业的技能充足性（即本身是否拥有足够的能力开展跨境经营）以及情境相似性（即已有能力发挥作用的情境与跨境经营面临的情境之间的相似程度）两个方面将企业划分为四类，分别是必要驱动型、杰出海归型、本地精英型、政治关联型（Armanios et al., 2017）。

表2.2 不同企业类型所需的制度中介支持

		技能充足性	
		低	高
情境相关性	低	**必要驱动型** 能力弱、应用能力情境差异大； 既需要制度中介为其提供认证许可，也需要能力培养	**杰出海归型** 能力强、但应用能力情境差异大； 需要制度中介为其提供认证许可
	高	**本地精英型** 能力弱、但应用能力情境差异小； 需要制度中介提供能力培养	**政治关联型** 能力强、应用能力情境差异小； 并不需要制度中介

如果出海到情境差异较大国家或地区，对能力较强的企业临港集团只要提供认证许可服务即可；但对缺乏能力的企业，则需要为其提供能力与许可的双重支持。对于出海到情境差异较小国家或地区的企业而言，临港集团需要着重提供能力方面的服务支持。以前文所述的跨境资金池案例为例，联运这样规模较小的民营企业就属于必要驱动型，这类企业普遍缺乏跨境资金管理的经验与能力，应用能力的情境差异也较大，因此需要制度中介为其提供认证许可与能力培养。临港集团正是这样操作的，不仅为其申请自贸区全功能版本的跨境资金池资格，又为他们匹配了合适的合作伙伴（如大华银行）帮助企业逐渐建立对跨境资金的管理能力。

4 他山之石：新加坡——以数字展望未来

新加坡的崭新关键词：数字贸易

迷你岛国、外向型经济、马六甲海峡、国际公认的贸易自由港……这些关键词的背后，是一个在不到70年的时间里成长为全球最具竞争力、最开放经济体的国家——新加坡。

2019年世界经济论坛发布的《全球竞争力报告》中，新加坡凭借在东南亚便捷的连通性、一流的营商环境、强大的基础设施、高素质的劳动力，超越美国，成为全球最具竞争力经济体。2021年，第四届中国国际进口博览会（简称进博会）期间，虹桥国际经济论坛发布的《世界开放报告2021》中描述了世界主要经济体开放水平及其动态趋势的"世界开放指数"，新加坡的对外开放指数位居首位。多年来，新加坡一直紧跟全球经济发展趋势，面对每一次全球经济发展变革中的新需求和新空间，都积极推动经济转型、优化产业发展结构、提升创新资源总量，逐渐由一个只有地理区位优势的转口贸易港，发展到具有极强竞争力的自由贸易港。而如今，这种对全球经济发展趋势的前瞻能力，正在为它添加上一个新的关键词——数字贸易。

新加坡积极开展数字贸易，一方面源于其自由贸易港的卓越表现，另一方面来自其构建智慧国家的理想目标。作为国际公认最成功的自由贸易港，新加坡一直走在开放的前沿。优越的地理位置和发达的基础设施，是新加坡成为全球最成功自由贸易港之一的基石。作为东南亚全球化进程的门户，新加坡是亚欧贸易的主要枢纽。其港口、机场等运输基础设施高效便利，使之成为全球贸易和航运中心。更重要的是，由于本身资源的匮乏，新加坡一直采取开放的贸易和投资政策，以促进经济增长。新加坡的关税水平极低，对进出口贸易几乎没有限制。此外，该国还与许多国家签订自由贸易协定，降低双边贸易壁垒。新加坡也为外商提供国民待遇，大量引入高科技和资本，使其成为外资最佳落脚点。当然，新加坡的法治建设也为外资进入提供了强有力的制度保障。

自上而下的数字化

基于坚实的基础，新加坡认为数字化是世界发展的趋势，因此，也决定把握时机，充分夯实数字能力、发展数字经济、开拓数字贸易。但新加坡并没有选择单点突破，而是提出了建设"智慧国"的战略目标，在这一目标下构建了非常细致的数字经济行动框架，并聚焦该框架发展数字贸易，即依循"智慧国目标——数字经济行动框架——数字贸易实施方案"这一逻辑抢占数字贸易发展先机。

为顺利实现"智慧国 2025"愿景，新加坡政府大力主张和提倡"3C"理念，即将建设高水平数字政府作为基础和先导，以富有前瞻性的总体规划、科学周密的顶层设计和多利益方共同参与的组织模式，在智慧城市建设过程中贯彻连接（Connect）、收集（Collect）和理解（Comprehend）。"连接"指的是部署一个安全、高速、可扩展的数字基础设施平台，确保所有的人和物在新加坡的任何地点与任何时间点都能够互联互通；"收集"指通过遍布全国的传感器网络获取海量实时数据，并对重要数据进行匿名化保护和管理；"理解"意味着通过收集来的数据建立面向公众的有效共享机制，并通过大数据分析，精准感知和预测民众需求变化，以提供更好的公共服务。

在"3C"理念的指引下，新加坡提出了数字经济行动框架。图 2.11 展现了新加坡数字经济行动框架。在该行动框架中，数字化为经济增加机会、实现增长和提供就业的钥匙。抓住机遇会使新加坡发展新的竞争优势，并保持吸引国际投资和人才的经济优势地位。为此，新加坡发起的数字信息新加坡运动旨在刺激数字化成果转化，确保政府与企业、组织和个人都得益于数字经济发展的成效。长远来看，新加坡希望通过该行动框架在第四次工业革命中不断自我重新创造，成为全球领先的数字经济体。为了实现该目标，新加坡通过加速现有经济部门的数字化改革、培育新数字技术赋能经济生态系统，以及在网络安全等领域发展下一代数字产业作为未来的经济增长引擎。为此，新加坡致力在人才的培育引进、研究创新、制度规范以及基础设施等方面，创造有利条件。

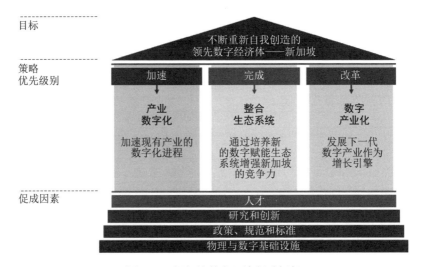

图 2.11 新加坡数字经济行动框架
来源：中国电子政务网（2020）。

其中，具体的数字贸易实施计划则是支撑该行动框架成为可能的重要支柱。如前所述，贸易是新加坡发展的基础，数字能力又一直是新加坡的强项，接下来我们看新加坡是如何强强结合的。

设立数字产业发展司

首先，政府在顶层设计中，专门设立了"数字产业发展司"。2019 年 6 月，新加坡通信及新闻部长在智慧国峰会开幕礼上致辞时，宣布由新加坡经济发展局、企业发展局和资讯通信媒体发展局成立"新加坡数字产业发展司"（Digital Industry Singapore，DISG）。数字产业发展司集合了来自上述三个机构的 45 名官员。他们拥有在企业发展、开放市场和技术发展等方面的优势，能够为新加坡数字产业提供一站式服务。换言之，这个新的机构了解市场，并且具备行业和技能开发以及制定政策的能力。具体而言，该机构将协助新加坡电子商务、金融科技等领域的企业进入亚洲市场，推广新加坡在网络安全、人工智能、云端科技等领域解决方案。目前，数字产业发展司旗下已有数个合作项目，包括协助科技公司 Grab 在新加坡设立总部大厦，与阿里云合作协助中小企业进入中国市场等。

推动数字经贸规则制定

除了在内部顶层设计上将数字产业作为重点予以关注外，在外部的顶层设计上，新加坡重视的是扩大其数字经贸朋友圈。作为贸易枢纽、国际贸易的受益者，新加坡深知贸易是双边或多边的，必须重视关系、凝聚共识。相对中立的数字治理状态与流通模式，也使其在推动双边或多边数字贸易规则过程中具有天然优势。作为全球贸易自由化程度最高的经济体之一，新加坡在严格保护个人隐私的前提下，对数据跨境流动秉持开放的态度。这就使得新加坡的数字跨境流动政策比欧盟宽松，对国内数据的保护比美国更为严格。而数字经济规模分列前三的美国、中国、德国，则分属当下主导全球数字经贸规则的三种力量：美国倡导数据自由流动、反对服务器和数据本土化；欧盟强调隐私、知识产权和消费者保护；中国则重点关注数字主权的治理模式。可以看出，这三种模式在多个领域存在难以调和的差异。而新加坡正是意识到了在短期内难以形成统一的数据跨境流动制度，从而战略性地利用自身的相对可兼容性，尝试通过双边或多边协议推动在区域范围内形成统一的数据跨境流动制度。这个设想具有可行性，同时也能提升新加坡在全球数字贸易规则制定中的话语权与竞争力。为此，新加坡作为重要参与者，积极推进各项数字经贸规则的制定。

让我们看看新加坡的答卷。

作为参与者，2018年2月，新加坡加入了亚太经合组织主导的跨境隐私规则（Cross-Border Privacy Rules，CBPR）体系。2018年3月参与推进《东盟—澳大利亚数字贸易框架倡议》，致力于消除双方在数字贸易壁垒和跨境支付困难方面的障碍，寻求更大程度的互联互通。

作为主要推动者，2020年6月，新加坡、新西兰及智利签署第一份《数字经济伙伴关系协定》（Digital Economy Partnership Agreement，DEPA）；2020年12月，《新加坡—澳大利亚数字经济协定》生效；2021年12月份，新加坡与韩国完成数字关系协定的谈判。

之后，势如破竹。

2022年6月，《英国—新加坡数字经济协定》正式生效，标志着新加坡在积极推进数字经济，加强与合作伙伴的互联互通方面又取得新进展。该协定将为高标准的数字贸易规则设定一个全球基准，并惠及两国企业和民众，尤其有助于中小企业更好把握两国数字市场的机会。同月，新加坡与中国签署《关于加强数字经济合作的谅解备忘录》，期待在数字经济领域携手探索机会、加强投资和数字贸易合作、推动数字化服务、建立可信安全的数字环境，为两国探索数字经济新合作领域提供新动力。2023年2月，新加坡和欧盟正式签署《欧盟—新加坡数字伙伴关系协定》，全面促进双边数字领域的合作，并寻求进一步加强新加坡作为全球商业中心和数字中心的地位。

搭建互联贸易平台

2016年，新加坡政府倡议，由新加坡海关牵头，并由财政部、贸易与工业部、交通运输部、新加坡民航局、新加坡经济发展局、新加坡企业发展局、新加坡政府科技局、资讯通信媒体发展管理局、海事及港务管理局和新加坡金融管理局共同参与，在已有的贸易管理电子平台（TradeNet）以及用于连接贸易和物流业的商贸讯通平台（TradeXchange）基础上，设计了更开放的、数字化的互联网贸易平台（Networked Trade Platform，NTP）。它把贸易商、物流服务公司、货运公司和银行等从业者聚集在同一平台，让贸易商在该平台上能够获得各种服务，协助企业进行数字化、简化贸易流程。新加坡对该平台的定位是：

- 成为与其他平台互联的一站式贸易资讯管理系统；
- 成为新一代提供各种与贸易相关的服务的平台；
- 成为通过跨行业数据发展出新洞见和新服务的开放式创新平台；
- 成为通过重复利用数据来降低成本和精简流程的数字文件中心。

简单来说，NTP作为一个企业对政府（B2G）以及企业对企业（B2B）的单一贸易入口网站，为企业提供细致周到的一站式的服务，在服务过程中也坚决贯彻着3C理念。NTP为企业提供信息中心（整合公司新闻、项目申请进度等信息）、社交网络（便于从业者对未来趋势、行业标杆、商业机会等相关议题进行讨论）、文件交换（企业可以通过加密的云端资料中心与合作伙伴或政府共享资料）、任务提醒与信息传递（企业可以通过平台与合作伙伴传递信息或进行任务提醒）等服务。

NTP还为企业提供政府服务（见图2.12）。这些政府服务的目的都是为了简化企业申请、审批业务的流程，为企业营造透明、便捷、高效的营商环境。比如，新加坡海关针对进出口贸易出台许可证。只有符合具体条件，才能申请并获批许可证。"海关计划、许可与许可证"（Customs' schemes, permit & licences）这一服务就是为了解决企业在申请许可证时的困惑而设。企业在线完成TradeFIRST评估后，就可以在线获取定制信息，了解自己是否符合新加坡海关的相关许可证申请条件。这一服务极大缩短了企业信息搜集、解读过程中耗费的时间与精力，也避免了政府由于信息垄断给企业带来的额外信息获取成本。

图 2.12　NTP 提供的政府服务（截图）
来源：NTP 网站。

在这些现有功能的基础上，新加坡未来还会为 NTP 加载更多元的功能，致力于切实地为企业提供无微不至的服务。首先，就是帮助企业了解市场。基于海量数据，NTP 不仅可以为企业提供外部市场的分析数据与报告，还可以结合自身的商业分析软件，为企业进行定制化的商业分析。其次，是帮助企业搜寻用户与伙伴。同样基于数据优势，NTP 可以为企业定位、评估上下游、合作伙伴以及投资人。最后，就是融资、支付等金融服务。NTP 整合银行贸易融资相关产品，打算为企业提供更便捷的贸易融资服务；以及引入新加坡及国际支付网络，简化 B2B 支付流程。

新加坡的数字贸易发展过程中，设立数字产业发展司旨在营造开放的数字产业发展环境，为数字贸易的繁荣构建"引力场"；推动数字经贸规则制定则是在制度的创新与谈判中构建共识、减少冲突、平等对话，为数字贸易的平稳安全拆除"玻璃门"；而搭建互联贸易平台，则是立志成为企业数字贸易的大总管，为企业开展数字贸易尽可能免除后顾之忧，为数字贸易的高效架设"起跳板"。

参考文献

[1] Armanios, D.E., Eesley, C.E., Li, J., & Eisenhardt, K.M. 2017. How entrepreneurs leverage institutional intermediaries in emerging economies to acquire public resources. *Strategic Management Journal*, 38: 1373–1390.

[2] Dutt, N., Hawn, O., Vidal, E., Chatterji, A., McGahan, A., & Mitchell, W. 2016. How open system intermediaries fill voids in market-based institutions: the case of business incubators in emerging markets. *Academy of Management Journal*, 59 (3): 818–840.

[3] Greenwood, R., & Suddaby, R. 2006. Institutional entrepreneurship in mature fields: the big five accounting firms. *Academy of Management Journal*, 49 (1): 27–48.

[4] Maguire, S., Hardy, C.A., & Lawrence, T.B. 2004. Institutional entrepreneurship in emerging fields: HIV/AIDS treatment advocacy in Canada. *Academy of Management Journal*, 47 (5): 657–679.

[5] 方世建, 孙薇. 2012. 制度创业: 经典模型回顾、理论综合与研究展望. 外国经济与管理, 34 (8): 1–10.

[6] 司春晓, 兰云, 程弘毅. 2022. 多版本跨境资金池适用详解. 中国外汇, 12: 17–22.

[7] 张铭, 胡祖光. 2010. 组织分析中的制度创业研究述评. 外国经济与管理, 32 (2): 16–23.

[8] 中国电子政务网. 2020. 上海, 智慧城市建设的亚太标杆[EB/OL].(2020-12-07)[2023-11-01]. http://www.e-gov.org.cn/egov/web/article_detail.php?id=175199.

第三章
构筑科技创新高地

滴水湖西南岸，总面积近 6.95 平方千米的一个区域，是临港集团负责开发建设的国际开放协同区。俯瞰这个区域，你恍若看到一个充满活力的"热带雨林"创新生态：科创总部湾正在推进中微半导体、澜起科技、地平线、寒武纪等 23 家科创板上市公司或行业独角兽企业总部项目建设，它们就像是雨林生态中野蛮生长的植被，汇聚着科技的灵感和创意。

科创核心区中，由临港集团承办的世界顶尖科学家论坛，正在这片国际创新协同区建立起吸引全球科创资源的强大引力场，持续不断地释放全球顶尖科学家的"溢出效应"。在引力场的作用下，高标准建设的临港国家实验室、国际联合实验室，就如同雨林中的活水源头，嵌入创新链条的前端，让基础科研成为孕育创新的温床。大型企业研发总部则相继在科创核心区里落地生根，宛如雨林中的参天大树。此外，科技创新城建成了创新晶体、创新魔坊，集聚了北京大学临港国际科技创新中心、临港数据流通科技创新型平台、交大智能制造研发与转化功能平台等机构。

作为科创服务的提供者，临港集团宛如这片雨林的园丁，致力于构建全过程科技创新体系和全链条科创产业，聚集高水平创新主体和资源，在复杂的创新生态中，为实现从 0 到 1、从 1 到 10、从 10 到 100，贯通创新链与产业链的每一环节。

从 0 到 1，是创新链的前端。在产业园区的创新体系中，挖掘并整合多种科创资源、开展面向产业需求的基础研究非常关键。基础研究的有生力量不仅包括高校和科研院所，还有产业链上的链主企业。这个阶段需要园区的规划者投入大量资源对基础研究进行布局，将基础研究与产业需求有效对接，形成一种由产业需求驱动的基础研究机制，方能为后端创新链源源不断注入科创活力。

从1到10，是一个承上启下的过程，也是创新成果走完从实验室到产业"最后一千米"、走出科创"死亡峡谷"的关键一步。这个阶段，需要构建一个灵活高效的机制，以及时捕捉科研成果的商业价值，并通过对接市场需求，让科技成果能够更好地适应市场需求。

从10到100，则注重孵化创业企业和发展产业生态，是规模化和产业化的阶段。孵化器的角色在于提供有利的生态环境，帮助初创企业茁壮成长，从而推动整个科创产业链的壮大。

临港集团的科创服务体系在从10到100的阶段具有传统优势和专业经验，漕河泾的科创服务体系就是最好的例证。在从1到10的科技成果转化阶段，"五朵金花"的绽放标志着临港正逐渐探索构建出一套行之有效的创新机制。而在最前沿的从0到1阶段，挑战在，临港人的创新也在。

1 "热带雨林"的营造者

20世纪80年代，世界的另一端正经历着前所未有的科技繁荣，一批又一批优秀的科技企业应运而生。苹果发布了它的Macintosh电脑；当时知名的科技公司Sun Microsystems在网络计算领域的创新为我们现在所熟知的互联网打下了基础；Oracle破茧而出并迅速发展，在数据库领域取得的突破使它成为全球最大的企业级软件公司之一；而Cisco的出现则为硅谷增添了更多的活力，它后来成为网络硬件行业的领军者，为互联网的发展提供了必要的基础设施……在这个创新激荡的时期，硅谷的企业通过不断的科技创新和商业模式探索，为全球信息时代的来临做好了准备，同时也奠定了硅谷作为全球创新中心的地位，这一切深刻地改变了全球的科技和商业格局。

而彼时的中国，刚刚打开了国门，映入眼帘的正是与发达国家在科技实力方面的巨大鸿沟。开放带来了前所未有的机遇，也引入了激烈的国际竞争压力。引入外资，既是加快经济增长的重要选择，也是推动科技迅速发展的重要一环。彼时的上海，正处在产业结构转型的关键时期。若不能从过去那种以轻纺工业为基础、以重化工业为支柱的传统结构中实现升级和转型，上海就可能无法赶上这股正在席卷全球的创新浪潮，反而会被这股浪潮无情抛在身后。

上海需要自己的"硅谷"。1984年，漕河泾微电子工业区应运而生，从此揭开了"上海硅谷"梦想的建设序幕。作为国务院批准的全国首批14个国家级经济技术开发区之一，漕河泾开发区诞生伊始就承担着这样的历史使命。80年代末，漕河泾开发区大胆利用外资，瞄准了微电子、光纤通信、激光、生物工程、航天技术和新型材料等前沿科技领域，果断引进先进技术和外资企业，其中就包括国内集成电路行业的首家中外合资企业上海贝岭微电子制造有限公司（由上海市仪表局和上海贝尔公司合资设立）以及上海第一家中美合资企业福克斯波罗有限公司等。这一系列的重大招商举措帮助漕河泾实现了第一次产业跨越，尤其是集成电路产业的集聚和发展，也让漕河泾开发区成为科技巨变时代的先锋。《解放日报》在《非凡年代的印迹——改革开放40周年特刊》中，这样描述漕河泾开发区的这次转型："那一年，西南角成立漕河泾微电子工业区，开启建设'上海硅谷'之梦。"

20世纪90年代末，互联网浪潮奔涌而至，科技巨变的时代也悄然来临，漕河泾开发区迎来了"腾笼换鸟"的二次创业。在此期间，园区着力对产业框架进行升级换代，大力推进国际化进程，孵化器基地不断壮大，漕河泾园区内先后建立了包括科技创业苗圃、大学生创业创新园、留学生创业园、孵化器、加速器在内的接力式孵化载体，科技创新功能逐渐健全。一批又一批的科技成果破茧而出，让漕河泾的名声水涨船高。2008年，借力北京奥运会，漕河泾开发区正式开启第三次跨越，紧紧抓住了国际服务业转移的黄金机遇，一边坚持推进高新技术产业，一边加快发展以科技服务为特色的现代服务业，促进二、三产业融合互动。

近四十年来，汲取着改革开放的澎湃动力，漕河泾一路披荆斩棘，发展出生生不息的"热带雨林式"的创新生态。如今，当你在漕河泾园区漫步，你会发现这里有许多跨国巨头，但也成长出众多初创企业；创业者中既有海内外的顶尖科学家，也有刚刚踏入职场的大学毕业生。无论是经验丰富的连续创业者还是初出茅庐的新人，漕河泾都为他们提供了茁壮成长的土壤。无论是"大象"还是"蚂蚁"，在这片土地上，都能找到自己的生长空间。而与它一同成长起来的，与之相伴的还有漕河泾创业中心（全称漕河泾新兴技术开发区科技创业中心）。

漕河泾创业中心是上海首家科技企业孵化器。它在漕河泾开发区诞生、成长，伴随着漕河泾开发区经历了一次又一次的转型升级，从最初租用农舍低廉用地而得名的"农舍"孵化器经历了6代升级，发展成为如今覆盖企业全生命周期，具备"接力式"创业服务体系的孵化器。三十多年前，当它在漕河泾开发区一间办公室挂出"上海市科技创业中心"这块牌子的时候，懵懵懂懂的企业负责人和十几位工作人员还不知道"孵化器"这种东西究竟要怎么办。但二十多年后的 2010 年，它已经被亚洲企业孵化器协会评选为"亚洲最佳企业孵化器"，成为业内的标杆孵化器。

1.1 修炼内功：接力式孵化价值链

孵化器的核心是为企业提供一系列的价值增值服务，从初创企业入孵到出孵的生命周期中，这些服务可以帮助企业顺利完成从原型设计到产品上市、再到实现规模化发展的整个创业过程，可以大幅提升企业的成长速度和成长质量。有学者利用"价值链模型"来刻画孵化器的运作模式。价值链理论（value chain）最初由哈佛大学商学院教授迈克尔·波特于 1985 年在其所著《竞争优势》中提出，研究对象是生产型企业（Porter, 1985）。波特将企业活动区分为包括产品设计、生产、营销、交货等在内的增值活动，以及对生产流程起辅助作用的辅助活动（如财务、人力资源管理等）。随着服务业的繁荣，价值链理论被推广到服务产业，表示服务型企业通过基本服务活动和辅助服务活动创造价值的动态过程。其中，孵化服务链模型就是将价值链理论应用于孵化服务情境中。

借鉴生产型企业的价值链模型，孵化器的服务价值链模型围绕"创意孵化、技术孵化、项目孵化、企业孵化、产业孵化"搭建增值路径（郭俊峰、霍国庆和袁永娜，2013）。从创意孵化到产业孵化每个阶段内部又有更微观的价值链结构，涵盖了一系列增值活动和辅助活动，活动中的关键参与主体（如孵化器、政府、风投机构、行业协会、中介机构、高校等），以及资金、技术、政策、信息等要素投入，彼此相互衔接和流通，从而构成了全链条协同的孵化价值链模型。一个成熟的孵化器往往有健全的价值链贯穿企业成长的各个环节，并有足够的主体和要素围绕各个环节协同参与。

漕河泾创业中心，正是以一套完整的全链条孵化价值链体系发展成为业内的标杆型孵化器。通过三十余年的不懈摸索和深入学习，漕河泾创业中心逐渐建立了一套全方位的孵化体系，这一体系的意义远超出孵化器的基本功能，更成为推动整个开发区科技创新发展的重要力量。2010年以来，漕河泾创业中心抓住建设国家自主创新示范区的历史机遇，紧密依托科技创业苗圃、大学生创业园、科技企业孵化器和加速器等多元载体，围绕企业成长的六个关键阶段，成功塑造了独树一帜的"1＋6"科技创新创业服务品牌、服务体系。在这个精心构建的体系中，"1"代表孵化服务这一本职任务和根本职责，"6"则代表着一个精密有序的接力式服务阶段体系，包括技术转移、项目培育、企业孵化、企业加速、产业推进、产业转移六大环节，共同铸造了一条从初创到成长、从孵化到壮大的完整科技创新创业之路，如图3.1所示。

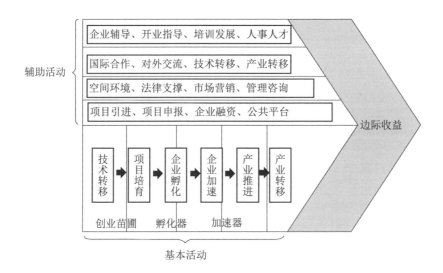

图3.1 漕河泾创业中心全方位接力式孵化价值链
来源：作者绘制整理。

漕泾河创业中心围绕着一套精心构建的接力式服务体系，展开了一系列卓有成效的价值链"辅助活动":这些活动服务于六大基本增值环节,深入涵盖了从初始引进到全面发展的 16 个标准化服务模块,体现了创业中心的多元化和全方位支持。具体而言,这些服务活动涵盖了项目引进、开业指导、企业辅导、项目申报、企业融资、培训发展、人事人才、国际合作、技术转移、公共平台、产业转移、对外交流、市场营销、法律支撑、管理咨询、空间环境等 16 个标准化的服务模块,跨越了从技术转移、项目培育、企业孵化、企业加速、产业推进、产业转移等企业发展的各个阶段。除此之外,创业中心还常年为企业提供各种相关咨询、辅导及代理等专业化优质服务,确保企业在不同成长阶段的需求得到满足。这样的全方位支撑,为双创服务品牌建设打下了坚实的基础,展示了漕河泾创业中心的卓越才能,成为推动地区科技创新与产业升级的重要力量。

企业初创时可以进入创业苗圃,在这个阶段,创业者可以免租金使用空间,并得到开发区的资金和专业导师的扶持。即便只是一个初步的想法,创业中心都会积极协助技术落地,并对项目的成长潜力进行评估。经过 3 到 6 个月的试运行,约有 50% 的项目有望进入下一阶段,即入驻孵化器。在孵化器阶段,开发区会为初创企业提供各种专业服务,包括法律、财务、市场推广等,以全方位支撑企业的健康成长。更重要的是,孵化器阶段会对企业的核心竞争力进行进一步培育,为未来的飞跃做好铺垫。在孵化器阶段展现出强劲发展潜力的企业,将有机会进入加速器。这一阶段,开发区不仅提供更深入的定制服务,还将帮助企业进行大规模的扩展,引入更多的战略投资者和合作伙伴,加速企业的商业化进程。许多企业通过漕河泾创业中心精心设计的孵化体系一路成长,从一个初步的项目构想,逐渐壮大,最终成功走向资本市场,成为上市公司。

例如,国内显示驱动芯片领域的龙头企业新相微电子,于 2005 年创立于漕河泾创业中心大厦。该公司专注于显示芯片的研发、设计和销售,旨在提供完整的显示芯片系统解决方案。创立三年后,新相微电子从孵化器毕业,而后在 2012 年进驻加速器,开始了重点培育阶段。在企业决定进行股改上市时,漕河泾创业中心不仅提供了详细的指导,还为其解读了上市补贴政策,邀请了上交所的专家来解答有关企业科创板科创属性的疑虑。最终,2023 年 6 月 1 日,新相微电子在科创板成功上市,募集资金总额 10.275 亿元。漕河泾孵化服务体系为新相微电子提供了全方位的支持，从初始阶段的孵化，到创业加速，再到股改上市，通过为初创企业提供全周期的孵化服务与成长支持，使其在竞争激烈的市场中脱颖而出。

漕河泾创业中心所营造的创业生态和孵化服务体系为初创企业提供了良好的成长环境，这也成为许多创业团队选择将企业落在漕河泾的理由。其中，艾为电子便是其中的典型代表。早在 2008 年艾为电子注册时，尽管当时漕河泾没有能够立即入驻的办公场所，但由于漕河泾创业中心对科技中小企业的强大吸引力，艾为电子仍选择注册在这里。此后，漕河泾创业中心为其提供了优质服务，与企业保持紧密联系，并密切留意园区内企业的动态。在这个过程中，中心不仅为艾为电子提供了政策、培训、人才等全方位服务，而且一发现有企业毕业、退出孵化器，就通知艾为电子，最终帮助其顺利租下了一层办公空间。从最初的租赁小业主房源到进入孵化基地和加速器，再到最终入驻漕河泾开发区的科技绿洲，艾为电子的每一步成长背后都能看到漕河泾创业中心全生命周期科技服务体系的支持作用。

2009 年，艾为电子在漕河泾创业中心的悉心指导下，获得了国家和上海市的创新基金，随后又取得了诸多荣誉和奖项，如被评为上海市"科技小巨人"培育企业、挂牌新三板等。此外，创业中心在其发展转型期资金紧张时，自 2009 年起每年为艾为电子提供无抵押免担保的纯信用贷款，并帮助其降低贷款成本，累计发放超过 1.1 亿元贷款，帮助其销售收入实现了爆发式增长。借助漕河泾开发区的融资平台，艾为电子得以与各大银行等金融机构建立了良好的信用关系。当企业决定股改上市时，漕河泾创业中心同样给予了指导，并为其争取到上市补贴。显然，漕河泾创业中心不仅为艾为电子这样的科技企业提供了成长的空间和优质的孵化环境，更通过政策、项目申报、培训、人才、法律等全方位的深度服务，助力园区企业从创业孵化到成功腾飞，体现了创业中心在推动科技创新和企业成长方面的卓越能力和深远影响。

澜起科技的成长历程同样很好地诠释了创业中心的科创服务体系是如何助力初创期企业发展的。澜起科技是坐落在漕河泾的一家全球领先的芯片公司，2004 年创建，主要生产各类专用芯片，包括内存接口芯片和服务器 CPU。经过几个芯片开发阶段的打磨完善和迭代，澜起科技从一个小众追赶者逐渐崭露头角，目前澜起的产品在芯片细分领域已经成为行业第二，并于 2019 年作为首批 25 家企业之一，在科创板上市。澜起科技选择在漕河泾开发区落地生根，并不是基于简单的利益和商业条件考量，而是源于双方多年的合作和深度的信任。漕河泾对澜起科技创始人杨崇和有着特殊的吸引力，早在当年回国后，公司创始人就开始在漕河泾从事研发设计工作，与开发区的渊源非常深。开发区的硬件条件和孵化环境是他所熟悉和适应的。而漕河泾对他两次创业所提供的支持，也使双方的关系更加融洽。在澜起快速发展的过程中，漕河泾也对澜起科技提供了实实在在的支持。例如，在公司高速发展阶段面临资金不足时，漕河泾通过其科技型中小企业融资平台，为澜起科技提供了无抵押、无担保的短期贷款，累计达到 2000 万元，有效缓解了公司的资金紧张问题。同时，漕河泾创业中心还帮助澜起科技获得了多个项目支持，如国家和上海市创新基金、浦江人才计划等，为公司发展提供了助力。

"无事不插手，有事不撒手，来事伸援手，好事不伸手"是漕河泾创业中心服务科技企业的核心理念。这样的创业服务环境，不仅有助于企业集中精力进行产品研发，也为企业健康发展提供了有力保障。

得益于漕河泾创业中心的全方位接力式孵化体系，落户在漕河泾开发区的创业企业得到了快速成长。首先，这一孵化体系能够提供从创业初期到企业成熟阶段的全面支持，确保创业者在不同阶段获得所需的资源、指导和帮助，从而有效应对了不同阶段创业者面临的挑战。其次，这种体系能够持续地推动创新。早期的孵化提供了创新的温床，而中期和后期的支持确保了创新成果能够顺利转化为可运营的企业。此外，不同阶段涉及不同的资源，如资金、技术、市场渠道等，通过这种体系，各个阶段的创业者可以共享这些资源，提高了资源利用的效率。最重要的是，这种体系帮助营造了一个生生不息的创新生态系统，不同的企业在不同阶段相互依存，促进了人才集聚和知识溢出，促使整个创业生态系统不断成长。

1.2 标准为王：国内首个孵化器标准

标准化工作是确保服务品质的重要途径，并有助于塑造企业品牌形象。企业可通过标准化将独特的价值观、产品特性和服务水平转化为一种可量化、可操作的标准。这种标准不仅有助于企业在市场上树立独特的品牌形象，而且容易在业内形成标杆和示范效应。因此，要成为业内的标杆孵化器，制定标准是关键一步。

早在2000年左右，漕河泾创业中心就开始全力推动科创服务标准化工作，通过标准化引领，提升孵化服务体系的水平。主要通过构建标准化机制、设立标准体系、应用标准体系等多方面的工作，影响和推动科技园区科创服务体系的标准化。

服务标准制定是一个不断迭代的过程。经过多年的经验积累，2000年，漕河泾创业中心推出了全国首个孵化器行业服务标准。2011年是标准化工作具有里程碑意义的一年，漕河泾创业中心编制完成了《高新区孵化器科技创新创业服务企业标准》，成为国内首家孵化器标准化制定者。就像雕塑家精心雕琢其作品一样，漕河泾创业中心在服务和管理过程中，通过不断迭代、优化，打造了一套完整、可控的服务标准体系，其中的每一个细节都凝聚了他们的智慧和努力。这个标准涵盖了服务通用基础、服务保障、服务提供三个子体系，制定了114项服务标准，从创业苗圃预孵化服务到企业上市服务，覆盖了创业中心提供的全链条、全方位的服务内容，每一个环节都有严密的规划，每一步都具体而有力，仿佛一部"孵化器百科全书"。

2012年,《高新区孵化器创新创业服务标准》一书由漕河泾创业中心正式发布，在高新技术创新创业服务领域起到了应有的创新示范作用。这一标准分为上、中、下三册，与原有的 ISO 9000 体系有机结合，突出与实际工作的紧密结合，具有很强的适用性。它像是一部历史，一部对过去工作的总结和提炼，也像一个引领性的纲领，是对未来的期许和承诺。此后的 2013 年至 2018 年，漕河泾创业中心先后成功实施了上海市和国家级社会管理和公共服务标准化试点项目，成为全国首批完成国家级标准化试点的科技服务机构。

2020 年，漕河泾创业中心出版《科技创新创业服务标准》（简称《标准》）一书，成为我国首本系统性提出创新创业服务标准和规范的著作。这部《标准》是经过数年的沉淀，在大量实践经验的基础上编撰修订完成的，《标准》中的每一项成果、每一条服务标准都是历经千锤百炼、升级淬炼而成的。创业"苗圃"中的企业如何孵化？如何为企业开业提供辅导？如何为企业申报各种扶持政策提供服务？在这份标准中都有明确的规范。为了让相关科技类创新企业不错过任何可以享受扶持政策的机会，开发区还自主研发了一套知识产权管理系统，并在此基础上完善了园区内企业信息的"大数据"。一有相关政策推出，即可通过该系统主动搜索筛选到对应的企业，相应服务随之配套，这使得园区企业不再仅仅靠自己摸索生长，而是能主动地把握和汇聚政策支持，及时享受到阳光雨露式的孵化服务。

服务标准化的意义在于示范、复制和推广。科创服务标准体系建立后，得以在临港集团下属的浦江国际科技城、松江科技城、临港产业区等园区复制，从而推动了区域科技服务水平的全面提升和科技产业的集群化发展。2021 年，在集团公司的引领下，漕河泾创业中心扩大了科创服务标准体系的覆盖范围，将其应用至临港集团所有下属园区，并进一步增强了标准体系在复制、推广过程中的适应性和实效性，重新编写并发布了《临港集团科创服务标准体系 1.0》。这一系列标准在创业孵化、政策指导、知识产权、科技金融、成果转化等方面，形成了一套可复制、可推广的创新服务模式，为构建科学、专业的科创服务中台打下了坚实的基础。更为重要的是，通过这一标准体系，漕河泾创业中心正努力将品牌和服务体系推广到全国，成为行业内的启发者和引领者。从长三角区域到全国其他地区，临港人在推动具有中国特色科创园区孵化服务内容和服务体系的完善和创新。

1.3 品牌名片：漕河泾嘉年华

同众多行业的发展轨迹相仿，孵化行业在中国的成长之路亦起始于对外国模式的模仿。然而，随着孵化器数量和质量的稳步提高，外部环境对于该行业的要求也越来越高。行业竞争的加剧，迫使孵化器逐步进入了品牌时代。这意味着只有那些具有独特品牌价值、形成了深入人心的品牌形象或影响力的孵化器企业，才能够迈上新的发展阶段，走上可持续发展之路。

漕河泾创业中心很早就意识到品牌建设的必要性和重要性，而它更为具象的品牌创造表达和行动是2016年以来推出的"漕河泾科创嘉年华"活动，这是漕河泾打造科创服务品牌的一个标志性活动。在嘉年华活动上，政界人士、顶尖学者、企业领军人物和新生代科学家会就新兴产业和未来科技的发展、面临的挑战与机遇展开深入对话和讨论；来自国内外一线投资机构的投资人会分享关于行业的犀利洞察与创投智慧；科技创业者可以听取投资人与先锋企业代表分享创投秘诀；海内外创业项目可以在这个舞台上进行路演；参与者可以在这里了解到最前沿的技术发展，体验最前沿的黑科技产品及科技成果。

自2016年以来，每年的科创嘉年华活动都汇集了来自全球超过10个国家和地区的400多个创新团队。这一盛会逐渐成为共享科技成果的重要平台，为漕河泾开发区集聚和导入了更多类型的科技创新资源，也将其打造成为国内外"双创项目"的集聚地，并进一步提升了漕河泾科创服务品牌形象。

如果说服务标准化的建立，意味着漕河泾将其隐性化的孵化经验转变成为可复制、可推广的显性知识，那么，品牌的建立则是企业服务理念的可视化，意味着优质的投资环境，完善的园区服务体系和良好的科技创新氛围；意味着企业在高新技术产业、高附加值服务业集聚方面，已经形成了精简高效的运作体系和机制；意味着企业已经具备了一套将无形资产进行复制、推广的能力，更意味着企业的经营模式可溢出、可辐射、可异地生根。

标准化加上品牌效应，开启了长三角地区"漕河泾时间"。如今漕河泾已经不局限于上海一地，标准建立之后，它就开始通过跨省合作进行品牌输出。2009年9月，上海漕河泾新兴技术开发区海宁分区正式成立，这是上海的经济开发区第一次"走出去"投资异地项目，也是沪浙两地建成的首家跨省合作园区。在此之后的14年时间里，"漕河泾"品牌走出上海，在长三角地区"遍地开花"。目前，漕河泾不仅在上海本市5个行政区建有园区，并已在苏、浙、黔三省设立了三大分区。临港集团将漕河泾的经验模式与当地产业结合，同时输出一种理念、一种机制，也输出管理人才和成熟的管理条例、服务标准、考核办法，让"漕河泾"的品牌价值得到了更大发挥。

通过其完善的孵化服务价值体系、卓越的孵化品牌影响力、国际化的服务水平，临港集团正在将漕河泾园区目打造成为更具影响力的创新创业生态雨林，吸引国内甚至全球的越来越多的优质科创资源。下面这组数据也许能够较好地向世人展示经过近四十年的励精图治、披荆斩棘，"漕河泾"在科创服务这个重大课题上交出的历史性答卷：

> 截至2021年，漕河泾开发区共集聚了12家科技企业孵化器，30余家众创空间，670余家研发机构，220余家知识产权、技术转移、科技咨询服务机构，各类风投资本超过120亿元，形成了集人才创业、企业孵化、知识产权、科技金融、科技政策、产业培育等服务板块于一体的科创服务体系。

> 截至2022年年底，漕河泾创业中心累计培育科技企业1700余

家，其中包括881家高新技术企业、130家科技"小巨人"企业，累计扶持147家企业在海内外资本市场上市，其中就包括在科创板上市的澜起科技、艾为科技和在中国台湾地区上市的谱瑞科技等。今天，漕河泾开发区已经成为科技创新和创业孵化的强大引擎，通过吸引和培育创新型企业和顶级人才，积极推动产业升级，助力经济高质量发展。

2 "最后一千米"的助跑者

2.1 从高校实验室开出的"五朵金花"

一直以来,学术界有一个重要的共识,即《拜杜法案》(Bayh-Dole Act)的出台对于美国保持国际科技竞争力功不可没。

《拜杜法案》是美国于1980年通过的一项法案,旨在调整和规范联邦政府与大学、非营利机构以及小型企业之间关于政府拨款研究成果的专利权和商业化权益的分配。法案允许研究机构保有其研究成果的所有权,这使得更多的研究结果能够通过授权转让许可被成功商业化。这样的激励措施促进了学术界和商业界的紧密合作,提高了科研成果的转化率,使大量的科研成果得以商业化(Mowery et al., 2001)。1978年,美国的科技成果转化率是5%,《拜杜法案》出台后这个数字短期内翻了10倍。《拜杜法案》极大地推动了大学进行科研活动的积极性,促进了科技创新,使得美国在许多领域,如生物技术、信息技术等,保持了全球领先地位。因此,这一法案被《经济学家》杂志评为美国过去50年最具激励性的一项立法,是美国从"制造经济"转向"知识经济"的标志。

从高校实验室到产业的"最后一千米",一直被视为科技创业面临的极具风险挑战的"死亡峡谷"(如图3.2)。一般认为,这背后的主要原因是市场应用与科学研究目标的差异，科学（基础）研究的目标通常是为了发现新的知识和理论，而市场（应用）的目标是为了满足特定的商业需求。由于这两者之间存在显著的差异，因此，将科学研究成果转化为市场可用的产品或服务，往往需要大量的额外工作，而科研人员在科研学术赛道中面临的是以发表论文作为职业晋升的考核标准，往往缺乏从事科研成果商业化的动机。同时，在实现成果市场化方面，科研人员也往往缺乏将科研成果商业化所需的知识和经验，比如市场营销、财务管理和商业谈判等。此外，将科研成果转化为产品还需要各种物质资源，包括资金、设备和生产设施等，这些都可能成为转化过程中的障碍。况且从实验室到产业化的过程中充满了风险和不确定性，比如技术风险、市场风险和法律风险等，任何一种风险都可能导致转化过程失败。因此，尽管科研成果转化在推动经济和社会发展中起着关键作用，但从实验室到产业这"最后一千米"，依然需要勇敢者惊险的一跃。

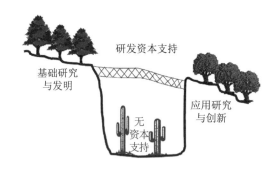

图 3.2　科技创新"死亡峡谷"（The Valley of Death）
来源：http://repository.ruforum.org。

在科学、技术和产业化的三者交融中，上海交通大学与临港集团的合作或许能给我们展示出一幅生动的画面。为了贯通科研成果转化的"最后一千米"，两者紧密合作，已经创造了一系列成功的案例。在这些案例中，最具代表性的就是临港人津津乐道的"五朵金花"——依托位于临港的上海市智能制造研发与转化功能型平台，双方在汽车动力总成高端智能制造、航空发动机测试验证、燃料电池、轻合金材料、核电测试装备五个领域培育出了极具代表性的智能制造相关科研成果转化项目。

临港集团与上海交通大学建立科研成果转化合作的契机出现在 2014 年，当时受限于校内研发场地等因素限制，上海交大航空发动机研究院不得不到校外寻找更宽敞的空间来容纳其大型科研设备，而这恰好与临港大飞机产业园的发展规划相吻合。临港大飞机产业园当时已经布局了上海电气和中航商发等动力行业领军企业，正在努力争取航空发动机和燃气轮机重大专项（简称"两机专项"）在临港落地。作为"制造业皇冠上的明珠"，航空发动机和重型燃气轮机是装备制造业的"心脏"，突破"两机"关键技术对于我国解决"卡脖子"技术问题具有重要的战略意义。上海交通大学航空发动机研究院的加入可以将高校科研机构作为企业孵化和产业转化的"源头活水"，提升区域产业竞争力。这是一次双赢的合作机会，双方签署了战略合作协议，将上海交大航空发动机研究院的相关大型科研设备搬迁至临港，搭建"航空发动机基础""测试验证中心""设计、分析和研发""流程管控体系"和"材料与制造工艺"等五大平台，设立伊始即承担了首批国家立项"航空发动机与燃气轮机"重大科研专项中的 4 项。上海交大的加入有效促进了产业园区内部的产学研合作，例如，在上述合作基础上，上海交大与园区内的中航商发开始共建"叶轮机气动传热联合 UTC"，为中国航发、上海电气、中船重工等园区内企业，提供测试技术服务与研发支撑，其中包括国产大飞机 C919 适航取证关键测试技术。至此，产学研转化的第一朵"金花"已经开始在临港萌芽、生长并绽放开来。

通过一年的合作，2015 年临港与上海交大进一步深化了产学研合作，七个体现上海交大学科优势、与智能制造紧密相关且具备未来市场潜力的研究所搬迁到临港，并以此为基础注册成立了具有独立公司法人性质的上海智能制造研究院。上海交通大学方面则组织了近 200 人的科研骨干团队，入驻上海智能制造研究院，开始了智能制造功能平台在临港的建设探索。临港集团为该项目提供了一切必要的硬件支持和软件服务，包括免费提供标准化厂房，提供多元化的产业服务等。2017 年，以上海智能制造研究院为基础，由临港新片区管委会、上海交通大学、临港集团、上海电气、上海工业自动化仪表研究院等单位联合发起，成立了上海市智能制造研发与转化功能型平台（简称"智能制造功能平台"）。这一平台集研发、孵化和产业化功能于一体，重点聚焦智能感知、智能作业和智能管控三大共性技术的研发和技术攻关，而这些产业共性技术可以为航空、航天、汽车、核电、船舶、装备等多个行业的企业提供创新技术和解决方案。同时，也可以从中发现技术转化和企业孵化机会，促进产品链—技术链—产业链加速创新融合。

而今，扎根临港的"五朵金花"摇曳生姿。除了前面提到的航空发动机检验检测中心项目，汽车动力总成高端加工装备国产化与智能制造系统验证示范基地项目，突破了我国汽车工业动力总成高端数控加工装备国产化的瓶颈，正在带动数控系统、功能部件、机器人、大数据等产业链协同创新发展，并逐步形成我国汽车行业高端数控加工与智能制造技术产业化应用的示范标杆；核电装备测试验证基地项目，正在为核电装备制造提供关键的技术支持，推动我国在核电领域的技术研发和产业化；燃料电池金属极板制造项目，则打破了国际上燃料电池金属极板制造技术的封锁与垄断，极大降低了燃料电池的生产成本，提高了我国新能源汽车的竞争力；还有轻合金材料及制品智能热制造项目，不仅推动了我国轻合金材料及制品的智能制造，也将推动相关领域的技术进步和产业化，对于我国汽车、航空航天等领域的轻量化具有重大价值。

2.2 如何走出科技创新"死亡峡谷"

科创"死亡峡谷",在创新生态中被理解为一种早期阶段的创新项目发展瓶颈,其特征是在从科学研究到商业应用的转化过程中,项目面临高度不确定性和风险,导致资金、技术和市场等多方面资源的匮乏或难以对接(Ellwood, Williams and Egan, 2022)。在此阶段,创新项目的发展路径受限,由于技术不成熟、市场适应性尚未明确或者资金来源不足等因素,项目常常面临陷入停滞或被夭折的风险。这一概念折射了从基础科学研究到商业化应用之间的跨越,其中技术和市场的不匹配以及投资的高风险性质是主要挑战。在科创死亡峡谷中,创新者常常需要克服初始投资不足、技术验证难度大以及市场规模不确定等问题。这一现象在科技创业和高风险项目中尤为常见。

科创死亡峡谷虽然充满荆棘和挑战,但并非不可逾越。"五朵金花"的次第绽放,或许意味着临港集团在贯通高校实验室到产业化的"最后一千米"探索中,正在创造性地形成一些通用性的经验和模式,从而破解了许多体制和机制难题,这些模式探索涉及产学研用各个链条、多个方面,最终促成了科技成果从实验室成功走向市场。如果对"五朵金花"模式进行提炼和总结,可以包含以下几个方面。

"一个平台,双重体制"。体制创新是打破产学研转化瓶颈的重要途径。临港集团与上海交通大学的合作,通过体制创新,以"一个平台,双重体制"的新运行模式,建立了公司化的产业转化平台。具体而言,"一个平台"即临港集团与上海交大共同出资成立的上海交大临港智能制造创新科技公司,作为智能制造研发与转化功能型平台的运营主体,加入平台的科研人员既能享受到学校的平等待遇,又能探索市场化的运行模式,从而得以在科研和市场化之间自由转换。"双重体制"具体是指:一方面,这个功能型平台具有"高校体制"的特征。上海交通大学和临港集团共建的上海智能制造研究院是上海交大的"校外科研基地",学校已有的相关科研仪器在所有权不变的前提下,可以转移到临港,师生可以依托这一平台继续从事高校实验室的科研工作,学校派出人员依旧享受学校科研人员的同等待遇。尤为重要的是,学校教师在临港取得的科研成果视同在学校内取得的成果,可以减免其教学和科研的考核指标;对于在临港从事科技成果转化的教师,其经历和转化成果则会在职称评定上得到体现。这为从事科技成果转化的科研工作者解除了思想负担,使其在从事科技成果转化的同时可以兼顾、满足高校的学术绩效考核,从而解除了后顾之忧,使得那些从事应用技术研究、擅长成果落地转化的人能够大显身手。另一方面,平台以公司化方式运行,又具备"市场化体制"特征,它要求科研人员必须瞄准市场需求进行成果转化,通过研发技术遴选,选择学校实验室最具实力和产业应用前景的项目进入研究院。而遴选进入研究院的技术需要具有非常明确的开发目标,即以"产业应用为本",一般在三到五年之内就要找到明确的产业应用场景,并和企业对接实现产业化。上海交大临港智能制造创新科技公司负责对接、转化上海智能制造研究院的科研成果。临港集团则为科技公司提供专业化的产业服务,尽可能减少科学家在项目转化和企业运营过程中的负担,也弥补其在商业运营方面的不足。例如,帮助研究院的科研项目对接行业、企业需求,验证项目的市场可行性。同时,也可以提供产业化落地的全程服务,如厂房装修、手续报批、注册选址等,并开展成果孵化、产品中试、产业化项目公司的扶持,弥补科研人员在这方面的经验不足等。不仅如此,作为科研成果到产业成果间资源的嫁接者,临港集团还起到对接资源和撮合交易的作用。例如,临港集团促成了上汽通用订购智邦的生产线,上汽集团燃料电池车采购治臻项目生产的金属极板等。

以项目法人制形式运行。项目法人制具体是一种管理模式,将项目看作独立的法律主体,赋予其权利和义务。在项目法人制下,项目拥有自主决策权和资源管理权,能更灵活高效地推进,有利于激发创新,提高效率。"五朵金花"案例得益于项目法人制的管理模式。一旦功能性平台上的科研成果通过市场需求和商业化可行性论证，就可着手开始组建以技术团队、运营团队为核心的项目公司，建立混合所有权的股权结构，并对核心团队建立有效的激励机制。具体做法如下：首先，以项目研发团队为主体，发起建立项目公司，核心团队的持股比例一般不低于60%。此时，临港集团将以集团下属企业智创科技公司的名义，作为平台公司入股项目公司，持股比例不高于15%。同时，将其他股份开放给市场和社会主体，在确保创始团队经营主导权的同时，导入社会多元化的发展资源。其次，根据科技成果转化相关法律法规和上海交大相关规定，技术团队以项目公司为主体，通过评估、公示或挂牌等流程，合法取得技术发明的所有权，并作价入股到项目公司，从源头上消除未来资本证券化可能产生的道德风险和法律纠纷。最后，在项目公司孵化发展到市场化阶段，智创科技公司完成孵化和加速使命后，相关股份通过市场化方式退出，既可实现国有资产的保值增值，又避免了在公司未来发展中可能带来的掣肘因素。比如，在智邦汽车动力总成项目中，平台与管理团队约定，在一定期限内委托第三方对项目公司进行评估，若评估后认为未完成可行性报告的相关经营目标，管理团队承诺将按"股本金+股本金的同期银行利息"或"股权评估值"孰高原则回购平台股份。这一市场化退出机制让企业在成长壮大后，可以解下"镣铐"跳舞。

组建多元化、混合型人才团队。科技成果转化处在科学研究和产业的交界地带，混杂和交织着科学和市场的不同逻辑，这往往对人才队伍的建设提出了更高的要求，既要有懂科研的人，又要有熟悉工程技术的，还要有了解市场和商业世界的。在"五朵金花"的产业化过程中，可以看到团队构成上的一个共通之处，即形成了多元化的、混合型人才团队。一个典型的团队结构通常由"教授领军人物+工程开发队伍+商业服务队伍"组成。教授领军人物负责技术开发，工程开发队伍负责厂房等工程进度，商业服务队伍负责提供工商注册、财务税务、知识产权、市场对接等商业服务。这样的团队结构可以将科研、工程和市场经验结合起来，每个角色各司其职，每个人都可以做自己最擅长的事情，彼此衔接合作，共同推动科技成果的市场化。"五朵金花"的产业化实践已经证明，要打通智能制造技术与产业之间的"天堑"，既需要科学研究人才，更需要产业背景的人才。例如，目前上海智能制造功能平台近200人组成的运营团队中，来自产业的人才就占了三分之一。上海治宸新能源科技有限公司,这个由"五朵金花"之一、氢燃料电池领域的技术研发成果与产业应用项目衍生出的创业企业正是由拥有丰富产业经验的李博士带头组建的。李博士2007年毕业于上海交大,之后在GE、西门子等世界五百强企业从事高精度先进制造科研工作。像李博士这样一些经过大企业的历练,有着丰富产业经验的科研人员,往往具备独特的科研团队协调能力和项目团队管理能力,其所具备的产业组织制度化、规范化的管理经验,在科技成果转化过程中扮演着非常重要的角色。

用好看得见的手和看不见的手。临港集团的科技成果转化项目中的资金主要来自以下几个渠道:一是由临港集团专门成立的科创和产业发展办公室所设立的专项资金,每年安排一定预算(集团利润总额的10%左右),用于支持科创企业发展,主要用途是支付厂房房租和装修补贴。例如,在"五朵金花"的培育过程中,集团于2017年对智邦汽车动力总成、燃料电池极板项目支持资金共计4210万元,这无疑对初创科技企业起到了强力的助推作用。二是用足用好政策资源,包括积极申请和争取国家和地方的专项扶持资金支持。据统计,"五朵金花"项目截至2018年9月累计申请国家04专项[①]、工信部智能制造专项、上海市战略性新兴产业发展专项、临港地区智能制造专项资金等超过3.6亿。其中,仅智邦汽车动力总成项目就获得各类专项支持超过1.4亿元。将科技成果产业转化与国家和上海市的重大专项资金相结合,既优化了企业研发费用的成本结构,极大缓解了创业初期研发资金短缺的困扰,也提升了国家专项资金使用的效益,正所谓"淬砺精钢成锋刃"。在这个过程中,国家和地方政府对项目进行筛选,临港再通过自有资金对获得支持的项目进行补贴,既避免了道德风险、控制了经营风险,又支持了符合国家和上海发展战略的项目,起到了看得见的手应有的作用。此外,为保证项目的顺利运行,集团还采取了产业技能实训支持和设备补助相结合的方式。例如,临港集团帮助航空发动机检验检测中心等项目向有关部门申请实训资金超过8800万元,面向智能制造技术应用和航空发动机装配技术企业,开展紧缺人才的专业技

---

① "04专项"指国家科技重大专项中的第四项"高档数控机床与基础制造装备"专项。——编者注

能培训；临港集团也曾以"上海临港智能制造创新应用实训项目"申请项目资金 5975 万元。三是，除了积极申请各类政府资金，这些科研成果转化项目也广泛吸纳社会和市场资金。拿到市场化资金后，就开始着手成立项目公司，从而逐步脱离研究院平台，走向市场化。通过寻求包括市场资金在内的更多元化的资金来源，不仅保证了科研项目的经费来源，也让这些项目具备了向市场化进军的基因。

在这场产业化"助跑"赛道上，我们可以看到临港集团是如何巧妙地发挥和运用有为政府与有效市场的力量，打造出一个强大的科技企业"助跑"系统的。

走通从高校实验室到产业化的"最后一千米"，其意义毋庸赘言，尽管看上去只有短短的"一千米"，但道阻且长，痛点、堵点仍多，任务依然艰巨。然，路虽远，行则将至。在上海智能制造功能平台上绽放的"五朵金花"，以及围绕四周正破土而出的更多"小花"，正是临港人在科研成果转化这条路上潜心耕耘数年的结果，同时也是临港集团承担服务国家和地方发展的使命，在"大国重器"上精准发力的智慧结晶，价值和意义不容小觑。

行而不辍，如今临港正以更大的力度在科创事业上持续发力。通过进一步扩大、加深与更多高校的合作，有效集合、发挥政府、高校和市场（企业）多方力量，孵化更多的科技企业，也让更多的实验室技术实现从高校到市场的惊险一跃。

未来，或更可期。

3 从 0 到 1 的拓荒者

3.1 从无尽前沿到巴斯德象限

1945 年，美国科学家、政治家万尼瓦尔·布什（Vannivar Bush）向时任美国总统的杜鲁门提交了一份报告，名为《科学，无尽的前沿》（Bush，1945）。正是这份报告，对美国以及全球的科学研究体制产生了广泛而深远的影响。报告完成于二战结束之际，这是一个全球科学研究体制正在经历深刻变革的时期。在战争中，美国政府大力投资科研，并在军事、医疗、农业诸多领域获得了显著成果。在二战期间，布什担任了美国科学研究与发展办公室（Office of Scientific Research and Development）的主任，他主持的一系列研究项目（例如雷达、原子弹等）在战争中发挥了重要作用，极大地提升了美国的军事实力。这让布什深深意识到科学研究在国家安全、经济发展等多个领域的重要性。然而，随着战争的结束，这种大规模的公共投资将不复存在。面对未来科研发展的不确定性，布什向时任美国总统杜鲁门递交了这份报告。在报告中，布什强调了基础研究的重要性，并提出了"知识是公共财富"的观念。他认为，政府应该对基础研究进行长期、稳定的投资，以推动技术的进步和社会发展。他的建议被后来的美国政府所采纳，极大影响了美国在战后几十年的科研投资政策，并帮助美国在多个重要科技领域取得了全球领先地位。

包括中国在内的大多数国家的科技体系，都深受布什在报告中提出的"科技发展线性模式"的影响。这个模式认为,基础研究是应用研究和技术发展的源泉,应当被视为知识储备库。这一观点被广泛接受,并成为现代科研体制的基础。该线性模式将基础研究与商业应用视为"杠杆的两端",它们各自独立,分属不同的组织负责。从技术进步的角度来看,基础研究先于应用研究,并通过进一步的发展研究,最终转化为技术发明,最终成为新产品进入市场。因此,基础研究被视为技术进步的内在驱动力(Niosi,1999)。

正是基于这种模式,中国在过去的几十年里不断增加科学研究的投入,迅速提升了整体科学研究能力,从而推动了科学技术的崛起。然而,线性模式下的科技体制面临的一个重要问题是,科学研究的产出往往难以有效转化为推动产业发展的核心技术,进而提升国家的科技实力。在线性模式的影响下,基础研究是"公共产品",应该由政府投入解决,而企业是逐利的,不应该也不愿意参与这类公共产品的供给,这就导致创新链与产业链之间往往容易出现严重的断裂。

科技政策界开始逐渐意识到,我国产业创新链条的断裂,或者与其他链条之间的协调性差,是知识创新成果转化与应用效力不足的根源所在。由于创新链条在构建过程中存在断点情况,阻碍了创新的有效进行并最终导致创新效率低下。尤其近年来,随着中美贸易摩擦的升级,双方的对抗逐渐延伸到了科技领域。美国对许多中国企业实施的所谓"科技禁令",对华实行的技术和知识产权的封锁,使得这一矛盾更加显露无遗。这使我们越来越清楚地看到基础研究对产业关键核心技术的关键推动作用。同时,我们也越来越清楚地知道,必须建立一个更加有效的体系,将基础研究的成果转化为推动产业进步的核心技术,从而提升国家的科技实力,才能打破现有的局面。

研究表明,创新链条的断裂或断点受到创新理念的影响,不同的创新理念,可能带来完全不同的创新产出(Niosi,1999)。因此,只有从根本上改变传统从基础研究到应用研究范式的线性思维,才有可能走出一条完全不同的新路。

1997 年，美国科学史学家唐纳德·斯托克斯（Donald Stokes）在他的著作《帕斯图尔的象限：基础科学与技术创新》中提出并构建了科技创新理论的四象限模型（Stokes，1997）。该模型基于研究的动机（是否寻求理论理解）和目标（是否寻求实用结果）两个维度对科学研究进行分类，并将其分别命名为波尔象限（Bohr Quadrant）、巴斯德象限（Pasteur Quadrant）、爱迪生象限（Edison Quadrant）和皮尔森象限（Pearson Quadrant），如图 3.3 所示。

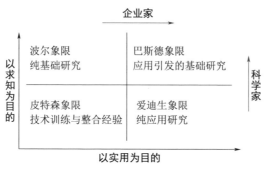

图 3.3 创新四象限

来源：陈红喜. 2018. 基于新巴斯德象限的新型研发机构科技成果转移转化模式研究 [J]. 科技进步与对策，35（11）：36-45。

第一个象限被命名为波尔象限，以丹麦物理学家尼尔斯·波尔（Niels Bohr）命名。在这个象限中，研究主要集中在对基础科学理论的探索，以获取纯粹的知识。研究者在这个象限中追求理论理解，但不注重实用结果。比如，波尔本人的研究就主要集中在量子力学的理论框架，他的工作虽然在理论物理领域有着极大的影响力，但对于实际应用并没有直接的贡献。然而，正是这种对基础知识的探索，为后续的技术开发奠定了基础。

第二个象限是巴斯德象限，以法国化学家和微生物学家路易斯·巴斯德（Louis Pasteur）命名。这个象限的研究同时寻求理论理解和实用结果。这类研究通常以解决实际问题为导向，同时也对理论的发展做出贡献，巴斯德的研究就是一个很好的例子。他在研究发酵过程中发现了微生物，从而奠定了微生物学的基础，同时他的发现也对食品工业，特别是酿造业产生了深远影响。

第三个象限是爱迪生象限，以美国发明家托马斯·爱迪生（Thomas Edison）命名。这个象限的研究主要寻求实用结果，但并不注重理论理解。爱迪生的发明工作就体现了这种研究方式，其工作主要是为了解决实际问题，比如发明电灯、改进电报机等。他的工作不依赖深入的理论研究，而是依赖实验和试错的方法。

第四个象限是皮特森象限。这个象限的研究既不追求理论理解，也不追求实用结果。在实际的科学研究中，这种情况相对较少，因为科学研究通常都需要追求一定的理论理解或实用结果。然而，这并不意味着这个象限的研究就没有价值，因为这种研究可能会提供一些新的思路和视角，为后续的理论研究和应用研究提供灵感。

这四个象限并不是完全孤立的，实际的科学研究可能会涉及多个象限。例如，初始的基础研究可能处于波尔象限，但随着研究的深入，可能会转移到巴斯德象限，甚至是爱迪生象限。同时，科学研究的动机和目标也可能会随着时间和环境的变化而变化。

总的来说，四象限理论提供了一个框架，可以帮助人们理解科学研究的动机和目标，以及这些动机和目标如何影响研究的方向和成果。因此，这个理论可以帮助政策制定者和研究者更好地理解和评价不同类型的研究项目，以及这些项目可能产生的影响和价值。同时，也可以帮助我们理解科学研究和技术开发之间的关系，以及如何通过科学研究和技术开发来推动社会和经济的进步。

在这四个象限中，巴斯德象限吸引了最多的目光，因为它很好地解决了线性创新模型的局限性。在巴斯德象限模型中，基础研究和应用研究是紧密结合的，基础研究的成果可以直接用于解决实际问题。这显然为推动科研成果的转化提供了新的思路，有助于提高科研成果的转化效率和创新活动的效益。例如，吉列的剃须刀设计就是巴斯德象限的一个例子。吉列公司希望设计出一款可以一次剃干净面部的剃须刀，他们投资在材料科学研究上，开发出了新的钢材和制造技术。这不仅解决了吉列的创新需求，也推动了材料科学的进步。在医药领域，许多重大的科学突破也属于巴斯德象限，如人类免疫缺陷病毒（HIV）的抗逆转录病毒药物研究。这个研究既受到对抗艾滋病的实际需求的驱动，也为理解病毒复制机制提供了新的理论框架。

借鉴巴斯德象限的思维有助于解决创新链条断裂的问题，既需要应用研究，也要兼顾基础研究。巴斯德象限需要人们把研究和应用两个不相干的方向关联起来，让研究和应用紧密结合，让创新链和产业链嫁接融合，从而形成巴斯德象限的科研模式，这就是产业需求驱动的基础研究。

3.2 临港的巴斯德象限

临港集团从 0 到 1 向前延伸创新链、嫁接创新链与产业链的实践，正是为构造自己的"巴斯德象限"所做出的努力。不同于张江科学城、清华科技园这些全国知名的科创园区拥有一流大学作为科创的策源地，临港新片区先天并不充分具备基础研究相关的科创资源，因此，从 0 到 1 拓展科创链条，需要一种拓荒者般的企业家精神。正是靠着这种精神，在过去数年里，临港人围绕产业链，布局创新链，持续向着创新链上游发力，致力延长和补足创新链上的基础研究。由是，临港的巴斯德象限下逐步形成了两股重要的力量：一是科技领军企业主导的协同创新模式。这种模式一般是由园区内领军企业建立的、具备基础研究功能的企业实验室为载体，尤其是大企业联合实验室。这些实验室作为企业参与基础研究的重要组织模式，一般以具体企业需求和具体应用场景为导向，注入高校和科研院所的研究力量，共同开展技术攻关。二是临港集团作为"有组织科研"背后的"组织者"，建立起来的以新型功能型平台为代表的新型研发机构，用于支撑产业链创新、支撑重大产品研发转化、支撑创新创业。

科技领军企业主导的协同创新

在临港的各产业集群中，聚集了众多的产业链链长企业。以动力产业为例，如果沿着上海南港的沧海路向西行驶约 4 千米，你会看到一系列动力产业的领军企业，如上海电气、中船三井、中船动力、中船瓦锡兰、中国航发商发、外高桥海工、中国联合重燃等，它们犹如国家的重器，低调又稳固地伫立于此。再向北，有新奥动力、上汽、康明斯、普罗名特等动力领域的龙头企业屹立其中。这些链长企业在产业链上的角色和使命，不仅在于促进产业链上下游的集聚和构建自主型产业创新生态，更在于其能够前瞻性地布局前沿基础研发，抢占新能源动力的制高点，从而成为引领全球动力产业新变革的先锋。

一个典型的案例是临港集团与中国商飞共建的大飞机创新谷。这个创新谷以中国商飞为核心，组建了一系列联合实验室。大飞机产业作为一项复杂的系统工程，其研发需要众多基础科学的支撑，包括流体力学、固体力学、光学、声学、计算数学、热物理、化学、信息科学，等等；生产制造核心环节主要包含原材料及零部件、机体制造和机载系统，而仅仅一个机载系统就又包括动力系统、机电液压系统和航电系统，每一个系统的研发制造，都需要高校、科研院所、上下游企业共同参与。因此，单靠产业自身或者链主企业自身很难独立解决。也因此，大飞机创新谷诞生了。它以中国商飞为核心企业主体，联合各高校、科研院所和产业链上的其他企业等，围绕大飞机主制造商的关键需求、关键问题，共同展开协同创新和跨界创新。具体来说，通过联合产学研力量共建联合实验室，在创新谷集聚了一批杰出的海内外科学家和行业专家，一方面深耕地面动力学、飞行动力学、电磁学等重点基础研究领域的航空科学问题。另一方面，围绕大飞机制造商的关键问题联合攻关，突破技术难题，聚焦产业共性技术的研发，将工程难题转化为共性技术问题，同时，联合各高校和科研院所进行先进材料等共性技术领域的基础研究。正是通过这种典型的巴斯德式创新模式，将基础研究和应用研究紧密结合，以实际问题为导向，在解决问题中推进基础研究，如此往复循环，螺旋式推动原始创新能力不断攀升。

在这个过程中，中国商飞作为产业链的链长，需要承担起决定性的引领作用：它需要投入前沿未来技术，推动工业设计、数据管理与协同设计集成；同时，需要联合产业链上各个细分领域的头部伙伴，围绕智能分析、AR应用等场景协同开发，跨界携手推动新型机载产品在大飞机上的应用，打造大飞机非对称优势等。

高校和科研院所则是基于国家重点实验室、国家重大课题等基础研究资源，面向中国商飞的关键需求，联合开展技术攻关。例如，中国商飞与北京航空航天大学联合共建的大飞机创新谷"增材技术联合实验室"，就是依托北航大型金属构件增材制造国家工程实验室等重大研究平台，与商飞公司在增材制造大型关键构件方面开展更深度融合的团队协同工作。联合实验室的主要目的是全力支持大飞机专项，实现大型客机设计品质和制造水平的革新，改变大型客机的生产和维护模式；联合实验室促进了高校科研成果的快速转化，形成了产学研协同发展的强大推动力，进一步提升了中国商飞在设计和试验验证方面的能力。

又如，中国商飞上海飞机设计研究院与大连理工大学共同成立的"大飞机结构强度与轻量化联合实验室"，则是依托大连理工大学工业装备结构分析国家重点实验室的试验验证资源和科研力量，面向型号项目、课题以及其他专项，致力于理论分析、联合设计、系统仿真建模等关键技术研究，为型号研制和专业能力建设提供重要支撑。联合实验室将加强中国商飞型号研制技术攻关能力，提高结构优化技术研究影响力，形成对中国商飞试验验证能力和结构优化设计的有效补充，促进中国商飞民机结构设计的快速发展。

大飞机创新谷已经与17所高校及科研院所建立了2个院士专家工作室、9个联合实验室，连续两年组织"大飞机创新谷生态大会"品牌活动、发布大飞机创新研究计划，吸引数十家高校院所参与协同创新联盟。

临港的上述实践至少提供了两点关键经验。一是，领军企业是巴斯德象限下协同创新模式的关键主体，唯如此才能保证通过产业需求驱动基础研究和重大研究问题的突破。需求驱动的基础研究要求加强科学与产业的协同性：基于需求的基础研究是以特定问题为导向的集成研究进程，通常从实际产业的需要出发，是一个包含多个基础学科的整合研究。进行这种基于产业需求的、跨领域基础研究，不仅需要专业的知识基础，同时需要进行有组织、有规模的研究和开发活动。大公司因其具备大规模的资本投入和生产操作，已经形成了一定的研发和创新能力，因而更适合进行整合型的知识创新活动。此外，大公司拥有众多员工和客户，甚至覆盖多个国家和地区，通常具有巨大的市场竞争力，处于生态系统的中心位置。大规模的研究和开发行动很难依赖科学家个体在实验室中实现,而是需要在科学与工程之间建立起互动机制,甚至构建以产业核心技术突破为目标的创新生态系统。因此,对于产业需求驱动的基础研究问题,有组织规模的领军型企业更适合作为创新的主导者。二是,由于基础研究的公共产品属性,仅仅依靠领军企业的投入同样难以为继,因此,需要建立一个政产学研的协同机制:在政府强力推进及产业政策的引导下,前端高校院所的基础研究为企业创新提供智力援助,后端用户的产业需求为创新活动提供市场牵引,中间的企业则通过将前端的高校院所、后端的用户需求进行有效链接,积极开展应用研究,从而保障了创新链的顺利构建。

有组织的科研:新型功能型平台

需求驱动的基础研究需要有组织的科研。"有组织的科研"并非是中国情境下提出的独有命题,这一概念最早可以追溯到20世纪初,当时美国在核武器研制项目中,开始尝试组建包含科学家和工程师在内的大规模有组织的合作团队,这种合作被称为"大科学计划"。后来,有组织的科研被许多国家广泛地采用。在20世纪初的美国、德国、日本、韩国以及中国台湾地区等国家和地区,都面临过中国当前所经历的科技和经济深度融合的复杂挑战,也都曾通过创建政府主导和组织的、多方共同参与的产业技术研发机构来解决这些问题,从而实现科技与经济的深层次融合,推动技术产业化和产业结构调整。

其中,比较成功的案例包括德国的弗劳恩霍夫应用研究促进协会、中国台湾地区的工业技术研究院、英国的弹射中心、美国的制造业创新网络等。它们构成了一种新型的研发机构,与传统科研机构有着明显的区别。比如,在组织架构和运作方式上,这些机构倾向于采取事业单位结构、民间非营利组织形式,甚或产学研联合共建模式。其中展现出来的一些显著的共同特性,还包括由理事会引领的方向、具有明确精准的功能定位、紧随市场脉搏、创新链与产业链高效融合、自由灵活的运营机制,以及全球化的研发创新视角,等等。这些新型研发机构成为科学与技术之间沟通的桥梁，使得科技成果得以跨越"死亡峡谷"（Valley of Death），走向商业化和产业化的广阔天地。正是得益于这些独具特色的新型研发机构，相关国家和地区吸引了一批领军人才，优化了科技运作体制，促成了技术研发与实际转化的联动，推动了产业结构的转型升级。

临港集团在新型研发机构的建设中所充当的正是科研组织者、平台搭建者的角色。它撮合和促进企业联合高校院所开展协同创新，创建一批产业链上下游创新联盟、技术研发中心、产业研究院、中试基地等新型研发机构，为突破"卡脖子"关键技术、关键部件和关键材料，提高产业链关键环节的科技供给能力，提供关键的组织保障。

其中，作为连接产业界与学术界的桥梁，新型功能平台是临港集团对标IMEC（大学校际微电子研究中心）等国际一流机构、构建新型研发机构所进行的重要探索和尝试。作为国际著名的功能平台之一，比利时IMEC就是利用其在半导体行业的先进研发平台和高水平研究队伍，吸引了英特尔、索尼、华为等知名企业与其合作。

从运作模式上看，新型功能平台就像一艘由多个参与者共同驾驶的巨轮（如图3.4），需要五个主要机制来确保其顺利航行并抵达目的地。

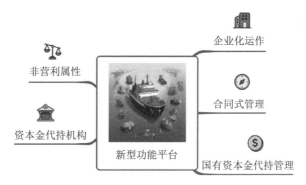

图3.4 新型功能平台运作示意图
来源：作者整理。

首先，这艘巨轮需要由一家运营公司驾驶，这就是"企业化运作"。所有相关单位投入资本，共同出资建立运营公司，并建立起良好的公司治理结构和内部控制系统。这家公司不仅可以自主经营，还可以进行投融资活动。公司通过诸如提供技术服务、孵化企业投资，甚至进行社会融资，最终实现自我补给和持续发展。

其次，这艘巨轮需要一份"航海图"，这就是"合同式管理"。功能平台运营公司与相关方签订合同，约定建设目标、任务，以及资金投入和评估指标，按照合同推进功能平台的建设，就像船员根据航海图的指示，设定路线和目标，然后按照这个指导进行航行一样。

再次，这艘巨轮承诺为所有参与者提供公平的航行机会，这就是"非营利属性"。功能平台应当遵循公共科研和非营利原则，保持行业中立，致力于提升行业整体的创新能力和水平，就像船长承诺不偏向任何一方，专注于让整个船队到达目的地一样。

另外，这艘巨轮可能由国有资本金代持，这就是"国有资本金代持管理"。如果平台涉及国有资本金代持，那么，这些股份将不被纳入国资委对代持机构的管理范围，而是按照注册资本的原值进行投入和退出，就像负责保管船队财富的财务官一样。

最后，即使这艘巨轮是共享的，但有些决定仍然需要经过严格的审查，这就是"资本金代持机构"。他们不干预平台的日常运营活动，也不根据出资和股权比例要求获得决策权。但是，如果有事项违背了平台的发展定位和战略方向，他们可以像船上的大副一样，有权进行否决。

图 3.5 具体描绘了临港集团参与建立的上海市智能制造研发与转化功能型平台的运作模式。以此为例，我们或可总结出这类功能平台的三个重要作用。

一是共享研发与转化设施，支撑中小企业创新发展。平台提供了包括中试设施、工程化平台、中间试验线、测试实验室等在内的共享资源，以支持产品开发、技术验证、工艺研发和测试解决方案。此外，平台还构建了对外服务合作网络，并通过专门的服务帮助全国范围内的企业发展。

二是产学研协同机制，强化技术产业化推动力。功能型平台采取企业化运作，与高水平高校和科研院所紧密合作，形成了产学研协同创新机制。通过这种合作模式，平台能够集聚高端研发人才，开展共性技术研发攻关，支撑产业链技术创新，从而不断增强服务能力。

三是孵化科技创新企业和团队，催生产业集群。功能型平台还关注创新型企业和产业集群的培育。通过与全球知名机构的合作、牵头国家标准的制定，以及研发攻关与服务等手段，平台已经帮助孵化了一批科技创新企业和团队，促进了如智能制造、北斗导航、机器人等产业的发展。

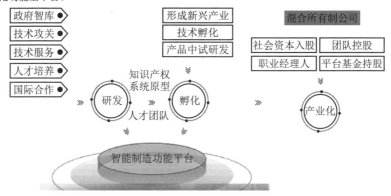

图 3.5　上海市智能制造研发与转化功能型平台运作模式
来源：上海市智能制造研发与转化功能型平台官方网站。

作为一种新型研发机构，智能制造功能平台已成为上海科技体制创新的试验田。截至 2023 年 5 月底，在上海市已批准建设的 15 个市级研发与转化功能型平台中，临港集团参与投资建设及协助落地 4 家（占全市总数的 26.7%），包括与同济大学共建的智能型新能源汽车功能型平台，该平台主要聚焦新能源汽车整车技术、新能源汽车动力系统平台技术、燃料电池及辅助系统技术、氢能技术、智能车技术、汽车电子技术等；与华东师范大学共建的上海工业控制系统安全创新功能型平台，聚焦工业控制系统信息安全、轨道交通信息安全、汽车信息安全、智能网联汽车信息安全；

与中国信息通信研究院合作建设的工业互联网科技创新型平台，主要在工业互联网内外网、标识解析体系、工业互联网平台、安全态势感知平台、工业大数据创新服务等领域发力。

临港在功能型平台建设上已经取得了一系列成果。这些平台聚焦智能制造、高端装备、人工智能、集成电路、航空航天等重点产业领域，以共性技术研发、解决产业"卡脖子"技术等为主要目标。在这个过程中，平台已经引进包括两院院士在内的各类领军人才近20位，集聚工程、研发、产业转化等各类人才超过500人。在参与科技项目方面，平台涉足国家级重大科技专项12项、省部级专项10项。在知识产权方面，平台也展现出了强大的创新能力，迄今已经申请各类知识产权近600件，PCT专利近50件，参与国际、国家标准制定近30项。从企业服务来看，作为一个服务于产业链上下游的平台，已经累计为各类企业提供了1014次服务，产生服务收入约7788万元。凡此种种，都是对临港功能型平台实力和成效的有力验证。

此外，临港在致力打造巴斯德象限时，除了依靠领军企业和功能型平台之外，还通过多元化发展方式不断壮大基础研究力量。一是注重加强科研"国家队"的建设，包括引进国家重大科技基础设施（国家实验室）、国家高水平研究大学等科研机构。目前，上海临港国家实验室（生物医药与脑科学）已经落地。此外，2019年10月，由中国科学院工程热物理研究所承建的高效低碳燃气轮机试验装置国家重大科技基础设施项目在临港集团下属临港产业区开工，建设周期为4年。它的建成将进一步填补我国大功率燃气轮机试验装置空白，为燃气轮机研究和开发提供试验平台，为国家重大专项的实施提供支撑。同时，这也标志着临港新片区各型燃气轮机创新链、产业链正加速形成。二是推动强强联合，强化园区内创新链与产业链的对接。例如，联合中国科学院、一流高校和核心科技企业，围绕基础材料、核心零部件、先进科学仪器和检验检测设备、工业软件等领域严重制约产业发展的关键短板和痛点，展开创新链布局。三是注重导入国际科创资源。例如，与德国弗劳恩霍夫协会在中国成立了第一个科研机构——上海交通大学弗劳恩霍夫协会智能制造创新中心。该中心将围绕工业4.0领域的最前沿和核心技术，开展深入合作研究，进行非营利性的公共研发，为汽车、航空航天、造船等各行业的国家重要企业以及中德合资企业提供广泛的工业 4.0 共性技术支撑服务。同时，借鉴英国国家智能制造未来计量中心的模式，由英国皇家工程院院士牵头，合作共建国内首个中英智能测量与质量工程中心。

4　他山之石：江苏产业技术研究院[①]

江苏省产业技术研究院（简称产研院）是江苏省委、省政府于 2013 年 12 月建立的重大产业技术创新平台，是江苏省创新体系的重要组成部分。江苏产研院以打造一个市场导向、企业主导、产学研用深度融合的创新体系为目标，积极打破限制科技创新的思维和制度壁垒。研究院专注于挖掘推动科技成果转化的制度机制，实现科技创新和现实生产力的顺畅对接。

迄今为止，江苏产研院已在五大重要领域——信息技术、材料、制造与装备、生物与医药、能源与环保——建立了 72 个研发实体，包括 63 个专业研究所、7 个重大集成创新平台和 2 个综合创新平台，拥有 8000 多名各类研发人员，孵化出近 1200 家企业，与省内多家行业龙头企业共建了 113 个企业联合创新中心，转化技术成果 7000 余项，服务过的企业数量超过 20000 家。

江苏产研院的创新体系建设经验和科技成果转化成就获得了多方高度认可，并已成为一种示范和推广的典范。2018 年 8 月，江苏产研院被中央财办列为深化科技体制改革典型案例。由江苏产研院提出的"新型研发机构科教融合培养产业创新人才"和"以先投后股方式支持科技成果转化"两项改革举措，入选了国家发改委、科技部 2021 年度全面创新改革任务清单。由国务院发展研究中心组织开展的综合评估认为，江苏产研院总体上出色地完成了领导小组和理事会提出的为江苏产业转型升级和未来产业发展持续提供技术支撑的任务要求，探索出了一条特色鲜明、创新显著、值得借鉴推广的有效路径。

---

① 如无特别注明，本节引用材料来自江苏省产业技术研究院官方网站。

因此，剖析总结江苏产研院的创新模式和先进经验，或可为临港乃至更多的产业服务机构提供参考借鉴。

4.1 "一所两制"的协同运营模式

江苏产研院采取了独特的"一院＋一公司"的双轨制运作方式，以促进从技术到市场之间的联结。在这一体系下，研究院本部以理事会为中心，实施院长负责制，不直接参与具体的科学研究工作，而是集中精力投入科技资源的整合、专业研究机构的建设，以及重点研发项目的组织协调等工作。它更像是一个行政经理人的角色，负责沟通、协调、战略制定等，所有的技术研发任务主要由专业研究所承接。与此同时，江苏产研院还全资创立了江苏省产业技术研究院有限公司，作为独立的商业运作实体。该公司得到了省财政方面的支持，提供了10亿元的注册资本和3亿元的第一期资金，主要用于专业研究所、海外平台和引导基金等方面的投资。

这种组织体系保证了新型研发机构在公共产品属性与市场化运作之间的平衡。一方面，院本部作为"事业单位"，确保了政府资金投入的合规性和科技平台的公共属性，以最大化正向外部性，同时也有助于获得来自政府的各类支持和指导。与此同时，通过设立平台公司等方式对新型研发机构进行运营，有效激活了其市场化的功能属性，促使院所投资和平台投资资金能够以市场化为导向，按照市场规律运作，实现盈利和可持续发展。"一所两制"的运营模式促进了"有效市场"和"有为政府"的有机结合，不仅提高了决策的效率和灵活性，还使研究院能够更好地抓住机遇，充分发挥竞争优势。

4.2 多元化的创新力量

一方面,江苏产研院通过"加盟+共建"的形式组建专业研究所,完善区域创新系统。以服务江苏产业转型升级为目标,根据省内各地的产业基础和发展需求,产研院积极策划,通过加盟或共建的方式建设了一系列的专业研究所。这些研究所主要负责技术研发任务,旨在产出具有自主知识产权的核心技术,聚焦合同科研和技术转化。

加盟制专业研究所主要依托省内已有科研机构的创新资源。自2013年开始,江苏产研院在全省范围内分三阶段选拔了23家具备创新能力、地方政府认可、拥有技术转移部门、设立理事会等条件的研发机构,作为专业研究所的加盟成员。每个加盟研究所在预备期一年内得到约500万元的培育经费支持,通过考核后,享有省级研发机构的各项待遇和服务。与江苏产研院的运营模式类似,"一所两制"的运营模式也推广到了这些加盟研究所,它们同样采用高校研究中心与独立法人公司的运作方式,做到公共属性与市场属性的结合,以促进科研成果更好地转化为市场应用。

南京先进激光技术研究院,作为加盟制专业研究所之一,自2015年起与江苏省产业技术研究院合作,专注于激光与光电领域的产业技术研究、技术服务、成果转化和科技企业衍生孵化。借助市场机制,推动科技成果向产业化转化,并在2021年被科技部政策法规与创新体系建设司和火炬高技术产业开发中心评选为"全国新型研发机构典型案例"。南京先进激光技术研究院的运营模式具备三个主要方向:首先,为"专精特新"企业提供定制化研发服务,根据各细分行业创新型领军企业的实际需求,有针对性地进行研发,助力企业实现关键技术的"自主可控"和"国产替代"。其次,研究院自身也致力于成为"专精特新"企业,聚焦细分市场,紧密结合"双碳"时代的装备制造业绿色和智能化趋势,特别注重先进智能激光制造工艺与装备的发展,将研究院打造成专精特新的"小巨人"企业。最后,研究院还在孵化"专精特新"企业方面发挥作用,采用支持国内领军人才的创新团队、培育创新领军型企业内部新业务、跨足企业和行业的新领域等方式,推动"专精特新"企业的孵化,进一步提升研究院产业集群的数量和质量。

共建制专业研究所自2016年启动,江苏产研院采用项目经理制,面向全球招募顶尖的科技领军人才,按照"多方参与、多元投资、混合所有、团队主导"的创新模式,与地方政府或园区、项目经理团队共同创建研发平台。项目团队由具备一流专业和管理能力、能整合各类创新资源,并具有实施重大科技项目经验的领袖人物领衔,负责根据地方科技需求,起草商业化运营方案,经江苏产研院院务会批准后,开展研究所建设。筹建阶段通常不少于一年,期间将得到江苏产研院的经费和服务支持。

智能液晶技术研究所是共建制研究所的一个典型案例。这是一家专注于光电技术产品、智能材料技术、智能纤维与涂料等领域的高新技术研究机构。这个研究所于2015年在产研院项目经理薛九枝博士的率领下建立。薛博士集结了来自欧洲和美国的12位科研精英,以及36位专职技术人员,组成了一支强大的研发团队。在股权结构上,智能液晶技术研究所与常熟大学科技园达成了建所协议,双方共同投资2亿元人民币,确定了研发方向为化学和生化传感器、智能玻璃等领域。研究所的运营公司股权比例为:江苏省产业技术研究院占10%,常熟学科技园占20%,薛九枝团队占70%。公司注册资本金为1000万元,运行至今已经以3亿元市值完成市场融资。

目前,智能液晶技术研究所孵化了一批成功的衍生公司,包括苏州晶萃光学科技、苏州聚萃材料科技、苏州和萃新材料有限公司、苏州慧廉锡智能电子、苏州英荟虹彩薄膜材料等,这些公司在光电技术产品、智能材料技术等领域都取得了显著的成绩,为高科技产业发展做出了重要贡献。

通过"加盟制"和"共建制"相结合的方式，江苏产研院充分调动和整合了省内外的创新能力和资源，尤其是面向全球招募国际顶尖领军人才，促进了国际高端创新人才和创新要素向江苏集聚，完善和补充了江苏省区域创新体系，极大地促进了江苏省整体产业技术的研发能力和水平。

另一方面，江苏产业技术研究院组织细分领域龙头企业与研究所共建企业联合创新中心。在江苏省产业技术研究院的创新体系中，评价专业研究所的标准是，看它到底创造了多少被市场接受的有价值的技术，有企业愿意出资则是判断市场需求的金标准。产研院鼓励和支持企业开展产业技术发展战略研究、制定技术路线图，再由企业根据自己的技术发展战略，面向专业研究所提出技术需求，征集到企业愿意出资解决的技术需求后，产研院开始对接全球创新资源寻找解决方案，并建立商业机密和知识产权保护机制和措施，以确保双方合作平稳有序对接，具体运作模式如图 3.6 所示。

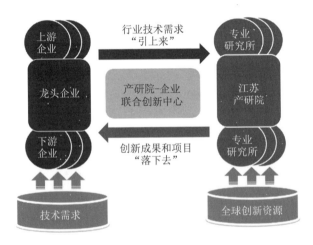

图 3.6　江苏省产业技术研究院 – 企业联合创新中心运作模式

一般来自企业的技术创新需求往往是当前其自身难以做到的，例如，原始创新研发需求、技术二次开发需求、新技术引进需求和前瞻性技术布局需求等。因此，需求从企业端"引上来"之后，江苏产研院将为其对接专业研究所、项目经理团队或国内外战略合作伙伴，双方签署技术合作合同。在上述过程中，江苏产研院专门设立了"企业联合创新中心"，将它作为一种有效的组织构架，协助江苏产研院与各企业共同实现产业技术创新。该中心由江苏产研院与各合作企业共同建立，专门致力于产业核心技术的战略分析与研究，深挖并精练企业面临的技术问题和需求，积极引入全球创新资源以实现应用型研发和集成创新。江苏产研院在联合创新中心的建设过程中起到了关键作用，包括负责为合作企业在联合创新中心工作的人员提供必要的技术培训和指导。通过这些培训，企业相关人员可以更精确地将企业所遇到的实际技术需求翻译并转化为科技领域的专业技术问题。同时，这些培训也将帮助企业评估其所提出的这些技术问题的真实性，同时规定企业在技术难题的解决中投入不得低于 80% 的资源。在技术需求得到充分梳理和精练之后，江苏产研院进一步建立了一套商业机密保护和知识产权保障机制，并且通过创新的网络协作方式，链接全球各地的创新资源，积极寻找解决方案，并将其整合到相关产业中。

截至 2022 年 10 月的统计数据显示，通过已建立的 230 多家企业联合创新中心，江苏产研院累计收集了 400 余项技术需求，并成功签订了总额超过 11 亿元的合同。这一机制不仅促进了企业间的协同创新，还增强了江苏产业技术研发的整体能力，为地区产业的持续升级和发展提供了坚实支撑。

4.3 四位一体的创新生态

为加快提升技术产业化的进程和质量,江苏产研院在鼓励专业研究所开展产业化研发、强化研发平台孵化器功能的同时,适时引入创投基金,构建以专业研究所核心运营团队为主导的"人才+空间+金融+政策"四位一体的创新生态运作方式(如图3.7所示),不断衍生孵化有自主知识产权的科技型企业,以及有核心技术的专业化产业园。通过引进天才科学家(顶尖人才)、项目经理(领军人才)、研究员和研究生,组成了人才生态;按照"研发作为产业,技术作为商品"的理念,为企业提供技术服务和外包研发,形成了空间生态;由技术专家与金融专家合作设立专业领域的投资基金,以及长周期(大于10年)投资海内外早期原创技术项目的基金等,形成了金融生态;坚持市场在资源配置中的决定性作用,支持产业技术创新的财政资金高使用效率,以及专业人才、项目、平台和税收等政策要素,共同构成了政策生态。

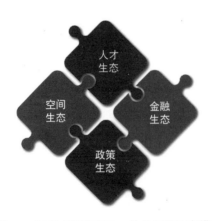

图3.7 江苏产研院四位一体的创新生态模式

值得一提的是，在金融生态的建构上，江苏产研院创新性地采用了"拨投结合"的产业化项目支持机制。所谓拨投结合，即利用政府的财政资金，按照资助科研项目的形式投入。当初创企业获得社会资本融资之后，前期以科研经费形式投入的资金即转化为企业股权。这样的策略为科技创新企业穿越被称为"死亡峡谷"的困难阶段，提供了有力的支援。在科技创新的进程中，从基础研究走向商业化产品的路径充满挑战。其中一个重要难题便是"死亡峡谷"，即因潜在收益的不确定性导致的资金短缺。江苏产研院正是以"拨投结合"为核心理念，通过有组织的作为，解决这一阶段的市场失灵问题。该机制针对那些具备前沿、引领、革命性的科技项目，通过一系列严密的步骤实现目标，为重大产业化项目提供了精准支持。

在项目立项前，产研院会进行同行业的深度评估，全面了解项目团队的实力和影响。随后，借助项目经理的专业培训和深入的尽职调查，对项目进行立项，并利用政府资金扶持创新项目，承担早期风险，从而让团队能够全身心致力于研发。随着项目的推进，当技术达到市场认可时，前期的投入将以市场价格转化为投资，进行市场化运营和退出。这一措施既解决了早期融资的问题，又保障了团队在早期研发和运营中的主导地位。此外，对于那些处于"死亡峡谷"的项目，产研院还将进行同行业尽职调查评估，确保项目的成功实施。拨投结合的支持模式如图 3.8 所示。

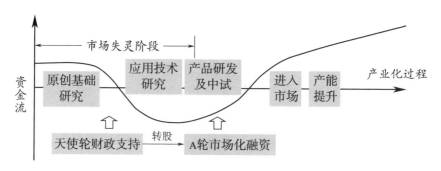

图 3.8 江苏产研院重点项目"拨投结合"的支持模式

这一整体策略将政府的引导作用与市场运作相结合，将"看得见"与"看不见"的"手"有机结合起来。该模式不仅让财政资金在创新项目中的引导作用得到充分体现，有效弥补了创新初期的资金缺口，还确保了项目团队在全流程中的主导权，为整个产业技术创新铺设了坚实的道路。

坐落于苏州工业园区的苏州汉骅半导体公司，是江苏产研院"拨投结合"策略的首个成功实践，也是一个具有里程碑意义的项目。该公司团队掌握着国内领先的半导体关键技术，但由于早期研发所需的巨额资金和回报周期的长期性特征，使得其在投资市场上遭遇了许多挑战。在这个关键时刻，江苏产研院与苏州工业园区联手，共同采取了"拨投结合"的独特方案，为该团队提供了上亿的项目资金支持。这一举措不仅解决了创新团队在早期募资时面临的困境，还帮助团队分担了早期研发风险。

这种先拨付资金用于研发支持，后期再投资，并在合适时候退出的做法，展示了一种全新的、灵活有效的投资模式。它不仅解决了公司在早期面临的融资困境，也分担了初期研究和开发的风险。需要说明的是，江苏产研院的"拨投结合"策略所揭示的不仅是一种成功的实践，更是一种前瞻性的投资思维。通过先期拨款和后期投资的组合，既解决了技术创新项目在早期阶段的资金问题，又确保了项目支持的精确度和收益的合理分配。这一创新举措极大地提高了财政资金的使用效益，有效打通了科技创新领域的投资瓶颈。

总之，通过充分市场机制和政府引导相结合的方式，江苏产研院成功搭建了通往技术创新成功之路的桥梁，为科技创新项目走出"死亡峡谷"提供了可借鉴的解决方案。

而在人才激励方面，江苏产研院执行"项目经理制"的激励机制。江苏产研院首创了"团队控股、轻资产运行"的研究所建设与运营模式。在这一模式下，研发团队通过现金入股控股运营公司，使自身利益与公司利益紧密相连。与此同时，场地和设备归属于公共技术服务平台，与运营公司分开管理，确保国有资产不会流失。

研究所采用项目经理制，专门聘请具有产业领先经验的专才，负责创新创业的全过程。江苏产研院为每位项目经理及其团队提供了初始阶段的经费和全方位的服务支援，包括市场调研、商业模式验证及项目资源对接等。每位项目经理都拥有组建研发团队、确定技术方向和自主支配经费的权力，这使得项目运作更为灵活和高效。项目经理制为项目经理及其团队提供了宽广的施展空间，确保了项目从概念到实施的顺利推进。通过实施项目经理制，江苏产研院成功地吸引了一批在科技领域占据领先地位的国内外人才。自 2015 年启动项目经理选聘以来，已聘请了 222 名领军人才，包括 20 位国内外院士，超过 1000 位高层次人才。截至 2021 年 6 月，共落地 37 家专业研究所，实施 32 项重点项目。

这一制度不仅将人才的科研技术能力和团队组织能力结合起来，而且通过充分赋权，极大地激发了团队的主观能动性。这一创新模式展示了一种全新的科研组织与管理机制，有效地将团队研发能力和公司的运营目标相结合，实现了资源的优化配置和人才潜力的最大化发挥，不仅为科技创新提供了强有力的支撑，也为类似项目的管理和运作提供了宝贵经验。

参考文献

[1] BUSH V. 1945. Science, the endless frontier [R/OL].(1945-07-25)[2023-11-01]. https://www.nsf.gov/od/lpa/nsf50/vbush1945.htm.

[2] Ellwood P, Williams C, Egan J M. 2022. Crossing the valley of death: five underlying innovation processes [J]. Technovation, 109: 102-162.

[3] MOWERY D C, NELSON R R, SAMPAT B N, et al. 2001. The growth of patenting and licensing by U.S. universities: an assessment of the effects of the Bayh-Dole act of 1980 [J]. Research Policy, 30(1): 99-119.

[4] Niosi J. 1999. Fourth-generation R&D: from Linear Models to Flexible Innovation [J]. Journal of Business Research, 45(2): 111-117.

[5] PORTER M E. 1985. The competitive advantage: creating and sustaining superior performance [M]. NY: Free Press.

[6] STOKES D E. 1997. Pasteur's quadrant: basic science and technological innovation[M]. Washington, DC: Brookings Institution.

[7] 郭俊峰, 霍国庆, 袁永娜. 2013. 基于价值链的科技企业孵化器的盈利模式分析 [J]. 科研管理, 34(2): 69-76.

第四章
培育先进产业集群

2021年5月19日,全球知名的生物医药协会百华协会(The Bay Helix Group)首次将年会放在了临港新片区,主题之一是"对话生命蓝湾"。百华协会在全球拥有超过800位会员和会友,已经成为中美、亚太地区商业决策者进行高级别交流的独特平台。这场年会将促成百华协会与生命蓝湾的进一步合作。彼时,华领医药等已落地生命蓝湾;药明康德、再鼎医药等均在会上表达了对生命蓝湾的关注,提出了在临港新片区设立跨境生物医药仲裁机构等设想。

2020年3月31日,"东方芯港"成功入选上海重磅打造的26个特色园区,规划面积12平方千米,预计2025年产业规模达到1 000亿元,将通过"高端引领、全链发展、创新卓越、跨界融合",全力推动产业高端引领工程、全产业链提升工程、核心技术创新卓越工程,围绕核心芯片、特色工艺、关键装备和基础材料等领域实现关键核心技术攻关,建设国家级集成电路综合性产业基地,成为具有全球影响力的"东方芯港"。

2023年7月10日,临港新片区全球投资合作大会在临港中心举行。作为临港新片区开放发展周系列活动之一,大会以"开放的临港、世界的临港"为主题,着力于"开放""发展"两大文章,围绕"Outgoing、Progressive、Energetic、Noteworthy",向外界全面展示临港新片区产业发展潜力和城市魅力,并通过推介临港,不断扩大临港新片区招商引资的"朋友圈"。

19世纪90年代，经济学家马歇尔在其著作《经济学原理》中，首次将产业集聚的特定区域称为"产业区"，并认为这些区域能够通过企业地理位置上的邻近获得规模经济效益。到了20世纪90年代，学者迈克尔·波特则从国家竞争力的角度对产业集聚现象进行了研究，并提出了产业集群理论。此后，产业集群作为一种高效率的产业组织形态，受到了广泛的关注。我国学者王缉慈等将产业集群定义为一群在地理上邻近且相互联系的企业和机构，它们具有产业联系，相互影响，通过联系和互动，在区域中产生外部经济，从而降低成本，并在相互信任和合作的学习氛围中促进技术创新。这个定义突出了产业集群的关键特点：地理邻近、产业联系、相互影响、外部经济效应、降低成本、促进技术创新等。

先进产业集群是在产业集群的基础上，特指在先进技术、工艺和制造业领域，地理相邻的大量企业和机构通过相互合作与交流共生形成的复杂网络结构和产业组织形态。一般而言，先进产业集群应具备以下三个特征：一是产业生态化，以链主企业为中心促进大中小协同、上下游协作，控制产业链上中下游的资源，进而打造产业链闭环；二是产业根植性，培育链主企业和骨干企业成长的土壤，形成产业集群创新的动力机制，使产业能够可持续发展；三是跨产业协同，重点产业链跨界创新和产业融合发展，形成完善的产业集群生态系统。在全球产业竞争环境下，培育具有世界级竞争力的先进产业集群，成为国家竞争力的重要来源之一。因此，欧美等发达国家纷纷将打造世界级竞争力集群作为谋求全球竞争优势的核心战略举措。

作为园区开发及运营的主体，今天的临港集团不仅是产业园区的建设者，更是先进产业集群的重要培育者。产业定位是园区规划与发展的关键，它决定了园区发展方向和发展路径。围绕高端产业引领，临港集团这样定位自己：对标"国家亟须、战略必需"重点产业领域，瞄准高端化、集群化、基地化产业发展方向，以特色园区建设为抓手，积极布局新赛道，推动上海三大先导产业规模倍增，战略性支柱产业积厚成势，聚焦临港新片区"6+2"前沿产业①和五大千亿级产业②集群集聚发展。

（1）东方芯港。围绕芯片设计、制造、封装测试、装备材料等关键环节，形成集成电路全产业链融合布局，建设国家级集成电路综合性产业基地和装备材料创新中心。现已落地中微、天岳、江波龙、盛美等一批上市企业；格科微等项目结构封顶，积塔、新昇等企业扩建扩产，中芯国际开工建设。

（2）生命蓝湾。对标美国波士顿生命科技城，在精准诊断、精准药物、精准手术和健康服务四大领域33个细分赛道精准发力。"十四五"期间，产业规模可达500亿元，集聚生物医药企业200家。现已建成厂房规模近150万平方米，累计落地涵盖小分子药、生物药、高端医疗器械、CRO/CDMO服务等领域项目130余个，涉及总投资约400亿元。近三年，全市生物医药新增项目约40%落地生命蓝湾特色园区。

（3）动力之源。作为全国首个承载"空天陆海能"五大动力领域产业链集聚发展的特色园区，依托临港产业区大国重器集聚优势和装备制造业基础，深耕以动力装置为核心技术的高端装备制造业，以"引擎经济"塑造经济引擎，正在加速发展国产重型燃气轮机、微型燃气轮机、船用发动机、航空发动机等"装备制造业皇冠上的明珠"，打造高端动力创新的策源地和动力全产业链发展的示范区，成为上海建设"全球动力之城"的前沿战场。

（4）信息飞鱼。依托临港新片区"信息便捷联通"优势，推动国际海底光缆登陆站和海底光缆直连通道等基础设施建设，打造国际数据港和数据交易所核心承载区，搭建跨境数据公共服务平台，探索"两头在外"国际数据服务。聚集人工智能、集成电路、工业互联网以及数字经济产业等领域企业，涵盖数据服务、算力设施、芯片研发、智能技术和场景应用等

---

① "6+2"前沿产业体系："6"为集成电路、人工智能、生物医药、民用航空、智能新能源汽车、高端装备制造六大核心产业，"2"为新材料、氢能两大新兴产业。

② 五大千亿级产业：集成电路、新能源汽车、生物医药、高端装备制造、民用航空。

内容，构建一体化人工智能全产业生态体系，助力上海"国际数字之都"建设。

（5）大飞机园。依托中国商飞、上海机场集团两大"链主"企业，汇聚航空研发、制造、运维、服务等环节高端业态，打造"航空制造＋航空科技＋航空服务"三链融合的世界级航空产业集群。成功导入中复神鹰、华夏云翼GE发动机快修等一批产业链项目。

（6）国际氢能谷。依托中日（上海）地方发展合作示范园，现已落地氢燃料电池系统、电堆、双极板、质子交换膜、加氢、储氢以及检验检测等氢能产业链关键企业，实现"制、储、加、运、用"全产业链布局，并与上海环交所合作建设国内首个"氢交易平台"。正在打造氢能产业园区，持续推进氢能社区建设和氢燃料电池产业生态打造。2023年4月，长三角首个氢能领域地方标准化技术委员会——上海市氢能标准化技术委员会正式成立，秘书处设于临港集团。

同时，依托智能新能源汽车、车载芯片等产业集聚优势，规划建设汽车电子产业园，形成核心电子元器件、智能化模组等输出能力；在国际创新协同区打造"AI创新港"，在临港产业区建设"AI+制造"基地，在滴水湖金融湾打造"金融科技"集聚区，发展以AI产业为主题的软件信息服务产业。

本章以先进产业集群为主题，探讨和分析临港集团如何承担新时代上海产业发展的新使命，锚定世界产业前沿，致力培育先进产业集群。

1 "生命蓝湾"：先进制造业集群的缩影

让我们以"生命蓝湾"——这个正在飞速发展中的生物医药产业园为例，通过回顾其发展历史，揭示临港集团所扮演的关键角色，探索培育先进产业集群的可行之路。

何为"生命蓝湾"？作为上海市"打造世界级产业集群"的三大先导产业之一，生物医药产业被誉为"永不衰落的朝阳产业"，也是临港新片区着力打造的四大重点前沿产业之一。由此，"生命蓝湾"——临港新片区生命蓝湾生物医药特色产业园应运而生，并于2020年4月28日正式获批，成为上海市首批特色产业园区中五个生物医药特色园之一。园区规划面积17平方千米，扩区后达45平方千米（见图4.1）。"生命蓝湾"在设立之初便将重点聚焦于生物医药、高端医疗器械、国际医疗服务等三大板块。目前，"生命蓝湾"在精准诊断、精准药物、精准手术及相关健康外延服务等4个一级产业领域、12个二级子产业和33个细分领域，均吸引到相关头部企业和领军企业的入驻，初步建成了集研发、生产、测试、服务等功能于一体的高端生物医药产业高地。截至2023年8月，"生命蓝湾"已有约150家生物医药企业入驻。

在产业创新方面，截至2021年，"生命蓝湾"生物医药企业共获得一类新药证书1项，二类医疗器械90余项（诊断试剂为主），三类医疗器械近20项。另外，共获得临床批件50余件，重点集中在肿瘤抗体药物、代谢疾病药物、疫苗等药品，以及体外诊断、外周血管介入、脑卒中等二三类医疗器械方面。

图 4.1 "生命蓝湾"生物医药产业园

产业布局。先进产业集群的培育和发展，离不开对于产业布局的长远规划和精准定位。作为对标美国波士顿生命科技城、圣地亚哥金三角精准医疗产业区等国际顶级生命科技产业聚集地的临港"生命蓝湾"生物医药产业集群，以"一核两区"为主打区域进行生物医药产业重点布局，同时在相关区域扩大医疗器械、高值耗材等产业的承载空间，引导并促成了生物医药产业在"生命蓝湾"产业园区的高效快速集聚（见图 4.2）。

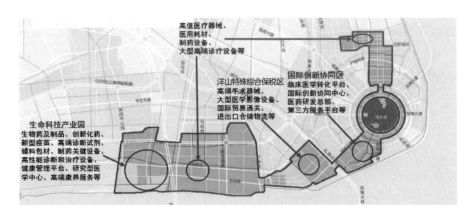

图 4.2 临港"生命蓝湾"生物医药产业集群布局图

"一核"——生命科技产业园。作为"生命蓝湾"生物医药产业集群的核心承载区，生命科技产业园集研发、生产、测试、服务等功能于一体，是生物医药高端产业的集聚区。

在具体的产业项目方面，其主要聚焦在五个方向：

- 诊断环节：体外诊断和影像学诊断；
- 创新治疗药物研制相关：细胞免疫治疗、基因治疗、抗体药物、抗体偶联物、新型疫苗、"五新"化学药、合同研发生产外包服务等；
- 手术治疗环节：创新医疗器械、手术机器人及高值耗材以及相关合同研发生产外包服务等；
- 制药设备及材料：生物制药过程中的重要辅料、包材和大型生物反应器等重要工程设备等；
- 健康服务及外延：健康管理平台、研究型医学中心、高端康养等领域。

从以上产业项目的具体定位和选择中，不难发现临港"生命蓝湾"生物医药产业集群在设立之初便做了大量的基础工作，从而确保了产业集群定位的专业性和发展的可持续性。

在此基础上，随着产业园区的不断发展，园区具备了能够支持生物医药产业化项目快速落地的能力，逐步培育出具有承接国家级重大科技创新的功能性平台和服务性平台，从而推动产业集群内的生物医药企业进行科学研究、临床试验、医疗服务等为一体的产学研融合发展。

"两区"——国际创新协同区与洋山特殊综合保税区。先进的产业集群不仅体现在其定位和服务的专业性，也体现在其自我发展和完善的能力，以及内外良性循环发展的生态建设能力。而这两点在国际创新协同区和洋山特殊综合保税区的规划和定位中亦可见一斑。

国际创新协同区作为"生命蓝湾"生物医药产业集群的创新策源地和产业孵化地，占地面积 6.41 平方千米，定位为发挥世界顶尖科学家社区、科创总部集群等优势，重点布局国际医院服务和国际研发总部等。其功能是打造全球化合作、市场化运作的共性技术研发和产业促进服务平台，以加快吸引创新创业企业和专业性服务机构入驻，建立共享共创新载体，从而提升高校科技成果转化效率，促进企业科技成果就近转化孵化。

而洋山特殊综合保税区作为"生命蓝湾"生物医药产业集群的特殊政策功能区，重点是承接生物医药保税研发、国际贸易、检测维修和高端制造项目。在具体实践中，洋山特殊综合保税区为助力"生命蓝湾"形成高效协同的生物医药产业集群发挥了不可忽视的重要作用。举例来说，为了促进生物医药进口的便利化，洋山特殊综合保税区于2020年设立了洋山国际医药进出口商务中心，在报关、报检、保税仓储、分拣集拼等多个方面提升承接能力，助力生物医药产业链的发展和完善。同时，在国际医药进出口商务中心和GSP公用型保税仓的基础上，作为临港集团统筹洋山特殊综合保税区（芦潮港区域）、上海南港、临港物流园区的开发平台，临港大物贸平台正在建设面向全球的生物医药产业生态圈保税综合服务基地。一方面，这将有助于产业园区聚焦高端生物制品、创新化学药和高端医疗器械等领域，积极探索生物医药保税研发，同时实现提升研发、营销结算、国际贸易等总部的核心功能；另一方面，这也有利于开展高端医疗器械保税加工和维修制造，建设绿色全球维修、成套设备全球检测调试等补给服务基地，打造成具有全球资源配置能力的现代药品和高端医疗器械流通体系的核心节点，强化临港新片区在全球生物医药产业链中的开放枢纽功能。

正是在"生命蓝湾"生物医药产业园区和区内企业的共同努力下，快速发展的"生命蓝湾"显示出了世界先进产业集群的雏形。根据2022年中国生物医药科技创新价值榜，临港新片区"生命蓝湾"生物医药产业园入选了最佳生物医药产业园区TOP30。同时，"生命蓝湾"园区内企业奥浦迈、和元生物、睿智医药、药明生物等入选最具影响力创新CXO企业TOP20，君实生物入选最具影响力抗体药企TOP20，天泽云泰入选最具成长性创新疗法企业TOP10，碧博生物、泰槿生物、臻格生物入选最具成长性创新CXO企业TOP10。

从"生命蓝湾"产业园，我们可以看到培育先进产业集群的关键要件。正如前文所言，先进的产业集群不仅体现在其定位和服务的专业性，也体现在其自我发展和完善的能力。从产业链的角度，有影响力的链主企业及其带动作用，是产业集群的首要条件。临港集团作为"生命蓝湾"生物医药产业集群的培育者，在引进链主企业方面发挥了哪些关键作用？

1.1 美敦力来了

2021年10月12日，美敦力与临港新片区签署投资协议，成为第一家在临港投资的500强跨国医疗企业。

美敦力是谁？2021年11月，首届中国国家进口博览会在上海举行。来自世界各地的参展商们展示了他们最先进的技术和产品。其中，一款只有一枚硬币大小，重量仅为4克的心脏起搏器引起了大家的注意，不仅因为它是目前世界上最小的植入式起搏器，更因为这款心脏起搏器可以为心脏病患者提供无线心律调节，帮助他们恢复健康。因此，这款心脏起搏器被媒体称为"改变心脏病患者生活的神器"。而这款起搏器就来自美敦力。

和很多传奇的公司一样，美敦力刚开始也只是一个小作坊。1949年，美敦力诞生在明尼苏达州明尼阿波利斯市的一个破旧车库，业务是为医院维修医疗器械。七十多年来，美敦力一直专注医疗器械前沿技术。如今，美敦力已成为集心血管、微创治疗、恢复性疗法、糖尿病四大业务集团于一体的国际医疗器械巨头，其业务覆盖全球150多个国家和地区，拥有超过90 000名员工。根据英国品牌评估机构"品牌金融"（Brand Finance）发布的"全球医疗保健品牌"价值榜（Healthcare 2021），在"全球医疗设备品牌价值25强"榜单上，美敦力排在第一位。同时，作为一家具有国际竞争力的综合性医疗设备公司，美敦力也参与一些全球性标准的制定。

美敦力在医疗器械行业的领先地位不仅仅体现在其规模，还体现在其技术创新的能力上。美敦力每年都会在研发上投入大量的时间和资源，不断推出与时俱进、具有领先优势的产品。仅2022年，美敦力的研发投入即达到了27.46亿美元，占其总营收近9%。

显而易见，在医疗器械领域，美敦力是当之无愧的"链主"，那么临港的"生命蓝湾"产业园如何吸引到"链主"，以及美敦力因何选择"生命蓝湾"？美敦力的入驻又为"生命蓝湾"整个医药产业集群带来哪些积极的变化？

故事早在1989年就已开始。1989年，美敦力就进入了中国市场，成为首批进入中国的跨国医疗科技企业之一。1996年，美敦力在上海正式落户，并不断在中国发展壮大。随着中国发展为全球第二大医疗器械市场，美敦力也成为中国市场的参与者、见证者和受益者。近年来，美敦力公司加速推进本土化战略。美敦力临港医疗科技产业基地项目签约落地，是美敦力扎根上海和中国长期承诺的最新体现，也是美敦力和临港共谱美好乐章的第一步。该医疗科技产业基地项目已于2022年11月正式启动。

时钟拨回三年前。

作为世界500强企业，光鲜的美敦力也有着自己的小烦恼。

中国作为全球最大的心血管患者市场，对于像美敦力这样的巨头医疗器械公司，其重要性不言而喻。过去，或许部分进口企业没有本土化的紧迫性，但在药品集采后，产品价格骤降，市场份额受到挤压，进口企业不得不去考虑如何降低成本，加大本土化投入的要求日趋迫切。美敦力作为首批进入中国的进口医疗器械企业之一，此前就曾提出"加大本土化"的战略，并享受到了本土化带来的诸多好处，随着中国市场需求的进一步扩大，继续推进本土化似乎是自然的战略。此时，全国多个城市的优秀产业园都抛来了橄榄枝，选择谁？这是一个需要慎重思考的问题。

> ### 知识窗
>
> **集　采**
>
> 药品集中带量采购的简称，是按照"国家组织、联盟采购、平台操作"的总体策略，采取带量采购、量价挂钩、以量换价的方式，与药品、耗材生产企业进行谈判，达到降低药品价格、减轻患者医药费用负担的目的。

在众多选择中，临港的"生命蓝湾"以其独特的优势吸引了美敦力的注意。首先，多重政策叠加。与其他产业园不同，"生命蓝湾"处于新片区和特色产业园区的政策叠加中，既可以享受新片区的产业支持政策，又可以享受特色产业园区内对生命医药产业的扶持。此外，"生命蓝湾"所在区的一些医疗美容支持政策也同样适用，多重政策叠加使得该区域政策优势明显。其次，超强的空间承载能力。"生命蓝湾"目前首期规划和建设面积为 4.5 平方千米，只占未来总区域规划面积的 1/10，本着以"好项目不缺地、好产业不缺空间"的原则，未来面向生命医药的头部企业和研发机构、科研院所等将会有一批空间供给，既有园区管理方提供的标准化厂房让企业"入驻即开工"，也有一批空地让大型企业自主开发生产。最后，产业集聚度和显示度初具规模。"生命蓝湾"愈发高涨的国内外关注度与品牌效应，也进一步促进了产业生态的集聚发展。产业园区目前已吸引多家细分领域领先的生物医药企业落户，涵盖糖尿病创新药、基因治疗、神经药物、CDMO、CRO、牙科器械、药用包材、高端培养基等。另外，园区未来还将配套高水平临床研究型医院、科研院所等重点功能平台。

> ### 知识窗
>
> CRO（Contract Research Organization）即合同研究机构，是指通过合同形式为制药企业和研发机构在药物研发过程中提供专业化服务的机构。CRO 服务于药物研发的整个阶段，涵盖临床前 CRO（如药物发现、药学研究、安全性评估、药理毒理学、药代动力学等临床前研究）和临床 CRO（如 I 至 IV 期临床试验，药品注册申请）。
>
> CDMO（Contract Development and Manufacturing Organization）即合同研发生产机构，是指为医药生产企业以及生物技术公司的产品，特别是创新产品，提供工艺开发以及制备、工艺优化、注册和验证批生产以及商业化定制研发生产服务的机构。CDMO 更为强调对生产工艺的研发和创新，帮助客户加速药物开发和上市流程，同时确保产品质量和合规性。

良好的硬件条件，让美敦力决定和"生命蓝湾"进一步深入接触。然而，对于美敦力这样经验老到的行业巨头而言，好的外部条件只是接触开始的必要条件而已。实际上，从第一次接触到最后决定落地，临港的团队整整花了一年多时间。在这一年多里，又是什么让美敦力坚定地选择了临港？

价值观契合的双向奔赴。"美敦力的每一位新员工加入时，都会看到一段介绍公司创始人的录像，都会收到一个小牌牌，上面是一位因为恢复健康而站立起来的人像，以及公司信仰体系里面的一句话。公司的总裁最常叮嘱员工的话是：在你遇到困难的时候，你应该记得你正是在实现一个崇高的理念。"这是有关美敦力的一个小故事，也是美敦力使命的良好体现。临港招商团队第一次接触美敦力时，就感慨道："我们和美敦力的第一次接触，就深深被其身上的使命感所吸引，美敦力的负责人谈的不是项目在本土化之后，能有多少的收益，而是如何才能减轻全球所有患者的痛苦、病痛，延长所有患者的生命，让人类拥有更加美好的生活。"这与临港身上承担的使命不谋而合，作为一个服务性公司，临港希望成为一片最具活力的"生态雨林"，为不同领域企业提供"氧气"与"蓝天"，与企业共生、共赢，一同发展。从临港本身的发展来说，作为国家使命的承担者，国家战略的执行者，在做产业规划和开发的时候，临港人也是怀着很深的家国情怀。这种价值观的契合让临港和美敦力能够从更高维度看待两者的合作，也为今后"生命蓝湾"和美敦力的共同发展打下了更加坚实的基础。

临港的超速度。从"特斯拉速度"开始，"临港速度"始终给每个入园者留下了深刻的印象，"速度"的背后是有一支过硬的服务团队，能够及时高效地响应客户的各种需求。为了能够尽快引进美敦力，项目团队集结了管工程的、管规划的、管环评的方方面面的人员，大家发挥各自优势，时刻拧成一股绳。用团队负责人的话来说："我们当时是在战斗，规划、设计、建设、法务、招商……无缝衔接，迎难而上逐个击破。"对于美敦力提出的任何疑问，临港团队都会第一时间给予反馈，能解决的立刻解决。若是因为政策或其他客观因素无法解决的，临港也会基于现实条件给出一个双方都能够接受和理解的方案。比如，外资企业非常关注的政策问题，美敦力的法务会对每一项政策都要刨根问底，了解背后的逻辑，进一步去判断项目落地后是否能享受到相关的政策。项目团队都会第一时间联合管委会相关处室等，召集各方专家为企业答疑。

"从初次接触美敦力，到最终确定签约，这一年多的时间以来，我们几乎是随时待命的状态，对于美敦力的诉求、疑问，招商团队都会第一时间解决。"在回忆这段精彩的招商历程时，项目团队负责人说道："临港速度不是体现在单个事件上，而是在方方面面。"

临港的专业度。"专业"是临港一直以来给自己打造的标签，这次美敦力的到来，很重要的一个原因就是临港懂产业、懂生物医药，而这一切的背后是无数看不见的努力。早在新片区成立之前，临港就已经做了大量有关生物医药产业的基础工作。在明确生物医药方向的规划以后，便开始加速推动整个规划的出台。为了将生物医药产业蛋糕做大，也为了能够和张江高科技园区形成相互支撑、相互协同的局面，临港决定展开特色产业布局。在对自身资源优势和全球生物医药产业及其细分行业进行缜密调研、整体谋划之后，临港最终决定在精准诊断、精准药物、精准手术和健康服务外延项下，明确发展33个细分行业（见图4.3）。在"生命蓝湾"的具体建设过程中，则始终对标美国波士顿、尔湾等国际一流生物医药产业园区。因此，临港人可以很自豪地说："我们很懂生物医药。"也正是这份懂产业的专业水平，让美敦力增强了对临港的信任，他们相信，落户临港是真正有助于美敦力未来成长的。

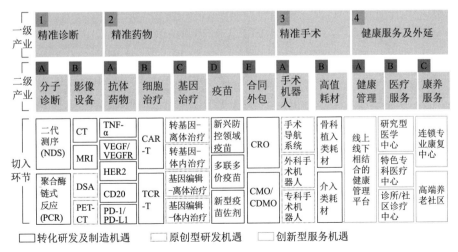

图4.3 临港"生命蓝湾"精准医疗细分切入环节筛选结果

1.2 链主的力量

作为链主,以及首个入驻临港"生命蓝湾"生物医药产业园的全球500强医疗科技企业,美敦力的到来,最直接的作用即是助力生物医药和医疗科技产业链的完善和发展。

本土化助力国产崛起

美敦力临港医疗科技产业基地是一个集高端医疗科技研发和本土化生产于一体的心脏疾病管理基地,首期投资额约3亿元,用于建设心血管疾病相关产品的研发和产业化。这是美敦力首次将核心业务制造投向中国,也标志着外资高端医疗器械产品进入了中国本土研发和国产化的新时代。

2021财年,美敦力在中国等市场获得了230多项监管批准,这是其本土化战略落地的量化体现。中国作为全球最大的心血管患者市场,对于医疗器械公司的重要性不言而喻。而心脏节律和心力衰竭(CRHF)是美敦力全球体量最大的业务板块。2021年公布的最新财报显示,美敦力心血管业务全年营收107.72亿美元,同比增长2.9%;其中心脏节律与心衰业务营收55.84亿美元,同比增长8.6%。而根据《中国心血管医疗器械产业创新白皮书2021》,2020年全球心脏节律管理器械市场规模达到157亿美元,市场高度集中,以美敦力为首的外资企业占据了超过80%的市场份额。由此可见,我国国产起搏器的市场份额仍然很小,在中国每年安装的约10万例起搏器中,国产占比仅约5%。国内目前仅有先健科技、乐普和创领心律医疗等少数企业从事相关产品研发。

而在"链主"美敦力加大本土化力度后,情况开始发生转变。2021年12月,美敦力与国内的先健科技达成进一步扩大"芯彤"国产心脏起搏器项目的合作,开启国产核磁兼容起搏系统的项目合作,以推进新合作产品在中国市场的快速商业化落地。在结构心脏病领域,2022年年初,美敦力也迎来重磅"经导管主动脉瓣膜系统"(TAVR)产品Evolut PRO在中国的批准上市。而此次在临港"生命蓝湾"生物医药产业园的数亿元投资,将进一步加速并完善美敦力的本土化布局。在这个过程中,美敦力临港医疗科技产业基地将与本地产业资源紧密联结,制造出本土开发的心脏植入电子设备,这不仅为中国市场输送了贴近本土需求的心脏疾病解决方案,更可以大力提升医疗产业的产品创新孵化和人才培养。

美敦力到来后,通过与地方政府、医疗机构和行业伙伴的合作深化,进一步推进了供应链及生产的本土化,并切实降低了创新技术的成本,从而提高了产品的可负担性。而在融入本土创新生态圈的过程中,美敦力在中国设计开发的新技术,以及针对中国独特需求的定制化改造,正不间断地支持着一批本土初创企业的创新发展,也为"生命蓝湾"产业集群吸引了成熟的医疗产业链企业加入,并源源不断培育出新创企业。

美敦力中国 II 期基金

医疗行业是创新驱动的行业,根据《中国医疗器械行业发展现状与趋势》,2022年中国医疗器械市场规模达9 582亿元,近7年复合增速约17.5%,已跃升为全球第二大市场。在此背景下,医疗科技企业尤其是创新技术,在中国发展空间很大。而美敦力认为,尽管发展空间很大,但全球医疗体系当前面临的复杂挑战,决定了没有一家公司可以独立实现从疾病预防、诊断到治疗的全程创新,因此需要业内所有公司,无论大小,通力合作。基于此,美敦力于2023年4月25日,启动了一支聚焦中国市场的风险投资基金——美敦力中国 II 期基金。该基金重点关注处于早、中期发展阶段的本土医疗科技创新企业，为我国医疗产业链的初创企业带来了国际化的先进技术和充足的研发资金。同时，美敦力中国 II 期基金致力于探索数字化、人工智能、机器人等医疗科技，并专注于投资心血管、神经、肿瘤等重大疾病相关的诊断和治疗产品，通过投资和孵化的方式推动中国医疗科技初创企业的创新产品更快更好地进入临床，进而惠及更多中国乃至全球患者，也为我国医疗产业链的完善和发展带来了源源不断的创新动力。而此前的美敦力中国 I 期基金已经投资了手术机器人、神经调控、五官科等领域的 10 家中国初创企业，"链主"企业对于医疗产业的巨大推动作用，由此可见。

1.3 先进产业集群的吸引力

从引进"链主"美敦力的故事中,我们不仅看到"链主"企业对于完善和发展产业链的重要作用,也看到临港集团是如何以诚心、价值和专业服务,一步步脚踏实地培育和打造先进产业集群的。过程往往预示着结果,在临港"生命蓝湾"产业园不断发展壮大的过程中,其对于整个医药和医疗产业链的吸引力也在不断增强,这正是先进产业集群的魅力之所在。

臻格生物的选择

臻格生物是一家提供从临床前开发到商业化生产的一站式 CDMO 服务及细胞培养基配方开发及生产的公司。臻格生物来到临港之时,正是"生命蓝湾"启航之际,一段美好的双向奔赴就此开启。当时"生命蓝湾"刚启动建设,但臻格生物毫不犹豫地选择落地于此,成为"生命蓝湾"的第一批企业。在他们看来,这并非莽撞和冒险,而是一次确定且未来清晰可见的明智选择,因为作为生物医药的先进产业集群,"生命蓝湾"的吸引力体现在方方面面。

吸引力一:全产业链生态。2018 年,臻格生物创始人兼 CEO 陈建新就看中了临港这块地方:一来有地,方便建厂施展拳脚;二来靠海,是发展生物医药产业集群的好地方;三来临近机场,交通方便。而那时候,臻格生物也才刚刚开始运行,临港拿地的事就这样提上了日程。同年 11 月,上海接到了增设自贸区新片区的任务。一年后，谜底揭晓，上海自贸区临港新片区揭牌。但对臻格生物来说，落地临港的意义远不只在工厂。2020年9月，臻格生物所在的上海自贸区临港新片区"'生命蓝湾'生物医药特色产业园"正式开园，而"生命蓝湾"的要义就是打造"朋友圈"——构建医药研发、制药产业与医疗服务的全产业链生态。臻格生物选择这里，更重要的是因为这里有合作伙伴。"这一行业的竞争未来取决于技术水平、规模化和国际化，技术一定是要先进的，并且不是单一的技术，CDMO涉及交叉科学，它是多平台整合在一起的复合平台，同时又起到承上启下的作用。"从臻格生物的办公室下楼步行两分钟，就能到君实生物公司的临港工厂，后者的抗PD-1单抗特瑞普利单抗（拓益）的工艺开发，就是陈建新带领团队绝对主力做的。当时参与"考察"临港，让公司决策者决心落子于此的，也正是同属生物医药产业链的君实生物。

吸引力二：全生命周期服务。"生命蓝湾"产业园提供的服务贯穿了企业的全生命周期，这是和很多其他园区不同的地方。这里的服务不仅仅包括引进来时的相关配套，更重要的是想方设法用最好的服务留住企业和人才。同样以臻格生物为例，在其不断发展壮大的过程中，"生命蓝湾"产业园为其提供了从产能扩充、合规生产、政策申报、资本加持等方面的全方位支持。

回顾臻格生物的"专精特新"之路，这种贯穿企业不同发展阶段的全生命周期服务体现得淋漓尽致。从2017年到2023年，五年的发展让臻格生物已汇聚数十名业内顶尖科学家，拥有600多名员工，在国内外已布局了三大研发中心和三大生产基地，累计服务了上百家知名客户，包括多个临床阶段生产服务和大量完整IND申报等技术服务，涉及药物类型覆盖单克隆抗体、双特异抗体、抗体偶联药物（ADC）、融合蛋白、疫苗等，累计订单超10亿元，在行业内崭露头角。这背后看不见的，是"生命蓝湾"产业园的默默支持，即面向"专精特新"、科技小巨人等重点科创企业的专项服务方案。方案内容包括：建立企业动态信息库，制定服务目标，考核服务成果，对接专项服务资源，通过集聚创新要素、增强发展动能、提升企业素质、优化发展环境等。在这些全生命周期服务的加持之下，凭借自身领先的技术水平、定制化的生产工艺、自主的知识产权及良好的发展势头，2022 年，臻格生物顺利通过"专精特新"企业评选，在企业发展历程上又添一项殊荣。

"生命蓝湾"产业园的全生命周期服务还体现在帮助新创企业融资上。一般而言，对于主攻小众市场和"利基"市场的"专精特新"企业来说，因对其特殊技术和专用设备投资的市场识别度小，可抵押的资产少，因而融资普遍较为困难，亟须多种形式的融资方式和风险承担机制。但对于臻格生物而言，这一困扰不存在了。在资本对接方面，"生命蓝湾"产业园充分利用金融资源集聚和金融先行先试的优势，牵头统筹协调园区内企业对接资本市场的相关工作。在园区和企业的共同努力之下，2022 年 1 月，臻格生物宣布完成 1 亿美元 C 轮融资。该轮融资由高盛资产管理与 Sofina 领投，Novo Holdings A/S、启明创投、IDG 资本、洲岭资本、君信资本和同创伟业跟投，所融得的资金将用于进一步强化臻格生物的全球研发中心，扩大符合《药品生产质量管理规范》（Good Manufacturing Practice of Medical Products，GMP）的生产能力，以满足国内外客户的需求。

背靠巨大的中国市场，依托"生命蓝湾"产业园全产业链生态资源基础，临港全生命周期的服务和政策支持，加上自身拥有位居前列的研发服务水平，臻格生物已然成为行业内冉冉上升的新星，不断推动国内生物医药行业的创新发展。而这，只是"生命蓝湾"生物医药产业园的一个缩影。

同样的故事还发生在心玮医疗。

2020 年，心玮医疗成为第一家把总部搬迁到"生命蓝湾"的生命科技企业。来到"生命蓝湾"后，心玮医疗开始进入飞速发展阶段，在园区的积极帮助下，公司获得了租金减免、厂房装修、设备购买等多种支持；各项人才购房政策、落户政策、税收政策等，也切实惠及员工——公司部分骨干人才在此拿到了上海户口，享受到了公租房优惠；也有些人在此拿到了购房资格，买房定居。

2021 年 8 月 20 日，正值临港新片区揭牌两周年的日子；也是在这一天，心玮医疗在香港联交所正式挂牌上市，成为临港新片区生物医药领域飞出的首只上市"金凤凰"。更多像臻格生物和心玮医疗这样的企业，在"生命蓝湾"不断扎根成长的过程中，让属于自己的天地越来越广阔。

"生命蓝湾"的故事未完待续……

2 强链补链

2.1 艰难的起步

2020年8月18日,美国商务部发布了一项名为"实体清单"的规定,限制美国技术在海外的转让,这次的目标是华为。美国禁止华为购买采用美国技术制造的先进计算机芯片。华为的全球扩张放缓,收入下滑。

芯片,又称集成电路,是由几百万个甚至几十亿个晶体管组成的网络,通过一个个微小的晶体管电子开关来处理和存储这两个数字,并将图像、声音和无线电波等真实世界的感知转换成无数个1和0,这无数的1和0创造了现代世界。小到我们的日常生活:手机上的每一个按钮、每一封电子邮件、每一张照片和每一段视频,所有这些最终都是由1和0组成的大量字符串来编码的。但这些数字实际上并不存在,它们只是表示电流开(1)或关(0)。大到国家之间的博弈:从机器学习到导弹系统,从自动车辆到武装无人机,所有先进技术都需要尖端芯片。

芯片的制作,可以理解成"3+2"的过程,"3"是指芯片生产过程可以分成三个步骤,分别是设计、制造和封测(封装和测试)(见图4.4)。"2"是指芯片加工需要两个非常重要的支撑,分别是芯片的制造设备和芯片加工需要的高纯度材料。在这个过程中,芯片的发展离不开重要的支撑产业,如提供芯片设计工具的EDA(Electronic Design Automation,即电子设计自动化）软件行业；为芯片制造和封测提供不可或缺支撑的集成电路设备行业和材料行业。在芯片的产业链中，设计是创新需求最高，变化最快，附加值最高的部分，占据产业链条中超过一半的附加值（53%），远高于制造（24%）、封测（6%）和设备（11%）等环节。

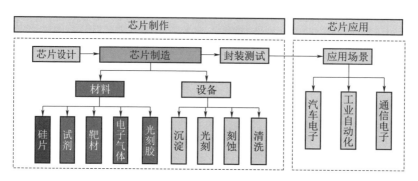

图 4.4 芯片的制作和应用流程图

在核心产业链上游芯片设计环节，目前所需的 EDA 软件 77% 以上的市场份额被 Synopsys、Cadence 和 Mentor（Siemens EDA）三家公司所占据。同时在 10 纳米及以下制程的高端芯片设计上，上述三家公司的 EDA 软件甚至实现了市场的完全垄断。国产 EDA 软件初步具备了在模拟电路设计方面的全流程工具，但其在大规模集成电路设计方面与上述三大厂商相比仍存在较大差距，特别是在高端数字芯片的设计流程工具上，我国 EDA 软件基本处于起步阶段。因此，要研制 10 纳米及以下制程的高端芯片，缺少国外的 EDA 软件可谓寸步难行。此外，在设计环节所需的知识产权核心（intelligent property core，简称 IP 核）方面，仅 ARM 一家企业就占据了全球市场份额的 40% 以上，美国的企业则占据了市场份额的 30%，而中国企业仅占约 3% 的市场份额。缺少国外企业的 IP 核授权，我国芯片研制自主可控的程度将大打折扣。

在核心产业链中游芯片制造环节，光刻机、刻蚀机以及薄膜沉积等设备不可或缺。2000 年时，日本尼康是光刻机设备领域的龙头企业，到了 2009 年，荷兰企业阿斯麦（ASML）已经实现技术赶超并遥遥领先其竞争对手，占据着光刻机市场近七成的份额。当前，全球可以生产应用最先进的极紫外光（EUV）技术的光刻机也仅有 ASML 一家企业。同光刻机一样，掌握刻蚀机的厂商也相对较少，其主要生产厂商有美国的泛林半导体（Lam Research）、应用材料（AMAT）、日本的东京电子（TEL）等企业，这三家企业所占全球半导体刻蚀机市场份额超过90%。国内目前刻蚀设备代表企业为中微公司、北方华创等。Gartner 数据显示，2022年全球薄膜沉积设备市场规模约为220亿美元，但基本上由 AMAT、LAM、TEL 等垄断，国内薄膜沉积设备国产化率估计仅5.5%。

在支撑产业链所需的半导体核心材料方面，全球主要的半导体硅晶圆供应商为日本信越化学（Shin-Estu）、日本盛高（SUMCO）、中国台湾地区的环球晶圆（Global Wafers）、德国世创（Siltronic AG）以及韩国鲜京矽特隆（SK Siltron）等企业，硅晶圆领域巨头垄断效应明显，前5家企业约占有全球90%的市场份额。全球光刻胶主要供应企业有日本合成橡胶（JSR）、东京应化（TOK）、信越化学（Shin-Estu）、富士电子（FUJI）及美国罗门哈斯（Rohm & Hass）等。目前，全球光刻胶市场集中度较高，上述企业合计所占市场份额超过80%。

再结合图4.5 我们也能发现，在高端芯片生产所需要的以 EDA 软件、IP 核、光刻机、硅晶元、光刻胶等为典型代表的核心设备与材料，我国几乎全部依赖国外进口。高端设计、制造与设备是我国集成电路产业链的最大风险，实现芯片产业链自主可控，任重而道远。

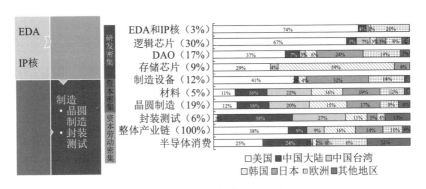

图4.5 芯片各部分本土化率

图注：括号内分数指各个单项占产业链（半导体消费）的比例。

来源：根据 BCG、SIA、东方财富证券研究所等公开资料编制。

面对"芯"困境,优势何在?

"世界工厂"基础。从20世纪50年代起源于美国开始,芯片产业的发展大致经历了3次大迁移,分别是除处理器外的半导体产业链从美国向日本转移、韩国存储器和中国台湾地区晶圆代工异军突起、中国大陆半导体产业整体努力起飞。对美国投资界而言,半导体产业和通信设备业都是投资回报很低的夕阳产业,产业外迁是大势所趋。反观中国大陆地区,"世界工厂"的地位已不可动摇,必定要向半导体这样的知识密集型产业升级。虽然半导体产业起步较晚,但在芯片下游的电子产品制造、工程师队伍等方面拥有相当优越的条件,能够吸引全球半导体产业链向中国大陆转移。[1]

产业政策支持。继《鼓励软件产业和集成电路产业发展的若干政策》《进一步鼓励软件产业和集成电路产业发展的若干政策》后,国务院再次印发《新时期促进集成电路产业和软件产业高质量发展的若干政策》,为国内集成电路产业的发展营造了良好环境,激发了产业创新活力。同时,《新时期促进集成电路产业和软件产业高质量发展的若干政策》要求对集成电路重点项目实施项目窗口指导,强化高风险项目管理,推动集成电路产业的高质量发展。当前,地方政府发展集成电路产业热情不断高涨,多地均已出台专项政策或组建地方产业基金支持本地集成电路产业发展。在地方政府的政策和资金支持下,国内启动一轮集成电路招商引资、项目建设热潮,中国已成为当前全球集成电路投资热点地区之一。

广阔的应用场景。在摩尔定律走向终结之际,硅管芯片的发展重点将转向实际应用的领域,5G、人工智能、自动驾驶等领域都是正在爆发性增长且具有无限想象空间的偏重具体场景应用的新领域。以人工智能为例,人工智能芯片作为人工智能产业的基础层,提供了大量及特定运算所必需的算力支持,是整个人工智能产业发展的基石。人工智能和物联网有望很快将全球芯片市场的规模从4 000亿美元提升到5 000亿美元级别。目前,人工智能领域基本被美国和中国两个国家主导,新兴的人工智能芯片,将是中国芯片企业崛起的一大时代机会。一些有资金、技术、经验积累的中国企业甚至已开始了对最底层的处理器架构的攻坚。在人工智能的浪潮中,中国企业有机会选对赛道、后发制人,真正切入芯片的高端和上游,改写中国芯片落后的历史。

"东方芯港"应运而生

"东方芯港"以临港产业区为集成电路产业化核心承载区,是首批26个特色园区之一,规划面积约12平方千米,先行启动约5.4平方千米(见图4.6)。截至2023年,"东方芯港"已经集聚集成电路产业项目超过200个,涉及投资额超3 000亿元。2022年,临港新片区集成电路产业规模突破200亿元,其中工业总产值27.8亿元。围绕打造国际一流的综合性集成电路产业创新基地,"东方芯港"的集成电路产业从无到有,产业发展、生态体系建设已经初具规模。不过,目前仍然存在一些短板:一是从当前的规模产值和贡献来看,产业集群仍处于初步阶段;二是从龙头企业的竞争力来看,解决卡脖子问题的能力仍然不足;三是从创新生态来看,对全球集成电路技术创新的影响力有限。这也从侧面说明,我国集成电路产业链自主性、稳定性和可控性存在较高风险的问题并没有解决。但临港的初心未变,前进的步伐也从未停止,正聚焦以下三个方面强链补链:首先,在全产业链招商的原则下,基于龙头引领、中小企业随行的路线,打破产业链上的瓶颈,确保产业链的正常运转。其次,针对产业链的短板,尤其是受制于人的关键领域,通过培育"专精特新"的小巨人,致力于在短时间内掌握关键核心技术,突破短板瓶颈的制约。最后,努力使创新生态体系更加包容开放,实现产业集群的竞争力升级。

图4.6 "东方芯港"集成电路产业园

2.2 "东方芯港"的成长之路

全局观破补链难题

相比传统招商引资方式，全产业链招商摆脱了一味地比拼土地、税收等优惠政策的方式，而是以更深层次和更具长远效应的产业链打造为目标，基于构建产业链的需要，确定目标企业，打造产业集群，有目的、有针对性地进行产业招商。集成电路的产业链长、产业环节多，而且环环相扣缺一不可，需要上下游紧密合作。因此，成立之初，"东方芯港"就坚持全产业链发展，覆盖芯片设计、制造、材料、装备、封测等各个领域，构建集成电路全产业链体系。看似简单的一个理念，背后是临港的专业能力与长期的思考和努力。

临港将这套模式总结为"干、学、研三重螺旋"，具体路径为：组织专业团队针对具体产业开展研究，形成推动产业发展的"作战导图"（或称"工作导图"），指引招商、投资团队针对目标企业进行企业信息、市场情况搜集、汇总与研判，形成具体招商、投资方案并付诸实施；实施过程中及时汇总相关动态信息，总结经验与教训，动态优化行动方案，并做好知识管理，形成干、学、研的良性循环。干、学、研三重螺旋模式清楚地回答了以下问题：

① 产业链哪些环节需要重点关注？哪些环节不需要招引？这些都要求团队从产业链价值（包括产值、税收、就业、对产业生态带来的影响等）角度进行综合研判。

② 每一个环节上的哪些企业是关键企业？包括落地就可以实现大量税收和物业去化的龙头企业，掌握核心科技和卡脖子技术的科创企业，成长性强、增长速度快的明星企业等。在有限的物理空间和资源的约束下，需要在分析目标企业与园区属地禀赋、既有生态的兼容性基础上，本着有效提升投入产出比、促进产业生态健康持续发展的原则，在产业链的关键环节和关键环节上的关键企业，以及产业生态发展需要的功能性平台等方面，做好结构化布局。

接下来，以集成电路产业为例，看看这一套模式是如何应用的。

第一，明确集成电路全产业链图谱。集成电路产业链主要包括上游辅助支撑产业链、中游核心产业链以及下游终端产品市场需求产业链三大部分：上游辅助支撑产业链主要包括光刻胶、硅晶圆、光刻机、刻蚀机、EDA软件、IP核等半导体材料与设备；中游核心产业链主要由上游集成电路设计业、中游集成电路制造及下游集成电路封装测试等环节构成；下游终端产品市场需求产业链则主要包括通信领域产品、移动消费电子领域产品、计算机类芯片领域产品、汽车和工业领域产品，以及其他相关领域产品等引发的对集成电路微处理器、存储器、模拟芯片和逻辑芯片的市场需求（见图4.7）。由于美国对华半导体的限制从卡芯片（不能买芯片）到卡制造（不能找代工）、卡设备（买不到最先进设备），不断沿着产业链条向上移动，因此，对临港而言，并没有可以忽视的环节，这也是为何"东方芯港"在设定之初，就坚持全产业链招商思维。但由于集成电路的产业链

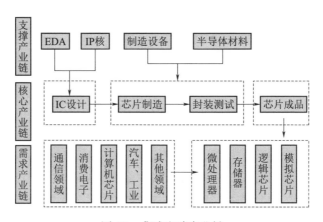

图 4.7 集成电路产业链

很长,在全产业链的思维下依然需要"轻重有别",比如,考虑到晶圆是一个集大成者,它需要各类型的设备材料集聚在一起才能生产,而原材料和装备层面是卡脖子最严重的领域,因此,材料和集成电路装备,这两个领域的企业是真正的关键。因此,"东方芯港"会对设备和材料两个环节尤加重视。

第二,关键企业有哪些?关键环节是什么?作为长期主义的践行者,临港在产业链价值分析中并没有过多关注企业在产值和税收上的贡献,而是重点关注企业对产业上下游的拉动的作用,以及对整个产业生态的影响。因此,在关键企业寻找过程中,临港坚持"龙头优先、技术优先"的原则。坚持龙头优先是因为"东方芯港"的起步较晚,在建设的初始阶段,龙头企业能发挥"名片"作用,帮助树立园区的品牌;又能够带动整体产业链的活力。比如,中芯国际的投产就发生了连带效应,不仅带动了产业产值的提升,更带动一批上下游配套企业的发展,使得做封测、做材料供应的企业都会获得一些新的机会。坚持技术优先则是因为"东方芯港"始终认为,硬科技才能体现真价值。基于上述原则,临港梳理出了芯片设计、材料、装备、制造和封测的关键企业目录(见附录表4.1),然后按图索骥、主动出击,如今的"东方芯港"正呈现出全新的面貌。

在芯片设计领域,寒武纪、地平线、鲲游光电等细分领域的领军企业已经聚集,华大九天、概伦、国微、澜起科技、芯原股份也相继加入。其中,寒武纪于2020年7月登陆科创板。澜起科技也是一家在科创板上市的集成电路设计企业。华大九天致力于面向半导体行业提供一站式EDA及相关服务,目前也已启动创业板上市辅导。有着"中国半导体IP第一股"之称的芯原股份投资13亿元人民币建设临港研发中心,该研发中心的落成启用标志着芯原在上海的研发布局正式由张江科学城单研发中心升级成张江—临港双研发中心布局。

在关键材料领域,则聚集了中微半导体、芯谦、芯密科技、新昇、天岳、光刻胶巨头JSR等企业。其中,中微半导体主要制造等离子体刻蚀设备和化学薄膜设备,可以用于制造各种微观器件,其产品已被国际一线客户投用到了65纳米到5纳米及更先进工艺当中。芯密科技落地项目主要为半导体、显示行业提供适用于气相沉积、蚀刻、扩散等关键制程所需的全氟密封圈以及相关密封部件，满产后预计可年生产超40万个标准全氟密封圈。其二期厂房在硬件设施方面达到了国际先进水平，量产后将有利于提升芯密科技的总体产能，有望破解国内半导体全氟密封产品这一细分领域的卡脖子难题。芯谦虽然只有40多名员工，但却是在中国第一批研发并实现量产8英寸及12英寸CMP抛光垫的企业。

在装备领域，中微蚀刻机、理想万里晖的PECVD项目、华润微光掩膜、山东天岳碳化硅材料等项目已经落地。其中，中微半导体攻克了5纳米刻蚀机和3纳米刻蚀机等技术难关，不仅在芯片行业中具有重要意义，而且在国内科技领域的独立创新上也具有重要意义。理想万里晖的系列光伏和AMOLED显示等领域高端PECVD系列产品多次打破国外垄断、填补国内空白，是中国高端PECVD装备的优选供应商。华润微于2022年11月正式启动40纳米先进光掩模产线建设，项目计划总投资约20亿元，预计2024年正式投产，将助力公司进一步提高掩模制程能力，实现产能和技术水平双提升。天岳先进在碳化硅衬底技术研发和产业化生产方面具有领先优势，在碳化硅衬底专利领域，位列国内第一、全球第五。值得关注的是，天岳先进已采用液相法制备出低缺陷密度的8英寸晶体，属于业内首创。

在制造领域，已汇聚大量龙头企业，是临港的"名片型"重大工程。其中，中芯国际投资88.7亿美元于临港基地，计划落地月产能达到10万片的12英寸晶圆代工生产线项目；积塔半导体投资359亿元的特色工艺生产线；中微半导体投资约15亿元的临港生产研发基地；格科投资22亿美元，拟建设一座12英寸、年产72万片的CIS集成电路特色工艺产线；华大积塔总投资350亿，是首家实现65纳米12英寸BCD工艺、国内唯一的汽车级IGBT专业产线。

在测试和封装领域，已成功吸引华天科技、华岭集成电路等一流企业入驻。其中，华天科技现已掌握多项先进封装技术，在晶圆级封装、硅穿孔、凸块制造、扇出型封装、倒装等多个技术领域均有布局，凭借先进的技术能力已成为半导体封测业务首选品牌。而华岭集成电路作为第一批国家鼓励的集成电路企业和高新技术企业,目前在临港投资了约 8 亿元人民币,投资项目包括厂房购置、超洁净厂房装修、规模化测试线建设工程、高可靠封装的前期投入等,项目建成后有利于为各类集成电路企业提供更加优质、经济和高效的测试整体解决方案及多种测试增值服务。

从服务 1.0 到服务 2.0

提前布局、有的放矢的全产业链招商逻辑让如今的"东方芯港"呈现出百花齐放的状态,而始终追求服务升级的临港并没有停下脚步,随着越来越多的企业到来,临港不再满足于服务 1.0①,而是升级为能够从更高维度上帮助企业壮大的服务 2.0:致力于从"企业之间的供需匹配"和"竞合企业的技术合作"两方面进一步突显全产业链招商的优势②。

上下游企业的供需匹配。集成电路产业需要上下游紧密的合作,因此,对于每一个落地到"东方芯港"的项目,临港不仅仅支持企业自身发展,更注重支持企业与上下游企业的协同发展。为此,"东方芯港"从制度设计层面引导产业链上下游更紧密地合作。比如,推出支持区内采购的政策,如果企业采购区内产品,可按合同额度给予 5% 至 10% 的扶持,这增强了企业主动寻找园区内合作者的动力。此外,为了促成更多上下游企业结识,园区还会定期举行专业研讨会、行业沙龙、座谈等活动,甚至直接采用引荐等方式,帮助落地企业找到合作伙伴。随着互动频率增加,"朋友圈"也就自然形成了。

---

① 内容主要是衣食住行的全面解决。
② 全产业链招商的优势主要体现于两个方面:一方面,全产业链招商好比黏合剂,将上下游企业黏合在一起。通过产业的高度集聚,极大地提高社会化生产的组织化程度,通过就近配套、就近采购甚至是"一站式"采购,极大地降低了生产成本,增强竞争力。另一方面,全产业链招商可以产生技术示范上的横向溢出效应和纵向溢出效应。横向上,同类型企业的门对门竞争有助于技术的快速进步。纵向上,上下游企业在相互配套适应过程中会不断向先进技术企业靠拢。特别是高端研发环节的引入,能促进整个产业的技术提升。

来了之后，我们马上就在翡翠园里找到了供应商。随着企业的不断发展，又在钻石园等其他园区找到了潜在的客户，这个实际上都是之前没想到的。

——鸿舸半导体董事

在临港有芯片设计，有芯片生产，包括下游的核心零部件，对我们这样的设备厂商来说，更容易集聚产生积极的效应，一些项目的协同、提升经营效率的方案可能会产生在这里。

——弥费实业董事长

竞合企业的技术共享。优势互补、联合攻关是当下产业链发展的常态。随着企业相继"牵手"，要素的聚集将协助产业打开更多下游应用市场"蓝海"，推动产业链横向拓展、纵向扩张，探索更多发展可能性。临港通过引导集群内企业形成学习交流、信息共享等机制，有力促进创新要素的自由流动，加快集群内部知识扩散和技术外溢，推动产业发展从单一线性的个体创新向网络化的集群创新转变。《临港新片区推进创新联合体建设和发展的实施方案》的发布，更从政策层面支持领军企业主导构建创新联合体，把自己的创新中心更好地与中小企业共享共用，以有效整合各创新主体资源，开展技术联合攻关，创新科技合作模式。对于集成电路领域的中小企业来说，很大一部分的成本来自相关软件应用，共享EDA等相关软件资源，对它们的意义不言而喻。

林茂鸟有归，水深鱼知聚。全产业链招商的思维让"东方芯港"在核心装备领域覆盖了刻蚀、清洗、离子注入、化学气相沉积、电镀和测试等环节；在关键材料领域，12英寸大硅片、碳化硅衬底、掩膜板、靶材、探针、抛光垫等产品也快速填补国内空白，"东方芯港"的品牌也越来越闪亮。看到"东方芯港"培育先进产业集群的决心和成果，众多企业纷纷慕名而来，真正实现了从"要我来"到"我要来"。

选择临港，就是看中了这里的产业集群。
从芯片测试到生产工厂都很齐整，能帮助我们很快实现从技术到产品的跨越。

——江波龙电子股份有限公司董事长

我们开玩笑说，以后硅片生产出来，冒着热气就能供应给积塔。

——新昇半导体董事长

产业链的"全"毕竟只是第一步，如何让集成电路产业链更强、更有韧性，才是临港需要面临的更大挑战。

"专精特新"攻"强链"难题

"专精特新"中小企业是指工业部门中具有"专业化、精细化、特色化、新颖化"特征，创新能力强、竞争优势突出的中小企业，其特征在于能够凭借具有专业化、精细化、特色化、新颖化特征的技术来撬动整个生态，进而达到增强、补充和巩固产业链与创新链的目的。特别对集成电路产业而言，由于链条长且复杂，涉及大大小小各类企业，有些企业虽小，却处于关键环节。因此，临港集团非常强调创新引领，并在2019年的下半年开始有意识地提前布局，着重聚焦关注集成电路领域有技术特长和优势的中小企业。以2021年11月才成立的芯砺智能为例，它是全球首家利用芯粒（Chiplet）技术研发车载大算力芯片的高科技初创企业，独创的Chiplet互连技术，能提供高带宽、低延迟的片间（die-to-die）互连总线，结合创新的嵌入式高性能计算平台芯片架构，可利用相对成熟的半导体制造和封装技术，突破对先进工艺的依赖。

集群技术创新体系的完善离不开对行业前沿技术、颠覆性技术和关键核心共性技术的研发攻关，在这一点上，上海泽丰半导体也是一个典型案例。通过核心技术研发攻关，泽丰实现了晶圆测试接口关键核心组件的自主国产化，解决了部分关键器件封装材料短缺的问题，为临港新片区集成电路产业的发展提供强大的支撑，也向业界展现了"今天再晚也是早，明天再早也是晚"的临港速度。

但另一个严峻的现实是，集成电路产业发展需要极高的创新投入，根据美国半导体行业协会（Semiconductor Industry Association，SIA）发布的数据显示，集成电路制造和设备行业的研发强度分别为18.6%和10.8%，仅次于制药和生物行业（27.1%）及软件行业（17.5%），高于其他所有行业，而中小企业往往缺乏足够的资金投入来支撑持续的研发创新。相应的，由于缺钱造成的招人难、留人难以及技术更新慢的问题，也阻碍了中小企业的发展。

面对中小企业缺人、缺钱、缺技术的困境，临港通过不断的摸索，以"连接技术、对接资本、留住人才"，走出了一条属于自己的助力"专精特新"小巨人升级之路。

连接技术。 学术界的创新成果可以为产业提供前沿技术，而产业实践则能为学术研究提供实际问题和数据支持，从而形成创新闭环。先进制造业集群具备由核心企业、高校及科研院所组成的创新生态系统，能够有效促进创新要素流动与共享，在掌握某一领域关键核心技术的同时，瞄准领域内国际前沿、颠覆性技术，推动技术不断从低级向高级演进和发展。临港一直致力于为企业搭建创新性平台和创新联合体，从而更好地支撑企业的创新。目前，集团已经完成上海微技术工研院、化合物半导体创新研究平台、临港集成电路材料研究、上海国微EDA研发中心等功能性创新平台建设，并认定了一批集成电路企业研发创新机构。此外，临港也充分挖掘企业的创新主体作用，积极构建企业主导的创新联盟。如今，临港集成电路材料研究院正大力推动产业链上下游企业，包括中芯国际、中微、新昇等头部企业，共同组建创新联合体。该研究院将通过采用"揭榜挂帅""赛马制"等创新机制，攻克一批制约集成电路产业发展的关键共性技术，深化产学研融合，提升研发成果转化效率。

对接资本。 作为国际金融中心，上海是产业基金、风投机构、券商、银行的集聚高地。到目前为止，很多与半导体相关的主要投资机构或者基金汇聚在临港，成为高质量助推产业的风向。而且各种类型的，不论是投前道、投后道的母基金还是专项子基金，都有很多。同时，临港集团也和管委会共同创办了相应的专项基金。无论采取哪种方式，实际上临港已经形成了较为齐全的基金投资架构。事实也证明，现在在临港、在"东方芯港"落户的企业，无论是巨无霸体量的企业还是初创的小微企业，后面都有各方投资机构的身影。2022年,临港新片区企业共发生178起融资事件,158家企业合计获得超230亿元融资,约占全上海总融资事件的14%;其中,集成电路行业融资事件最多,共计58起,占比32.6%。

在资本对接方面,临港也充分利用金融资源集聚和金融先行先试的优势,牵头统筹协调区内促进企业对接资本市场相关工作,针对企业改制、挂牌、上市和上市后发展所涉及的重点问题和共性问题开展协调工作。同时,与上海证券交易所共建临港新片区资本市场服务基地,为企业对接资本市场提供一站式、全方位、个性化服务。与深圳证券交易所、全国中小企业股转系统、上海股权托管交易中心加强对接,为企业提供全方位、多元化的资本市场综合服务。

此外,临港新片区还组织成立资本市场服务专家咨询团队,由政府相关部门、证券监管机构、证券交易所、行业专家及区内证券公司、股权投资基金、中介服务机构等代表组成,为产业集群内的企业普及资本市场政策法规知识,为企业提供咨询、辅导等服务,增强其把握和利用资本市场的能力。

以成立于2017年12月的聪链科技为例,它是一家无晶圆厂专用集成电路芯片设计公司,主要为区块链应用提供高性能ASIC芯片和辅助软件和硬件。作为芯片研发设计类中小企业,如何平衡研发的高昂成本和现金流的稳定性,是聪链科技面临的一大困境。这种困境在两次"流片"后变得更为突出。就在企业一筹莫展之际,新片区的专门服务员找上门来,帮助企业分析了可以享受的金融专项政策,并以最快的速度完成了申报,解决了聪链科技的燃眉之急。

到2022年,聪链科技销售收入高达6亿元、缴纳税金超过5 000万,已在算法研究、芯片和系统研发、芯片实现、量产交付等方面建立起完备的运营管理体系,尤其在系统软件、互联网产品定义上具备强大的交付能力。2019年,公司被认定成为高新技术企业,后又成功申请科技"小巨人"企业,多重政策助力其在良性循环轨道上越走越稳。2023年3月16日,聪链科技在美国纳斯达克挂牌上市。

对"东方芯港"而言,聪链科技不是第一个,也不会是最后一个。

2023年5月16日,橙科微电子完成数亿元C轮融资,助力企业厚积薄发打破全球龙头企业的垄断,率先实现国产化并量产。

2023年5月17日,鲲游光电完成新一轮数亿元的战略融资,进一步提升公司晶圆级光学能力,全力配合重要客户和重要合作伙伴,升级研发量产系统闭环。

2023年5月23日,瀚薪科技完成建设银行控股子公司建信(北京)投资基金独家投资的超5亿元人民币B轮融资。同时,瀚薪科技宣布与建设银行将达成全面战略合作,包括海外金融、供应链金融、重大建设项目授信等方面合作。

留住人才。一个企业,能否在迅速发展的科技领域内、在激烈竞争的国内外市场中屹立不倒,领军人才显得特别重要。20世纪50年代至60年代,国家为了发展半导体学科,把从国外回来的专家安排在大学和科研单位任职,如黄昆、谢希德、王守武、林兰英、李志坚、黄敞等,他们确实在教学和研究领域发挥了很重要的作用。但是,除王守武在20世纪80年代前半期曾兼任中国科学院109厂厂长之外,没有一位到从事半导体器件和集成电路生产的企业里长期任职。而我国台湾地区从美国回来的张忠谋恰从研究部门转到产业界,于1987年创建了台积电公司,建立第一条6英寸芯片生产线,推出了代工模式,从6英寸到8英寸,很快又进入12英寸领域,并且带领技术团队先是追赶、再是逼近,最后进入工艺技术世界领先水平。他一直工作到87岁高龄才退出领导岗位。

在集成电路领域,全世界的企业都瞄准顶端人才。为了加大对人才的吸引力度,临港基于人口流动的"推拉理论"的思路,着力解决"东方芯港"面临的人才短缺问题。在"拉力"方面,临港主要聚焦于政策支持:打造了覆盖高、中、低的集成电路产业人才梯队,推动产业发展与人才集聚的相互促进;积极引进集成电路领域国际顶尖人才,鼓励通过兼职、短期聘用等灵活方式吸引更多国内外高端人才为新片区服务;完善人才培养体系，推进集成电路产教融合创新平台等产学研合作人力资源建设，支持企业人才梯度建设；通过创新人才激励政策，研究实施更具竞争力的个人所得税激励政策，营造产业创新、创业氛围，建立国内外人才创新、创业的绿色通道等。

知识窗

推拉理论

推拉理论作为系统的人口迁徙理论之一，由美国学者埃弗里特·S.李（Everett S. Lee）在20世纪60年代提出，该理论将影响人口迁移的因素划分为"推力"和"拉力"两个方面。"推力"是指促使移民离开原居住地的消极因素，"拉力"是指吸引移民迁入新居住地的积极因素。

临港地理位置偏僻、周边住宿配套不完善、休闲娱乐较少等因素，也成为集成电路产业人才选择临港的"阻力"。为此，临港在衣食住行上为入驻企业提供了更多条件，公租房是一个非常好的案例，尤其是"先租后售"这一特殊支持政策。"先租后售"是临港率先启动的公共租赁试点模式，面向进驻临港新片区的企事业单位，开放特定租售业务，根据这项模式，项目建成10年后，房屋可作为存量商品房上市交易，承租人可优先购买。这一政策很好地解决创新型、经营管理型和技能领军型人才的住房问题，有助于企业人才队伍的稳定。目前，积塔半导体、新昇半导体、江波龙等企业的员工都已享受到了这项政策。

> 我们员工的住宿需求很旺。三期公租房建成之后，大大解决了员工的住宿的问题。从小区到公司仅十分钟左右车程，生活更加便捷，也更能留住人心。
>
> ——朱兵（积塔半导体总务经理）

除了房子之外，为了让人们能够在临港安居，"东方芯港"园区周边5千米范围内，已建成开业新元里商业街、万达广场、宝龙广场、鸿音广场等商业生活设施；10千米范围内，已建成港城新天地、临港百联广场等大型商业配套设施。在滴水湖周边一带，人文、商旅等设施应有尽有。不仅如此，定期举办并已坚持数年的相亲活动也已经成为临港地区一个知名度越来越高的品牌项目，这也是有温度的临港的具体体现。

如果说从临港"生命蓝湾"生物医药产业集群中，我们看到了"链主"企业引进对于产业发展的重要影响，那么通过"东方芯港"集成电路产业集群，我们可以了解到如何通过培育"专精特新"等方式来强链补链，从而不断夯实产业集群的地基，充分释放发展潜能。所有这一切，都是为培育世界先进产业集群服务，最终构建成开放融合的产业生态体系。

3 开放融合的产业生态

生态学（ecology）一词源于希腊文 oekologie，而 oekologie 是由词根 oikos 和词尾 logos 构成，oikos 表示住所和栖息地，logos 表示学科，原意是表示研究生物栖息环境的科学。生态学的思想由来已久，最早可以追溯到古希腊。古希腊最早的医药学家希波克拉底（英文名 Hippocrates，公元前 460—公元前 377）曾写过一本《空气、水和草地》的书，指出必须研究植物和季节变化之间的关系。亚里士多德（英文名 Aristotle，公元前 384—公元前 322）在《自然史》一书中，曾描述了生物与环境之间的相互关系以及生物之间的竞争。经过漫长的思想孕育，1866 年德国动物学家恩斯特·海克尔（Ernst Haeckel）首次提出了生态学一词，并定义生态学是研究生物与其环境相互关系的科学。生态系统是指一个区间内各种群落之间及与环境之间，通过物质流、能量流、信息流的联结传导，形成共生竞合、动态演化的开放、复杂系统。

就像自然生态一样，在产业生态中也几乎没有一种产业可以离开其他产业而独立存在。在自然生态中不同种群之间的联系是通过食物链联络起来的，对于在产业生态中流动的物质和能量来说，不同产业对这些物质和能量是存在"捕食"关系的，这种"捕食"关系也孕育了产业间的联动成长。但过去几十年，由于一直强调一对一的单点替代，产业生态培养成了很多园区的弱项，这不仅可能导致企业"丢失"了可贵的创新机会，也削弱了园区的韧性和竞争力。为了避免重蹈覆辙，临港集团在最初的园区规划中就有了"产业生态"的概念。

"要让完善的产业生态成为临港吸引企业的最大特色。"这既是目标，也是先进产业集群良好发展的必然结果。正是得益于坚实的产业基础和不断完善的产业生态，临港新片区近四年来跑出了"加速度"、干出了"显示度"、提升了"活跃度"。①

关于构建开放融合的产业生态，借鉴简·雅各布斯（Jane Jacobs）的外部性理论，协同创新效应是基于产业间融合实现的，其具体的理论机制主要是如下两个：一是基于技术融合的产业集群协同创新机制，即某一产业的技术应用到另一个产业的生产过程之中，会改变其生产方式。在新的生产方式下，通过产业间的不断交流和合作，催生出更多创新成果，从而形成产业间的协同创新效应。二是在同一产业链上，下游产业产生技术需求反馈给上游产业，上游产业产生技术供给提供给下游产业，通过产业链上企业间在研发创新、关键技术以及成果转移转化等方面合作攻关，催生出新产品和新领域，从而产生协同创新效应。从以上两个理论机制中，不难发现，开放融合的产业生态，既需要有同一个产业链之间上下游的纵向融合，也需要有不同产业之间的横向融合，如此才能构建出一个能够自我迭代和发展的、充满创新活力的现代产业生态体系。

而在实践中，临港集团正是在充分借鉴吸收这一协同创新理论的基础上，通过引导集群内企业形成学习交流、信息共享等机制，促进创新要素的自由流动，以加快集群内部知识扩散和技术外溢，从而推动产业发展从单一线性的个体创新向网络化的集群创新转变。同时，临港通过鼓励集群企业"走出去"和"引进来"，主动嵌入全球产业链、价值链和创新链，强化国内外联合研发创新，共同攻关新技术、拓展新业务、开辟新市场、分享新机遇，最终实现各产业集群开放融合的生态体系。

---

① 自成立四年来，临港新片区主要指标逆势上扬，地区生产总值年均增长 21.2%，规模以上工业总产值年均增长 37.8%，全社会固定投资年均增长 39.9%，进出口总额年均增长 44%，税收年均增长 16.2%。

3.1 纵向协同融合

临港的"动力之源"特色产业园集聚了航空、航天、汽车、海洋、能源五大动力产业,也由此成为全国首个承载"空天陆海能"产业链集聚发展的特色产业园区。但是,现实问题是,目前五大动力产业在上游的材料以及核心零部件环节对外依赖度还较高,下游的一些维修检测业务则有待进一步延伸拓展,一些公共的功能性平台要进一步强化,一些龙头企业参与国际竞争的能力优势还有待提升。如何破局?构建纵向融合的产业生态即是答案。

以其中的船舶工业为例,作为一个资本、技术、劳动密集型的产业,船舶工业需要大量的基础产业配套,研发设计和总装建造涉及的技术环节众多,流程和工艺复杂。通过产业链上下游的纵向融合,仅仅中船动力研发的 x92,一年 22 台主机就带动了产业链上下游 13.6 亿元的产出。再如,2022 年 11 月 29 日,中国航发集团、中国船舶集团充分发挥"链长"引领作用,携手产业链上下游企业,分别组建了深海采矿装备生态创新联合体、海上 LNG(液化天然气)装备生态创新联合体、船舶动力生态创新联合体和绿色智慧化民用航空动力生态创新联合体。

同时,为进一步推动产业的纵向融合,临港还推出了产业链上下游的采购协同政策。比如,临港在与中船动力集团、中国船舶集团签署深化战略合作框架协议的同时,也分别与产业链上下游配套进行了合作签约,在充分发挥"链长"带动作用的同时,也精准培育了一批动力产业链上下游配套企业。

以"链长"带动产业链上下游纵向集聚，构建自主产业创新体系，"空天陆海能"这种独有的五大动力产业布局，也让不同的动力领域，有了与新能源、新技术、新材料横向深度融合的更大可能性，进而能够前瞻布局绿色低碳新型动力研发，抢占新能源动力制高点，引领全球动力产业的新变革。这就是构建纵向融合产业生态的生动体现和强大作用。

3.2 横向跨界融合

跨界融合并不是简单的"跨界+融合",斯晓夫等提出了一个"认识论—创业机会来源—创业绩效"的研究框架,[2]认为创业机会的来源是"发现+构建机会"的模式,因此,新机会的发现和构建对于跨界融合是否成功有着至关重要的作用。关于这一点,临港走在了很前面。

以"东方芯港"为例,发展集成电路产业,我们的机会在哪里?

AIoT 时代①,集成电路产业面临截然不同的市场需求。有的对能耗敏感(如共享单车智能锁),有的对性能敏感(如需要进行大量机器视觉计算的终端设备),有的对价格敏感(如工业互联网领域的智能传感器),有的对时延敏感(如无人驾驶汽车)……定制化、专用化芯片成为趋势。这也意味着集成电路的技术、应用创新已进入新阶段,在摩尔定律走向终结之际,先进制程对芯片性能提升的贡献正在下降,架构、系统、软件等开始扮演越来越重要的角色。因此,除少数领先企业继续追逐先进工艺演进、竞争头部市场之外,多数企业开始转向发展成熟工艺及特种工艺,强化技术差异化战略,并将发展重点转向实际应用的领域,跨界融合也就成为必然。

在认识到这个机会后,临港又是怎么做的呢?

成立之初,"东方芯港"就实施"全链谋划做乘法"的战略:一方面,纵向全链发展,以制造为核心,带动设计、设备、材料、封装、测试等形

---

① AIoT 即 AI(人工智能)+ IoT(物联网)。

成产业链集聚；另一方面，横向跨界融合，支持企业与智能网联汽车、人工智能、大数据等应用端融合发展。规模和集群纵横联动的乘数效应的持续释放，支持每个落地企业在临港都能找到老朋友、结识新朋友，从而挖掘出新的增长点。

智能新能源汽车和芯片的结合就是新故事的开端。一台智能新能源汽车中，电控、智能座舱、自动驾驶或辅助驾驶对芯片需求量巨大，整车的芯片使用量目前已经超过 2000 颗。因此，"东方芯港"集成电路产业和临港智能新能源汽车产业横向融合，就有着最为坚实的现实基础。在实践中，"东方芯港"集成电路产业将部分重点放到了发展以微控制器、系统级主控芯片、碳化硅、域控制器等为核心的车规级芯片，除了可以支持芯片、软件、感知等上下游企业的纵向协同融合，也完美实现了与智能新能源汽车产业的横向跨界融合。

此外，临港还鼓励人工智能训练芯片、推理芯片的设计研发，以及前瞻布局类脑智能芯片、高效神经网络处理器等的研发；面向智能网联汽车和生物医药等前沿产业，开展包括自动驾驶感知层和决策层、药物发现和靶点筛查等细分领域在内的 ASIC（专用集成电路）芯片产业化应用。打通不同产业链之间的应用通道，整合不同平台和企业，临港步步扎实的规划不仅让集成电路企业通过差异化战略创造了新的增长点，也为我国集成电路的换道超车带来了新的希望。

产业链之间擦出的火花也远不止此。

智能新能源汽车产业对自动驾驶技术的追求，直接催生出与算力产业的横向融合需求。而在这一方面，临港算力产业的布局和发展亦走在了前面，也为算力产业与包括智能新能源汽车、人工智能、集成电路等产业在内的横向跨界融合奠定了现实基础。当前，临港算力产业已在上游的软硬件，中游的数据中心、调度平台，下游的应用等都进行了相应布局。目前，临港总算力超过 3EFLOPS[①]，智能算力占比近 80%，总算力规模约占上海市近 20%。

---

① EFLOPS 是指每秒百亿亿次浮点运算次数。

3.3 引进来，走出去

打造和培育先进的产业集群，离不开开放的产业生态，这里的"开放"，不仅仅是产业链内部上下游的协同开放，也不局限于产业链之间的跨界开放，而是在充分吸收和引进国际先进技术、经验、人才等资源的基础上的开放（"引进来"），以及向外拓展新业务，开辟新市场，接受国际检验和竞争的开放——（"走出去"）。

在实践中，临港立足上海、面向世界，始终把开放作为保持产业集群活力的源泉。临港新片区成立四年来，企业"引进来"和"走出去"不断推进，实到外资年均增速58.7%，洋山特殊综合保税区进出口总额年均增速22.1%。其中，实到外资和对外直接投资金额占上海全市比重分别从2020年的2.6%和10.2%提高到2022年的8.6%和15%。

以2023年7月10日在临港中心举行的临港新片区全球投资合作大会为例，作为临港新片区开放发展周系列活动之一，大会以"开放的临港，世界的临港"为主题，向外界全面展示临港新片区产业发展的潜力，并通过推介临港，集中签约了14个重点项目，涵盖前沿产业、服务贸易、金融业、城市功能等众多领域，切实扩大了临港产业集群的"朋友圈"。

同时，临港还积极搭建长三角技术创新协同体系，并去海外去寻求一些新的技术合作和对接。当前，诸如美国的泛林（Lam Research）、日本的JSR、法国的液化空气（Air Liquide）等外资企业已在临港地区进行布局和投资，并取得了积极成果。与此同时，临港正在推动离岸贸易创新发展示范区的建设，这将为中国的集成电路企业提供更优质的贸易架构。诸如江波龙、艾为、格科、韦尔、华勤等企业已逐步将它们在香港的离岸贸易平台迁至临港新片区。

在构建开放融合的产业生态的过程中,我们必须清楚地意识到,先进产业集群不是一个封闭的组织,而是根植于自身特色,且具有高度包容性的开放系统。因此,如何在更高层次和更大范围的产业层面上进行技术交流和产品部署,促进企业能力外溢,是培育和打造先进产业集群的关键。而纵向的产业链深度协同融合,以及横向的产业间跨界融合,加上由"引进来,走出去"战略所形成的高水平开放,都是构建这一开放融合生态的必经之路。

4 他山之石：波士顿生物医药产业园

如果说硅谷是互联网的科技巅峰，那么当今的波士顿就是生物医药的引领者。

从填海造地到如今的生物医药圣地，波士顿这座城市已经有近400年的历史了。这里是"倾茶事件"和"邦克山战役"的发生地，也曾是工业革命时期美国制造业的中心。波士顿曾在工业革命时期创造了"马萨诸塞奇迹"，后又在金融危机和硅谷的双重夹击下走向衰败。

1977年，当市议会通过了美国第一部允许并规范重组DNA研究的立法时，波士顿似乎又被重启了。根据最新的《生命科学展望》，大波士顿地区连续第七年成为美国顶级生命科学集群。肯德尔广场被一些人誉为"地球上最具创新性的一平方英里"，拥有25家生物技术和生命科学公司和研究机构，包括安进（Amgen）、诺华生物医学研究所（Novartis Institute for Biomedical Research）和辉瑞（Pfizer）等。据统计，2019年波士顿地区生命科学领域风投资金达到47亿美元，占美国生命科学领域风投资金总额的24.6%，不仅带来数百亿美金的生产总值，还创造了超过11万个就业岗位，使健康服务业成为波士顿第一大支柱产业，成为社会经济发展的"稳定器"和"催化剂"。

从投资创新到政府、学术界、医院和私营部门之间的合作伙伴关系，世界顶级生物医药集群是如何一砖一瓦地建立起来的呢？

不可忽视的政府作用。尽管20世纪80年代专利法令保障让波士顿地区在生物技术领域开始加大投入，但真正在产业端的崛起，还要从千禧年制药公司的到来算起。21世纪初，"生命科学探月工程"人类基因组计划宣布完成，人类对遗传学的认知再上一层楼。作为计划的参与者，麻省理工学院和哈佛大学在遗传学领域有着举世无双的影响力。再加上波士顿汇集了美国最好的教学和研究型医院，制药公司蜂拥而至。研究基础和大型制药公司的落地，是波士顿生物医药产业崛起的先决条件之一，政府在此期间嗅到了先机。

2008年，马萨诸塞州州长德瓦尔·帕特里克（Deval Patrick）宣布通过《马萨诸塞州生命科学法案》，决定在10年内由州政府提供10亿美元推进生物技术产业的发展。

2016年和2017年，时任州长查理·贝克（Charlie Baker）还先后公布了"创新之桥"和"生命科学2.0"两项计划，以进一步提升肯德尔广场周边的创新创业氛围。其中"创新之桥"计划主要是通过各类创新论坛、研讨会吸引非营利组织、企业、学术机构与政府进行创新合作；"生命科学2.0"则计划投入5亿美元用于生命科学领域的基础设施建设、研发和劳动力培训。

2018年，即《马萨诸塞州生命科学法案》通过的第十年，这项法案被同意再次延长5年，查理·贝克也宣布会继续追加至少5亿美金用于推动生命科学行业的教育、研发和劳动力培训。科学研究并不总是有利可图的。联邦政府的做法给了生物医药公司信心，也确保了基础科学研究的顺利开展，这对于研发风险大且周期长的生物医药行业是重大利好。

> 马萨诸塞州与美国任何其他州以及世界上任何其他国家的主要区别在于，政府一直是我们的合作伙伴。
> ——马萨诸塞州创业者

不仅如此，政府的政策倾向在税收上也有明显体现。针对生命科学领域，不仅企业、投资机构能够享受税收优惠，在该行业工作的个人也能够获得一定比例的税收减免。2018年州政府还专门出台了税收抵扣法案，对生命科学领域的企业、个人税收优待继续加码。在城市建设上，政府几乎将创业创新氛围渗透进了土壤。2010年，波士顿启动"创新波士顿"战略。时任市长托马斯·梅尼诺倡议，要将这里改造成适合孵化创新、创业的城市空间。这是美国第一个由官方设定的创新区。目前，生物医药行业已经成熟，但政府的支持对于资助基础科学和创建协作生态系统仍然至关重要。

产学研高度结合。生物医药产业发展依赖基础科研的进步，因此，生物医药研发机构、大学、实验室聚集的地方，往往能催生出有持久生命力的生物医药产业集群，波士顿生物医药集群的形成与发展都依赖其周边充足的科研后备力量。这里聚集了哈佛医学院、麻省理工学院、波士顿大学、新英格兰医学中心等著名医学院及科研机构，衍生出众多在生命科学、分子生物学、新材料和化学等相关研究领域的顶级实验室，充足的科研和人才资源为该地区医疗产业的发展提供了技术保障；这里的城市空间布局超高度集中，学术资源丰富，以长木医疗产业区（Longwood Medical and Academic Area，LMA）为例，在约合 0.86 km^2 的土地上，有 4 万多名科研人员和近 2 万名学生，约合每平方千米 27.9 家医疗机构、医疗与研究人员 5.07 万人。

除了大学实验室外，波士顿的生物技术产业还得到医院和大型制药公司实验室的支持。该区域设有麻省总医院、新英格兰医学中心、波士顿儿童医院等优质临床医学平台，与充足的科研资源联动发展，帮助波士顿医学产业园区建立了引领当今医药领域最新发展趋势的"临床——实验室——临床"研发模式，医院与研究机构在长期合作中形成的良好信任与协作，进一步推动了创新知识的传播与扩散。

参天大树和灌木共生共荣。在生物医药产业集聚的过程中，作为链主的龙头企业往往具有极强的带动作用，创新型企业则发挥推动作用。就商业化阶段的企业规模而言，龙头企业的规模通常为创新型企业的 30—100 倍，这种规模体量为地区产业集聚吸纳了大量的资源，如高尖端人才及领先工艺等。在美国，各大生物医药产业园区通常都包含数个商业化十分成功的产业龙头，波士顿地区拥有制药巨头健赞（Genzyme）、诺华、辉瑞和百特（Baxter）等一流公司。这些龙头企业是产业集聚的灵魂，在集聚中充分发挥虹吸效果，吸引创新型企业在其周围集聚，形成较为完整的产业链。

在产业集群的相关研究中，有学者认为，集群规模并非产生强大创造力的源动力。相反，集聚规模是创造力起作用的结果。这意味着，创造力才是凝聚产业集群的核心动力。在创造力上，创新型企业相较大型企业而言灵活性更强，因此在成长性、创造性等方面具有显著的优势，对生物医药产业集聚贡献突出。一般来说，衡量产业集群创新力强弱的主要依据是创新型企业的数量。波士顿生物医药产业集群内企业数量一直处于动态变化中，不断地涌现出新创企业，这些新创的生物医药企业在创造性、敏捷性和成长性方面具有突出的优势。随着成本上升、"专利悬崖"①和其他因素侵蚀制药行业的利润，许多大型医疗公司开始转向波士顿的创新生物技术初创公司，用较低的成本提供高质量的研发成果。如今，波士顿地区拥有约1 000家生物技术相关企业，已成为大型制药公司和小型初创公司之间共荣共生的完整生态系统。

功不可没的风险投资。生物医药研发具有高投入、长周期、高风险的特点，单凭企业或高校的力量难以走到新药上市阶段。这需要活跃的社会资本，即风险投资的介入。根据仲量联行生命科学领域的研究报告，自2014年以来，波士顿地区生物技术领域的风险投资资金增加了279%；2019年波士顿地区生命科学领域风投资金额达到47亿美元，占美国生命科学领域风投资金总额的24.6%。2020年，马萨诸塞州生物制药公司的风险投资为80亿美元，2022年又增加到了87.2亿美元（见图4.8）。此外，2020年有21家马萨诸塞州生物科技公司上市，占美国所有生物技术公司IPO数量的32%，较2019年增加110%。

图4.8 马萨诸塞州生物制药公司获得的风险投资总额（单位：10亿美元）
来源：Pitchbook，2023年1月。

①"专利悬崖"是对药品专利保护期届满带来的专利药品销售和利润的大幅下降的形象比喻。

人才，人才，还是人才。在不断变化的商业格局中，人才以及获得人才的机会已被证明是成功的关键，而波士顿在这两点上都是毋庸置疑的。与其他顶级集群相比，大波士顿地区不仅拥有最多的生命科学博士毕业生。再加上诱人的城市设施，大波士顿的劳动力增长没有显示出放缓的迹象。Biofourmis 创始人兼首席执行官辛格·拉吉普特将公司总部从新加坡迁至波士顿，这么做的原因有很多，但拉吉普特认为，获得人才是最大的吸引力之一。"东海岸拥有全国一些最大、最著名的卫生系统。能够利用这些卫生系统，并拥有合适的临床和监管人才，以及具有良好临床经验的数据科学家——所有这些因素结合在一起，使其成为拥有数字健康或生物技术公司的一个引人注目的地方。"为了更好地促进人才和企业的匹配，马萨诸塞州的生物技术生态系统也简化了流程。通过 MassBio[①]，大型制药公司可以与早期公司、企业家、临床科学家和技术转让专业人员（在政府、学术界和研究机构工作并希望将其知识和技能转移到企业界的人）建立关系。这些联系最终为未来的创新奠定了基础，并经常为生物技术和生命科学初创公司带来战略合作伙伴关系、投资和许可交易。

无限创造力的背后是受过教育、训练有素的劳动力以及获得资金的机会。大波士顿地区有本地人才库、经验丰富的企业家、生物技术创始人和高级人才，一旦资金注入，他们就会用来推动关键研究，以达到下一个里程碑。"人才与资本的大整合"被认为是波士顿过去成功的核心原因，这同样也是未来生物技术的核心竞争力。

---

① 即 Massachusetts Biotechnology Council。MassBio 成立于 1985 年，是美国历史最悠久的生物技术行业协会，致力于推动造福世界各地人民的关键新科学、技术和药物的发展。

参考文献

[1] 曹虹剑,张帅,欧阳峣,等. 2022. 创新政策与"专精特新"中小企业创新质量[J]. 中国工业经济,(11):135-154.

[2] 斯晓夫,王颂,傅颖. 2016. 创业机会从何而来:发现,构建还是发现+构建?创业机会的理论前沿研究[J]. 管理世界,(03):115-127.

附录

表 4.1 集成电路产业的作战导图

集成电路				
产业链环节 （具体的二三级环节）		企业类型 （分为全球龙头、国内龙头、初创企业、其他）	所在园区（指具体所在的园区，例如信息飞鱼、临港产业区、创新魔方等）	企业名称 （简称）
设计	设计工具	EDA	国内龙头、初创企业	张江科技园、临港产业区、创新魔方	芯华章 概伦电子 华大九天
		IP 核	初创企业	信息飞鱼、临港产业区	立芯科技 芯瑞微 楷领科技
	处理器	GPU	初创企业	东方芯港	天数智芯 燧原科技
		MCU	初创企业、其他	临港新科园	芯链 芯旺微 得理微电子
		CPU	初创企业	信息飞鱼	此芯科技
		DPU	初创企业	张江高科技园区	芯启源
		MaPU	初创企业	信息飞鱼	思朗科技
	光电子	光器件	国内巨头	东方芯港	格科微
	电力电子器件	SiC	初创企业	张江高科技园区	天岳先进
		IGBT	国内龙头	漕河泾	闻泰科技
		GaN			
	特殊应用集成电路	汽车电子	国内龙头	信息飞鱼	长电科技
		系统级芯片			
		射频芯片	初创企业	张江高科技园区	迦美信芯
		高速网络通讯芯片	初创企业	信息飞鱼	橙科
	存储	存储芯片	国内巨头、初创企业	信息飞鱼、漕河泾	楷领 澜起 国科微

（续表）

集成电路				
产业链环节 （具体的二三级环节）		企业类型 （分为全球龙头、国内龙头、初创企业、其他）	所在园区（指具体所在的园区，例如信息飞鱼、临港产业区、创新魔方等）	企业名称 （简称）
模拟器件	模拟芯片	国内巨头、初创企业	信息飞鱼	思瑞浦 力来托
	电源管理芯片	初创企业	创新魔方	瞻芯电子
人工智能	AI芯片	初创企业	信息飞鱼	摩迅
	超算中心	国际巨头	信息飞鱼	商汤科技
	AI训练加速卡	初创企业	南汇新城镇	燧原科技
传感器	MEMS芯片	初创企业	信息飞鱼	迷思科技 泽丰半导体
	CMOS芯片	国内巨头	东方芯港	格科微电子
逻辑器件	显示芯片	国际巨头、初创企业	张江高科技园区、漕河泾	中芯国际 闻泰科技
	电子器件	国际巨头	东方芯港、信息飞鱼	国科微 格科微
材料	大硅片	国内巨头	东方芯港	上海新昇
	二代半导体			
	氮化镓	初创企业	南汇	镓特
	碳化硅衬底			
	掩模版	初创企业	临港产业园	传芯半导体
	光刻胶	国际巨头	临港产业区	JSR
	靶材	初创企业	临港产业区	江丰电子
	湿电子化学品	其他	闵行科技园区	赛福特
	电子气体			
	抛光垫	初创企业	临港产业区	芯谦

（续表）

产业链环节 （具体的二三级环节）		企业类型 （分为全球龙头、国内龙头、初创企业、其他）	所在园区（指具体所在的园区，例如信息飞鱼、临港产业区、创新魔方等）	企业名称 （简称）
集成电路				
	抛光液			
	探针	初创企业	临港产业区	强一
	密封圈	其他	临港产业区	芯密
	封装基板			
	陶瓷基板			
	其他			
装备	单晶炉			
前端工艺设备	沉积设备	国内巨头、其他	临港产业区、金桥出口加工区	中晟光电 理想万里晖 中微半导体
	光刻机	其他	张江高科技园区	众鸿
	涂胶显影设备			
	刻蚀设备	国内巨头	金桥出口区	中微半导体
	去胶机			
	清洗设备	国际巨头	张江高科技园区	盛美半导体
	离子注入机			上海凯士通
	CMP抛光设备	国际巨头	张江高科技园区	盛美半导体
	电镀设备			
前端测试设备	晶圆测试设备	其他	临港产业区	御渡半导体
	前道量测设备	其他	临港产业区	中科飞测
后端封装设备	引线焊接设备			
	贴片机			

（续表）

集成电路				
产业链环节 （具体的二三级环节）		企业类型 （分为全球龙头、 国内龙头、初创 企业、其他）	所在园区（指具体 所在的园区，例如 信息飞鱼、临港产 业区、创新魔方等）	企业名称 （简称）
	封装设备	其他	信息飞鱼	泰睿思 芯瑞微
	探针	其他	临港产业区	泽丰
	后道测试 设备	国内巨头、 其他	临港产业区、 张江高科技园区	泽丰 旻艾 华岭
	晶圆传输 设备			
	其他			
制造	逻辑工艺	国内龙头	张江高科技园、 漕河泾	中芯国际 闻泰科技
	特色工艺			
	化合物半导体			
封测	芯片级封装（CSP）	其他	信息飞鱼	芯瑞微
	晶圆级封装（WLP）	其他	信息飞鱼	泰睿思
	系统级封测（SIP）	其他	信息飞鱼	泰睿思
	晶圆测试			
	成品测试			

资料来源：作者整理。

第五章
致力金融创新赋能

2018 年 3 月 19 日,临港集团绿色公司债在上海证券交易所成功发行。本次债券以临港集团重点打造的"创新晶体"绿色建筑项目为标的,分为两个品种,品种一为 2+2 年期,发行利率 5.28%;品种二为 3+2 年期,发行利率 5.28%。

此次绿色债券的成功落地,标志着临港集团成为上海市首家发行绿色债券的非金融企业,也标志着上海证券交易所首单以绿色建筑为标的的绿色债券成功问世。债券发行通过境内外路演等多种方式,有效传递了临港园区的绿色金融理念,树立了临港集团良好的品牌形象,展示了集团雄厚的园区开发实力,受到了境内外资本市场的高度认可,为今后进一步发挥资本市场职能、推动产业发展奠定了基础。

1 创新晶体的绿色价值

为什么一个园区开发企业会以绿色建筑为标的进行金融创新呢?在这一过程中主要的难点在哪里?临港集团究竟做对了什么?要回答这些问题,先来看看何为绿色建筑。

1.1 何为绿色建筑?

传统园区开发企业往往依赖背后的政府信用向银行寻求信贷融资,但潜在的预算软约束问题不利于企业的审慎经营与行稳致远。然而,如果依靠纯粹的市场机制进行融资,又容易受到抵押品数量和可抵押性问题的约束,从而难以获得足够的金融支持。为了走出自己的舒适区,成为更具竞争力的市场主体,更为了实现长期可持续发展,临港人不断用心挖掘价值,并努力创造新价值。他们认为,在投资者更加重视绿色环保和企业管理能力的背景下,资产自身的绿色属性和企业对资产的管理能力,都可能、也应该作为资产价值的一部分,这种价值能够帮助集团降低融资成本。那么,应该挖掘何种资产的绿色价值呢?临港集团将目标瞄向了绿色建筑。

建筑能耗是意想不到的能耗大户，与工业能耗、交通能耗并列为"三大能源消耗大户"。中国建筑节能协会公布的《中国建筑能耗研究报告（2019）》显示，2017年，中国建筑能源消耗总量为9.47亿吨标准煤，占全国能源消费的21.11%；建筑碳排放总量为20.44亿吨二氧化碳，占全国能源碳排放的19.5%，比2016年增加0.1%。为此，尤其是在"双碳"背景下，中央政府及各省市地方政府陆续出台了关于绿色建筑的发展政策，以促进建筑行业的绿色发展。例如，住房和城乡建设部（简称为住建部）在2019年发布了《绿色建筑评价标准》（GB/T 50378—2019），进一步明确了绿色建筑的要求标准。随后，住建部与国家发改委等七部门在2020年联合发布了《关于印发绿色建筑创建行动方案的通知》。在地方层面，多地也陆续发布了各自的实施方案。以山东省为例，2020年9月，山东省住房和城乡建设厅发布《绿色建筑创建行动实施方案》，提出2020—2022年，全省新增绿色建筑3亿平方米以上，到2022年，城镇新建民用建筑中绿色建筑占比达到80%以上。在此之前，2019年年初，山东省发布了《山东省绿色建筑促进办法》，规定新建民用建筑（3层以下居住建筑除外）应当采用国家和省规定的绿色建筑标准，政府投资或者以政府投资为主的公共建筑，以及其他大型公共建筑，应当按照二星级以上绿色建筑标准进行建设，并对绿色建筑的科研开发、建设、运营等实行税收减免、容积率奖励、用能价格优惠等扶持政策。

1.2 绿色建筑融资何以姗姗来迟

事实上，早在 2015 年，就有政策支持通过绿色建筑实现绿色金融。例如，2015 年国家发改委出台的《绿色债券发行指引》就已经将绿色建筑纳入绿色债券支持项目目录。而在《绿色债券支持目录》中，也明确提到了可持续建筑和绿色建筑。但早期国内绿色建筑项目却并未发行绿色债券，究其原因，除在房地产宏观调控的大背景下，国家担心资金通过绿色债券流向房地产行业之外，还有两个重要的原因：

第一，利用绿色建筑进行融资通常需要取得绿色建筑标识，尤其是二星级的标准，但这对建筑提出了较高的要求。现实中，以绿色建筑发行绿色债券的，通常要求取得绿色建筑设计标识或进行预评价。实际运行中，绿色建筑设计标识或预评价的申请过程通常需要半年左右，尽管如果项目急需融资，处于申请过程中的项目也可以申请发行绿色债券，但是需要发行人承诺尽快或在债券发行前取得绿色建筑设计标识或通过预评价。根据旧版《绿色建筑评价标准》（GB/T 50378—2014）：绿色建筑的评价分为设计评价和运行评价，设计评价应在建筑工程施工图设计文件审查通过后进行，运行评价应在建筑通过竣工验收并投入使用一年后进行。虽然 2019 版《绿色建筑评价标准》缩短了时滞，但同样存在时间上的要求（在建筑工程竣工后进行，施工图设计完成后方可进行预评价）。①

第二，绿色建筑标准对项目要求高，在竣工后需要进行绿色建筑运行标识评价/正式评价——这就对发行人项目质控的能力提出了较高的要求。例如，相关政策规定，绿色建筑在竣工后，还需要再次由各地住建部门审查，决定是否颁发绿色建筑运行标识/正式评价标识。实际操作中，绿色建筑标准对项目的质量要求较高，所以，并非所有通过绿色建筑设计标识/预评价的项目建设完成后，都能达到设计图纸预估的节能减排效果和质量标准，而如果贴标的绿色债券在发行后不能满足绿色建筑要求，根据《绿色债券评估认证行为指引（暂行）》，就有可能被撤销绿色债券标识，且在债券存续期内不能恢复。因此，在绿色建筑建设过程中，发行人需要完善自身质控体系，聘请更有经验的设计单位和施工单位进行项目建设，以使项目完工后可以顺利获得绿色建筑运行标识/正式评价标识。为了保护投资者的权益，还需要在绿色债券中设计相关的投资者保护条款，约定如果在项目竣工后，因不能取得绿色建筑运行标识/正式评价标识而被撤销绿色债券标识的，赋予投资者回售选择权。

---

① 针对绿色建筑标识的出具机构方，2017年住建部发布《关于进一步规范绿色建筑评价管理工作的通知》，要求绿色建筑评价标识实行属地管理制度，由省级住房城乡建设主管部门负责辖区绿色建筑评价标识管理，同时推行第三方评价。各省级住房城乡建设主管部门要结合实际，参照《绿色建筑评价机构能力条件指引》，制定公布本地区评价机构能力条件，供绿色建筑评价标识申请单位参考。因此，绿色建筑的星级标识除了由住建部门出具外，还可以由专业的第三方机构出具。除了国内的绿色评价体系，国外权威的绿色建筑评价体系认证的绿色建筑同样可以申报发行绿色债券。国外权威的绿色建筑评价体系主要有美国绿色建筑估体系（LEED）、英国绿色建筑评估体系（BREE-AM）、日本建筑物综合环境性能评价体系（CASBEE）等。其中LEED是目前各国建筑环保评估、绿色建筑评估及建筑可持续性评估标准中相对完善的评估标准，国内绿色建筑评价体系也借鉴了该体系。

1.3 绿色 + 管理：市场化思维下的价值挖掘

注重绿色发展与质量管控的临港人发现，集团"践行绿色发展理念，建设美丽中国，加快发展绿色金融"的创新尝试，以及践行"全面推动绿色低碳发展"的理念，正绽放出前所未有的价值。作为上海市属唯一一家以产业园区开发为主业的大型国有企业，临港人始终围绕上海科创中心建设的职责与使命，秉持"园区让城市更美丽"的理念，建设绿色建筑，打造绿色园区，引导产业的绿色发展。已建成的"创新晶体"（图5.1）绿色建筑项目由美国著名建筑师事务所Ennead定制，设计方案达到绿色建筑设计标准二星级，符合《上海市绿色建筑发展三年行动计划（2014—2016）》的相关要求。集团长期以来的开发和管理能力也得到了市场的认可，这使得临港集团开始思考，是否能够通过市场化的方式，将集团自身的绿色机制与管理价值推向市场，从而为集团降低融资成本、创造新的价值。

图 5.1 绿色建筑"创新晶体"

这种创新性的价值融资理念立即得到了资本市场投资者的认可。

2018年3月19日,临港集团绿色公司债在上海证券交易所成功发行,募集资金拟全部用于临港科技创新城A0202地块上的研发办公楼与配套服务设施建设。债券由摩根士丹利华鑫证券、申万宏源证券联合主承销,获得了优质投资者的踊跃认购,发行认购倍数总体达5.1倍。如此高的认购倍数说明临港集团对绿色价值的深入挖掘得到了境内外资本的高度认可,为集团今后进一步通过市场机制进行金融创新和推动产业发展奠定了基础。

绿色建筑公司债只是临港集团金融创新的一个典型代表。在这背后更深层次的问题是:是什么驱动了临港集团的金融创新?

2 金融创新赋能

2.1 三资困境

作为实施开发建设、业务运营的主体,产业园区开发者除了行使土地开发、基础设施建设、园区运营管理的职能,还肩负着融资和产业投资的使命。在开发早期,一个典型产业园区开发者的主要工作就是围绕政府产业规划、招商引资政策,开展基础设施代建、土地开发整理等方面的工作,收益主要源自政府的代建收入,市场化程度不高。这一特殊的使命与功能,使得园区企业往往依赖凭借与地方政府的密切关联寻求银行信贷支持;部分地方银行也出于行政关联和对隐性担保的预期,为园区开发企业提供低廉的贷款成本。

上述模式无疑能帮助地方实现基础设施的从无到有,但却无法保证"资金——资本——资产"的良性循环(三资循环)。后者的基本逻辑在于,市场化企业的投融资本质上是一个统一的整体:企业在投资端资本配置的高效保证了资产质量的可靠性,而资产质量作为市场评估企业盈利和现金流的标准,又决定了企业能否获得充沛的资金供给。但对于大量依赖非市场化方式运行的传统园区开发企业而言,由于其资金供给本质上来源于政府信用的背书而非资产质量的保障,三资间的良性互动很可能被打破,甚至形成"资金供给无弹性——资本配置无效率——资产质量无保障"的恶性循环(见图5.2)。一旦落入这一区间,入不敷出的现金流还会倒逼园区进一步增加对政府信用和无弹性资金的依赖，最终可能因巨额损失和激励缺失，陷入不断借新还旧的局面，甚至"卷不赢，躺不平"的怪圈。

图 5.2　传统园区的三资困境

为了打破传统园区开发企业的困境，临港人义无反顾地走上了金融创新之路。

市场化模式下的园区开发公司需要时刻接受市场的外部监督，因此，其资本配置结构需要合理；上市后对公司治理和信息披露的严格要求，则进一步对其内部治理提出了更高的要求，从而使其能够通过优秀的管理能力实现资产的优质运营；最后，基于市场化而非政府背书的融资模式，推动着开发企业不断挖掘资产背后的价值，并保证其能够凭借自身价值获取较低的融资成本。如此，就能通过金融与开发业务间的互相融合与互相促进，推动"资产——资金——资本"的良性循环（见图5.3）。

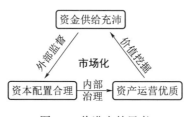

图 5.3　临港人的思考

2.2 REITs 破局

价值挖掘

金融创新本质上是为了应对实体经济融资需求的变化,而实体经济融资需求的变化则根植于经济发展目标和价值理念的变化。作为园区开发企业,通过支持和服务企业来创造价值,并利用这些价值反过来帮助自身进行金融创新才能进行可持续和高质量的发展。正是由于对此有着清醒的认识,临港集团牢牢抓住了离岸金融、跨境金融、绿色金融和科技金融四个着力点,走出了一条不同于大多数园区企业的金融创新之路(见图5.4)。

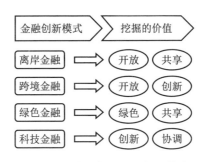

图 5.4 价值挖掘和金融创新模式

首先,离岸金融创新的背后是开放和共享的价值理念,突出表现为集团公司在离岸人民币债券和股权融资上的突破。

在离岸债券方面,2022 年年初,临港集团与海通证券组建了工作小组,立足上海国际金融中心建设目标和临港新片区离岸金融发展定位,经过与相关委办部门多轮研讨和汇报,形成了具有七大创新突破要素的《离岸人民币债券发行方案》，并于6月成立专班正式启动发行工作。随后，通过制定时间进度、细分任务目标、横向协调沟通，严格按照各项工作时间节点推进债券工作，债券最终于当年10月28日成功发行上市。其中，人民币规模10亿元，超2倍认购，发行票面利率2.98%；欧元募集规模5 000万元，超3倍认购，发行票面利率3%，吸引了十余个国家及地区的投资者认购。募集资金回流境内用于新片区重大项目建设，同时，公司抓住欧元汇率贴水的时间窗口，迅速通过"欧元近结远购外汇掉期"业务锁

知识窗

临港集团的离岸债券发行

根据《解放日报》等多家媒体报道，临港集团于2022年10月28日成功发行全球首单绿色双币种自贸区离岸债券（又称"明珠债"）。其中，人民币募集规模10亿元，期限3年，票面利率2.98%，超2倍认购；欧元募集规模5 000万元，期限1年，票面利率3%，超3倍认购；发行票面创全市场同类型自贸债最低。

此次发行由海通证券作为总协调人，星展银行、华侨银行、海通银行担任全球协调人，标普提供绿色评估认证，债券募集资金用于临港新片区重点项目的开发建设。作为首个获得三大国际机构一致认定"投资级以上评级"的优质发行主体，临港集团双币种自贸债在准备阶段即受到主管部门的大力支持和境内外市场的高度关注。

发行前日，临港集团通过中债路演平台，面向全球投资人宣介项目信息，助力定价当天成功吸引一批外资及境外金融机构首次参与，获得来自中国香港、中国澳门、新加坡、首尔、曼谷、伦敦、里斯本等地各类型机构的踊跃认购。最终，人民币境外订单占比达48%，欧元境外订单占比达84%，进一步拓宽了全球离岸人民币投资者的资产配置空间，为推动我国金融市场对外开放、人民币国际化注入了全新动能。

该离岸债券是落实浦东建设离岸金融体系战略部署、依托自贸试验区开放发展政策，由中央结算公司提供登记、托管及清算服务支持，汇聚区内及境外资本助力实体经济发展的创新品种。在推动业务落地的过程中，临港集团先行先试、积极探索，成功实践了多项"首创"——首次创新发行架构，采用跨境担保形式由离岸特殊目的载体（SPV）作为发行主体，标志着明珠债深度进入全球离岸债券市场；首次创新融资结构，实施本外币双币种融资，服务双向投融资需求；首次引入绿色赋能，打造首单具有国际机构评估认定的绿色明珠债；首次创新承销模式，协同"沪港澳新"四地联合承销，促进金融生态跨境互联互通；首次适用境外规则（香港法）并在上海国际仲裁中心仲裁；首次创新资金跨境模式，利用本外币合一跨境资金池实现资金双向互通；首次安排双交易所挂牌，面向全球资本市场树立中资企业形象；首次拓展二级市场，以优质主体资质广泛吸引境内外投资者深度参与，助力提升全球人民币资产流动性。

> **知识窗**
>
> **临港集团的离岸人民币权益融资产品**
>
> 根据《文汇报》的报道，2022年6月30日，上海首单跨境离岸人民币权益融资产品在临港新片区落地，临港集团充分发挥本外币合一跨境资金池作用，成功实现发行规模6亿元，相关募集资金全部用于临港集团在新片区的开发建设。
>
> 近年来，临港集团始终致力于在离岸市场上探索创新可复制、可推广的创新金融产品，此次创新产品的成功发行是继临港集团成功落地市场化债转股、首单降杠杆定向资产支持票据后，在国际资本市场上的又一次创新实践，在优化促进集团投融资结构的同时，更为国际金融机构在临港新片区落地发展提供更多创新应用场景，也进一步彰显临港新片区离岸金融创新引领优势，将为临港新片区高端产业发展持续注入金融创新动力。

定汇率波动敞口，双币种综合融资成本低至2.85%。债券从发行架构、融资结构、跨境流动、绿色赋能、承销模式、法律规制、挂牌模式、二级市场等方面实现首创性突破。此次成功发行，促成了临港集团与新加坡证券交易所、澳门证券交易所基于开放创新、互联互通的三方战略合作，具有显著的示范效应。

在股权融资方面，2022年6月30日，集团公司在临港新片区成功落地上海首单跨境离岸人民币权益融资产品，发行规模6亿元，相关募集资金计划全部用于集团在新片区的开发建设。此次落地境内外"双新"的跨境权益融资创新产品，在借鉴国内成熟标准化权益融资产品架构的同时，对标全球通行的金融监管规则，形成了匹配国际法律体系的全新交易条款，同步发挥本外币合一跨境资金池联通境内外的优势功能，自主设计打造了登陆境外金融市场的离岸金融产品，推动新片区自主金融创新产品再度受到国际资本市场认可。

其次，跨境金融的创新展现了临港集团一贯的开放、创新的价值理念。

2020年4月，临港集团获批新片区首单本外币合一跨境资金池。所谓本外币合一跨境资金池，通俗来说就是帮助核心企业及其子公司进行境内外本外币资金集中管理的金融工具。通过构建这一资金池，核心企业集团可以从全球资本市场进行融资，实现集团与子公司打通、境内与境外打通、本币与外币打通的目标。对临港集团而言，通过跨境资金池的设计，可以引进境外资金参与临港新片区建设，对降低资金综合成本起到关键性作用。2020年8月6日，临港集团通过该跨境资金池，成功引入境外融资资金1亿美元，宣告跨境资金池境内外联通的桥梁正式"通车"。作为上海自贸区临港新片区的开发建设主体之一，临港集团此次搭建的跨境资金池，成员单位涵盖集团本部及下属境内外成员企业共20家，拟集中的外债额度达91亿美元。集团跨境资金池搭建完成后，有利于境内外资金融通，充分利用境内境外两种资源。

再次，绿色金融的创新映射的是公司秉持的绿色、共享的新价值，这可以从临港集团参与的可持续发展挂钩国际银团贷款中窥其一斑。

2022年3月29日，临港集团在新片区落地上海首单可持续发展挂钩国际银团贷款，总金额6亿元，币种为人民币，期限3年，利率3.36%。此次跨境业务合作，临港集团在绩效指标选取方面重点围绕国家氢能产业

||| 知 识 窗

临港集团的可持续发展挂钩国际银团贷款

根据《文汇报》报道，2022年3月29日，上海首单可持续发展挂钩国际银团贷款在临港新片区落地，总金额6亿元人民币，期限3年。

可持续发展挂钩贷款是指贷款人通过贷款条款激励借款人实现约定的ESG（Environmental、Social、Governance）绩效目标的融资工具，也是当前全球通行推动减排降耗的重要经济手段之一。此次绿色国际银团由临港集团全资子公司临港海外公司作为全球协调人、农业银行作为牵头行和可持续发展协调行、大华银行和华侨永亨银行作为主要参团银行、联合赤道作为ESG指标第三方独立评估机构，强强联合、跨境合作，共同为疫情之下的产业发展注入信心与力量。

此次跨境开展合作业务，临港集团在ESG绩效指标选取方面系统谋划、全面部署，重点结合国家氢能产业发展规划及自身发展战略布局，选定新增绿色建筑、科创企业孵化、清洁能源产业布局等作为可持续发展绩效指标（SPTs），对ESG标准中的环境、社会、公司治理

发展规划及自身发展战略，选定新增绿色建筑、科创企业孵化、清洁能源产业布局等作为可持续发展绩效指标（SPTs），对标"环境、社会、公司治理"（ESG）三个维度，实现全覆盖；在参与银团规则创新方面，公司首次通过在岸主体实践国际三大贷款市场协会（贷款市场协会、亚太贷款市场协会以及银团与交易协会）联合发布的可持续发展挂钩贷款原则，充分展现了临港集团对标国际最高标准、最高水平的国际前沿站位。与此同时，临港集团采用境内外资金联动模式，引导外资金融机构参团，成功吸引多家金融机构共同参与，实现了集团绿色可持续发展和探索跨境金融创新的一次重要突破，也将进一步提高集团ESG评分。

最后，科技金融聚力于服务中小微，为临港建设聚集了旺盛人气。

科技金融创新的典型案例莫过于集团于2018年9月14日成功发行的双创专项债务融资工具，这也标志着上海地区首单银行间市场双创债正式落地。债券募集资金将专项用于支持双创企业，所投项目符合国家重点支持的高新技术领域。此次双创债发行规模5亿元，期限3+2年，债项评级AAA，票面利率4.39%，创近期债券发行新低，获得了优质投资者的踊跃

三个维度实现全覆盖。在参与银团规则创新方面，首次通过在岸主体实践国际三大贷款市场协会联合发布的可持续发展挂钩贷款原则，充分展现了临港新片区对标国际最高标准、最高水平的高点站位；在引导银团结构方面，专门设计打造"离岸+FT+临港新片区分行"的境内外资金联动模式，成功吸引外资金融机构参团，为持续拓宽境内外资金渠道探索创新。

此次绿色国际银团首落新片区，是继上海首单非金融企业绿色公司债落地临港后，临港集团进一步探索运用国际前沿的可持续金融工具，充分展示自身坚持产金融合发展理念的一次创新实践；也是释放园区开发类企业在规划设计、工程建设、产业导入等领域的"头雁效应"，勇开绿色低碳发展风气之先的一次重大尝试；更是坚持创新驱动、改革引领，推动临港新片区制度型开放"试验田"优势与国际绿色金融发展趋势高度融合的一次全新突破。

当前，临港集团正在探索一条"特色化、数字化、绿色化、国际化"发展道路，带动园区产业链绿色转型、低碳发展。此次可持续信贷的成功落地，标志着临港集团在增强自身可持续发展核心竞争力的同时，又一次扛起产业园区引领绿色化发展的大旗，将为园区企业充分利用两个市场、两种资源提供绿色示范，并为临港新片区金融创新发展再添绿色案例。

> **知识窗**
>
> **临港集团的双创债**
>
> 根据人民网报道，2018年9月14日，上海银行（股票代码601229）独家主承的上海临港经济发展（集团）有限公司双创债务融资工具成功发行。这是上海地区首单银行间市场双创债，募集资金将专项用于支持双创企业，所投项目符合国家重点支持的高新技术领域。此次双创债发行规模5亿元，期限3+2年，债项评级AAA，票面利率4.39%，创造近期债券发行新低，获得了优质投资者的踊跃认购，发行全场倍数达到4.36倍。
>
> 双创专项债务融资工具是指以创业创新资源集聚区域内的园区经营企业为依托，募集资金可通过投债联动的模式用于支持创新创业企业发展。本期双创债的发行通过融资模式和机

认购，发行全场倍数达4.36倍。由于集团将大量双创专项债募集的资金通过股权投资的方式投向新片区内光伏领域科创企业，以推动园区光伏发电系统、智慧新能源节能系统的建设、运营和管理，因此这种"投债联动"融资模式创新使得园区开发企业与园区内双创企业形成了一个创新共同体。这一模式吸引众多双创企业入驻园区，充分发挥了临港集团作为园区开发主体的辐射作用。

价值实现

除了前端的价值挖掘，任何企业的市场化运作都需要在后端将这一价值推向市场，通过市场投资者的资金供给实现流动性的回笼和价值的最终实现。具体到园区企业，"生产者服务商"的身份使得其往往面临着资产重、开发周期长及其带来的高杠杆和低周转问题，但这也导致大多数园区企业没有充分利用甚至重视这些资产长期、稳定现金流所隐藏的价值，因而未能充分发挥园区开发和服务实体的潜力。

这一次，临港集团又是怎么做的呢？他们想到了公募REITs。

制创新，能够更好地发挥临港集团在上海科创中心建设总布局、实体经济发展总格局中的引领示范和核心支撑作用。

今年上半年，同为上海市属国资企业的上海银行与临港集团共同设立了上银临港"科创金融示范区"。此次上海市首单直接用于支持园区双创企业发展的债务融资工具成功发行，是双方在国资委领导下，产融结合，在科创中心建设领域合作的再一次深化。

此次双创债的发行符合国家大力推进大众创业万众创新若干政策，可更好地拓宽企业融资渠道，提升服务实体的能力。未来，上海银行将继续在债券融资、资产证券化、股权融资、并购融资、创新金融等领域为客户提供高效、专业的综合金融解决方案，积极践行服务科创、服务实体的理念。

什么是公募REITs？

REITs，指的是不动产信托投资基金，英文全称是"Real Estate Investment Trusts"。这是一种通过发行股份或收益凭证汇集投资者资金购买不动产，并委托专门机构进行投资经营管理，再将投资收益按认购持有比例分配给投资者的证券投资工具。作为投融资创新手段，REITs能实现不动产的证券化，将规模大、流动性弱的不动产盘活，转化为方便广大投资者参与投资和交易的金融产品，使得普通投资者能够以较小的金额参与到优质基础设施项目的建设中来。因此，REITs能盘活巨量基础设施存量资产，在基建市场形成"建设/收购→培育→REITs化→回笼资金→再投资"的项目模式，实现"以存带增、滚动发展"的良性循环，减轻政府和社会对主体信用及刚性兑付的过度依赖，更好地推动资本市场服务于实体经济。

与欧美国家的REITs不同，我国公募REITs底层资产必须是基础设施领域的产业园区、信息网络、仓储物流、高速公路和生态环保等，无法涵盖商业地产和住宅市场。这使得国内公募REITs都是封闭运作，且封闭期都在20年以上，而所募资金则主投基础建设领域，资金的80%投向指定项目，剩余的资金配置债券等资产。作为封闭运行的品种，REITs在封闭期内不接受申购赎回，发行之后想要进入和退出的投资者需要在二

> ### 知识窗
>
> **REITs 的前世今生**
>
> REITs 最早于 1960 年起源于美国，至今已有逾 60 年的发展历史。截至 2021 年年末，REITs 已扩展至全球 41 个国家和地区，成为全球不动产投资的重要组成部分。全球 REITs 正处于高速发展时期，覆盖国家和地区不断增多，市值迅速扩张。据统计，过去三十年的全球 REITs 数量从 1990 年的 120 只扩张到 2021 年的 865 只，总市值由 1990 年的 178 亿美元增长至 2021 年的 2.5 万亿美元，年复合增长率 17.3%。覆盖的国家和地区的 GDP 总和占全球 GDP 比重从 1990 年的 28% 上升至 85%。
>
> 美国 REITs 市场发展最为成熟，日本、新加坡和中国香港是亚洲主要的 REITs 市场。截至 2021 年年末，有 1.45 亿美国人拥有 REITs 投资，总市值超 1.62 万亿美元，约占 REITs 全球总市值的 65%，遥遥领先世界其他市场。相比于美国，亚洲 REITs 市场发展较晚，但近年来发展迅速。亚洲地区 REITs 发行数量从 2005 年的 31 只爆发式增长到 2021 年的 216 只，

级市场进行交易，即场外的份额持有人可以将基金份额转托管到场内进行卖出。

在产品架构上，基础设施公募 REITs 架构有如下几个特点：

一是 80% 以上基金资产投资于基础设施资产支持证券，并持有其全部份额；基金通过基础设施资产支持证券持有基础设施项目公司全部股权。

二是基金通过资产支持证券和项目公司等特殊目的载体取得基础设施项目完全所有权或经营权利。

三是基金管理人主动运营管理基础设施项目，以获取基础设施项目租金、收费等稳定现金流为主要目的。

四是采取封闭式运作，收益分配比例不低于合并后基金年度可供分配金额的 90%。

一个典型的基础设施公募 REITs 结构如图 5.5 所示：

数量占全球市场比重从 9.2% 上升至 25.2%，总市值从 2010 年的 829 亿美元增长至 2021 年的 2 952 亿美元。截至 2021 年年末，日本、新加坡、中国香港三地 REITs 市值合计占亚洲市场 REITs 总市值的比重近九成。

国外成熟市场 REITs 可投资的底层资产丰富，基本涵盖所有物业类型。常见的底层资产类型包括公寓类、购物中心类、写字楼类、工业仓储类、医疗健康类、酒店类、市政设施类等。截至 2021 年年末，美国 REITs 市场市值占比最高的底层资产类型依次为综合类、基础设施和住宅类资产，分别占比 18.2%、16.4% 和 14.6%。日本市值占比最高的 REITs 底层资产类型依次为综合类、写字楼类和工业类资产，市值分别占比 27.4%、26.9%、16.6%。不同类型底层资产因经营模式不同而呈现偏股性和偏债性的区别。REITs 作为二级市场基金，不仅可以上市流通转让，还兼具股和债的双重属性。租金收入类资产市场化程度高，收益弹性大，股性偏强，例如购物中心、写字楼、产业园区、物流仓储等；收费类资产市场化程度低，较多为特许经营权类资产，收益弹性较小，债性偏强。

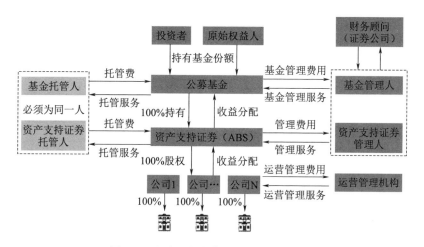

图 5.5　基础设施公募 REITs 的典型结构

在定价上，与普通的公募基金不同，公募 REITs 首次发行时每份的基金净值并不是 1，而是通过网下询价的方式来确定认购价格。在具体实践中可以看到，每份份额的认购价格通常高于 1 元。而且与普通的封闭式公募基金至少每周披露一次基金净值不同，公募 REITs 是每半年披露一次基金净值。REITs 上市后，可跟股票一样买卖，按交易佣金计算相关费用。由于 REITs 背后不仅底层资产明晰、盈利能力稳定、现金流充足且拥有一定税收优惠（REITs 收益分配给受益人时免交公司所得税和资本利得税的），且大部分 REITs 收益分配的比例不低于基金年度可供分配金额的 90% 项目，因此，REITs 的价值相较股票拥有更强的保障[①]。但同时，由于底层资产很难精确估值，REITs 在产品发行初期估值易偏离真实价值，并且在二级市场交易过程中，价格可能会大幅偏离基金净值，即出现折、溢价。

临港创新产业园 REIT[②] 的整体架构是如何搭建的？

如图 5.6 所示，相关安排可以分为八个部分：

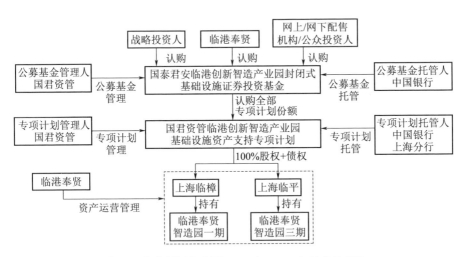

图 5.6　临港创新产业园 REIT（508021）的整体架构

第一，投资人将认购资金委托基金管理人管理，基金管理人（国君资管）设立并管理基础设施基金（国泰君安临港创新智造产业园封闭式基础设施证券投资基金），投资人取得基础设施基金份额，成为基础设施基金份额持有人。基础设施基金将用募集资金认购专项计划资产支持证券的

---

① 这里的"可分配金额"是指在净利润基础上进行合理调整后的金额，相关计算调整项目至少包括基础设施项目资产的公允价值变动损益、折旧与摊销，同时应当综合考虑项目公司持续发展、偿债能力和经营现金流等因素。

② 全称国泰君安临港创新智造产业园封闭式基础设施证券投资基金，简称临港创新产业园 REIT，二级市场交易代码 508021。

全部份额。

第二，基金管理人（代表本基金）通过与资产支持证券管理人签订《国君资管临港创新智造产业园基础设施资产支持专项计划资产支持证券认购协议》，将认购资金以专项资产管理方式委托资产支持证券管理人管理，资产支持证券管理人设立并管理专项计划，基金管理人（代表本基金）取得资产支持证券，成为资产支持证券持有人。

第三，资产支持证券管理人（代表专项计划按照资产支持证券管理人与各项目公司原股东分别就各项目公司100%股权转让事宜签订的《项目公司股权转让协议》，以及对该协议的任何有效修改或补充）的相关约定受让上海临港奉贤经济发展有限公司、上海临港华平经济发展有限公司持有的基础设施项目公司100%的股权，同时按照《借款合同》的相关约定向基础设施项目公司提供股东借款。

第四，基础设施项目公司在项目运营过程中均使用监管账户收取基础设施项目公司运营收入。

第五，基础设施项目公司按照其与资产支持证券管理人（代表专项计划）签署的《股东借款协议》约定，向资产支持证券管理人（代表专项计划）偿还相应股东借款的本金和（或）利息，并分配股息、红利等股权投资收益。

第六，资产支持证券管理人按照《国君资管临港创新智造产业园基础设施资产支持专项计划标准条款》约定，向基础设施基金划付资产支持证券收益。

第七，基金管理人按照《基金合同》约定，向投资人分配基础设施基金份额收益。

第八，在《基金合同》生效后，基金管理人将视基础设施基金运营需要，通过项目公司投资性房地产的会计计量方式变更、减资等方式实现对项目公司股债结构的调整。

从上述八条可以看出，临港创新产业园REIT的架构本质上就是将资产所有权转移到了载体公司（基金），投资者出资申购基金并拥有资产，集团则获得流动性，从而实现了资产负债结构的调整。

临港创新产业园 REIT 的底层资产及其原持有人的情况如何？

从底层资产的角度看，临港创新产业园 REIT 的两个项目均为标准厂房类的产业园区资产，主要运营及盈利模式为对外出租和运营管理，其收入来源主要为市场化租赁的产业类租户的租金收入。运营和管理均由作为底层基础设施项目的临港奉贤负责。作为运营管理机构，临港奉贤深耕产业园开发和管理，具有成熟的经营模式及市场化运营能力。产业园区对外的招商工作由运营管理机构负责，主要是通过协调运营管理机构的相关产业资源以及发掘市场上的意向产业类企业，来保障基础设施项目整体出租情况维持在良好状态。

在项目的运营上，两个基础设施项目均已达到稳定成熟的运营状态，投资回报良好，已产生持续、稳定的现金流，且收入现金流来源具备较高分散度，已经具有持续经营能力和较好的增长潜力。基础设施项目租金收入均由市场化运营产生，不依赖第三方补贴等非经常性收入。从现金流的角度，基础设施项目整体在过去 3 年内均处于运营快速提升阶段，营业收入和经营性现金流均呈现快速上涨的趋势。截至 2022 年 6 月 30 日，基础设施项目整体出租率已达到 99%，运营成熟稳定，且主要租约的到期期限都在 3 年以上，这意味着项目主体在相当长的时间内都拥有较为稳定的现金流。

临港创新产业园 REIT 底层资产的原持有人有两个，分别是持有临港奉贤智造园一期的上海临樟以及持有临港奉贤智造园二期的上海临平。

上海临樟的全称是上海临樟经济发展有限公司，成立于 2020 年 10 月。临樟的股权结构较为简单，绝大多数股权由临港集团和同为国有控股的临港园开股权投资基金持有，如图 5.7 所示。

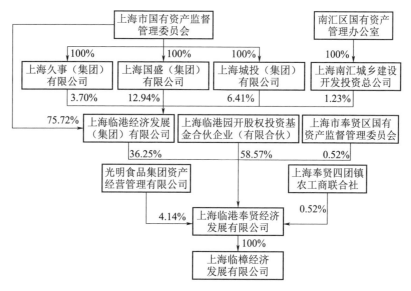

图 5.7 上海临漳的股权结构

基础设施基金成立后，上海临漳的执行董事、监事、总经理及财务负责人均由基金管理人委派的人员担任，上海临漳制定并执行新的独立财务会计制度，临港奉贤智造园一期项目由临港奉贤担任运营管理机构，负责日常运营管理。

上海临平的全称是上海临平经济发展有限公司，与临漳一样成立于 2020 年 10 月。但不同于临漳的是，上海临平由上海临港华平经济发展有限公司全资持有，如图 5.8 所示。

基础设施基金成立后，上海临平变更组织架构，不再设董事会，改设执行董事，执行董事、监事、总经理及财务负责人均由基金管理人委派的人员担任，上海临平制定并执行新的独立财务会计制度，临港奉贤智造园三期项目由临港奉贤担任运营管理机构，负责日常运营管理。

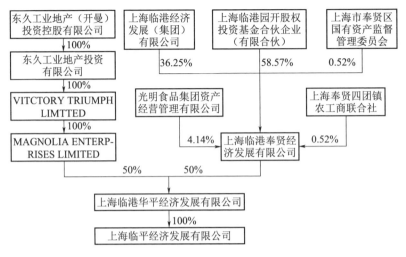

图 5.8　上海临平的股权结构

如何对底层的基础设施资产进行估值？

为了更加准确、科学地对底层资产进行估值，临港集团根据《房地产投资信托基金物业评估指引（试行）》以及《公开募集基础设施证券投资基金指引（试行）》规定，和评估机构一起，在实地查勘和调研基础上，深入细致地分析了项目特点和实际状况，依据估价原则，结合估价目的，并综合考虑其物业所处区域、物业性质、特点及影响其市场价值的各类因素，采用收益法对物业的市场价值予以评估。所谓收益法估值，需要按照确定具体方法、测算收益期、测算未来收益、确定折现率或者资本化率、将未来收益折现为现值的步骤进行。在具体的估价过程中，临港集团和评估机构将基础设施项目按照预测期内及预测期外进行测算，对于预测期内每年收入、成本费用及税金进行估算后取得预测期内每年的净收益，对预测期内的每年净收益进行贴现，预测期外至收益期届满的净收益，按照经预测的增长率持续计算至收益期届满并贴现至价值时点。具体的资产评估逻辑和参数如下：

（1）市场平均租金。

对于出租部分物业，租赁期限内的租金采用租赁合同中约定的租金

(即实际租金),租赁期满后,假设该部分物业会按照当时的市场租金租赁。对于未出租部分物业,假设该部分物业会按照目前市场租金水平租赁。

经过针对各个项目所在市场的调查与研究,评估机构最终在各个项目所在区域内确定了3个类似的工业园区厂房,作为基础设施项目的可比实例。通过对比可比实例与基础设施项目的区位状况、实体状况和权益状况,确定基础设施资产的市场租金(不含增值税和物业费的租金)。

(2)租金增长率。

一般而言,基础设施资产市场租金的预测年度增长率以项目所在区域的工业厂房市场历史数据为依据,结合该区域的市场状况综合分析得出。

本项目中,基础设施项目已签约合同的租金年化增长率为5%,同时基础设施项目周边同类资产的签约年化租金增长率也为5%,即使考虑到可能存在的意外情况,也不太可能降到3%以下。因此,3%—5%的租金增长率已经是一个相对保守的估计。

(3)折现率。

本次评估根据资产品质和区位的测算采用8%的折现率。这8%的折现率从何而来呢?事实上,该折现率为资本成本或用以转换日后应付或应收货币金额的回报率,理论上反映的是资本的机会成本。在确定上述折现率时,临港集团采用累加法进行确定。累加法是以安全利率加风险调整值作为报酬率,即将报酬率视为包含无风险报酬率和风险报酬率两大部分。其中,无风险报酬率参照评估基准日十年到期国家债券的收益率2.82%确定;风险报酬率是根据同类地区类似业务的经营方式、管理风险等因素综合确定,根据评估机构提供的数据,类似业务的风险报酬率在4.5%—5.5%。由于项目为位于上海临港新片区的高标准厂房类资产,在规划政策加持下,临港新片区成了上海市热门的工业投资区域。结合底层资产实体状况、供需情况及经营状况等综合分析,判断基础设施项目的风险报酬率在本地区类似业务中属于风险较低的类型，故基础设施项目评估采用 8% 的折现率具备合理性。

（4）稳定出租率（空置率）。

①资产已稳定运营，实际空置率较低。例如，临港奉贤智造园一期自 2017 年出租率达到 100% 以后，一直维持较高出租率，截至 2022 年 6 月末资产出租率 100%，空置率为 0%。临港奉贤智造园三期 2022 年 6 月末，资产接近满租状态，空置率仅为 1%。

②项目租约期限长，有利于为维持较高出租率提供持支撑。项目已有租约的剩余期限较长，两处资产租约中 2026 年及以后到期的租赁面积占比分别约为 78% 和 76%，最晚到期日分别为 2031 年和 2030 年。

根据评估机构对基础设施项目所在区域的优质工业厂房物业历史数据的监控，结合本次基础设施项目实际状况及租约情况，并通过与项目所在区域的优质工业厂房物业的一般情况进行比较，评估机构预计估价对象出租率比较稳定，评估机构认为临港奉贤智造园一期和临港奉贤智造园三期的长期出租率分别为 97% 和 95% 属于合理水平。

在完成底层架构设计、合规性整改和基础设施估值等大量准备工作后，临港创新产业园 REIT 这一产品于 2022 年 9 月 22 日在二级市场上市。产品吸引了保险、产业投资人、银行理财、证券公司、公募基金和信托等各类投资人参与，覆盖市场投资的主要机构类型，投资者结构均衡完整。值得关注的是，在战略投资者名单中，首次出现了基础设施公募 REITs 领域的境外机构投资者。最终，根据上交所发布的公告，参照该只基金 4.12 元人民币/份的认购价格，临港创新产业园 REIT 战略投资者、网下投资者和公众投资者比例配售前认购总金额达 727.16 亿元。又因该只基金设置了 2 亿份的募集规模上限，实际发行规模最终为 8.24 亿元人民币（不含认购费用和认购资金在募集期利息）。

公告显示，该基金战略投资者、网下投资者、公众投资者的有效认购

> ### 知 识 窗
>
> **临港首单获批公募 REITs 发售**
>
> 根据《文汇报》报道，全国首单以标准厂房为基础资产的产业园公募 REIT ——"国泰君安临港创新智造产业园 REIT（508021）"（以下简称"临港创新产业园 REIT"）于 2022 年 9 月 19 日正式发售。该产品由临港集团发起，也是上海市属国企、临港新片区第一单获批的公募 REIT。
>
> 此次发行的临港创新产业园 REIT，以优质高标准厂房作为底层资产，分别为临港奉贤智造园一期和三期。
>
> 此次临港创新产业园 REIT 的成功发售，既是临港集团推动产金融合转型发展迈出的重要一步，又是临港新片区发挥高水平开放的政策红利，围绕"五自由一便利"，打造新时代外商投资首选地，高质量外资集聚地的探索实践。

申请确认比例分别为 100%、约 0.68%、约 0.33%，即意味着公众投资者 1 万元钱认购该产品，获配的金额将仅有不到 33 元钱。其中，初始战略配售发售份额为 1.1 亿份，占发售份额总数的比例为 55%。截至 9 月 20 日，29 家战略投资者的有效认购基金份额数量为 1.1 亿份，占基金发售份额总数的比例为 55%，测算得出战略投资者认购规模为 4.53 亿元。网下投资者方面，网下发售的初始基金份额数量为 0.63 亿份，占扣除向战略投资者配售部分后发售数量的 70%。76 家网下投资者管理的 214 个有效报价配售对象，对应的有效认购基金份额数量为 93.26 亿份，测算得出网下发售比例配售前的募集规模约为 384.23 亿元。公众投资者方面，公众投资者发售的初始基金份额数量为 0.27 亿份，占扣除向战略投资者配售部分后发售数量的 30%。2022 年 9 月 19 日一级市场的发售结果显示，公众投资者的有效认购基金份额数量则为 82.13 亿份，测算得出公众投资者认购总规模为 338.39 亿元。

2.3　有为政府与有效市场

资本运作的艺术

产业开发园区可通过产业集聚形成规模效应，从而降低公共基础设施服务成本，提升经济效率，这是中国改革开放和经济发展中的重要经验。但这一模式下资产回收的长周期性和对银行信用派生的高度依赖，也导致园区发展不可避免地受制于高杠杆和低周转的约束。面对这一普遍存在的困境，临港集团以借壳上市为起点，进行了一系列兼具科学性和艺术性的资本运作，在自身债务可控的情况下实现了快速扩张，同时也为上海高新技术的产业化落地带来了较强的溢出效应，极大地降低了集团的杠杆率和财务风险。

掣肘的资金

作为临港新城的开发建设主体，临港集团早期股东各方出资仅有30亿元人民币，而开发区总规划面积217平方千米，需要进行大量的道路及配套设施建设，还要对区域内河道进行治理，并对荒地进行一级土地开发。集团需要承担投融资职能，负责筹措资金并代建相关基础设施，面临投资规模大、建设周期长、资金压力大的困难。

为增强临港集团的融资能力，上海市政府曾于2004年起，分批将1984年成立的漕河泾总公司（简称漕总）的股权注入。漕河泾开发区具有国家级开发区、高新区和出口加工区三块牌子，园区开发较为成熟，相关资产能提供较为稳定的现金流。此外，2004年上海市区两级财政成立临港专项资金，主要用于回购临港集团代建的基础设施，但项目的回购需要决算后经政府专项审计才能完成，回收周期较长。与之类似，地方土地储备中心也要等土地在二级市场转让后，才将土地出让金进行返还，其中扣除征用成本及开发等费用后产生的土地收益，70%作为临港集团的分成收益。

这意味着，在开发的早期，临港集团需要大量垫资以待政府资金回补。截至2011年年末，公司在临港产业区已进行土地整理31.8平方千米，累计支出157.7亿元，再加上42.1亿元的市政项目，两项累计投入约200亿元，但公司仅收到26.7亿元工程款和6.5亿元土地出让金返还。

在发展早期，集团主要通过银行借款满足资金需求。2009年年末，公司债务总额达396.4亿元，资产负债率高达89%。2011年上海市国资委曾注资30亿元并将工投集团持有的3.7亿元股权进行增资，年末公司债务总额下降至339.6亿元，但资产负债率仍有79.5%。雪上加霜的是，临港集团的营收中并不包括委托代建收入，仅体现一级土地开发收益的返还。2014年，公司的土地开发营收为7.1亿元，占总营收的11.5%。然而，一级开发业务占用了大量资金，这导致其当年的毛利率仅有5.6%。

为此，集团通过拓展融资渠道，于2012年年底首次发债，融资7亿元，利率为6.1%。2014年年末，合并口径下临港集团的资产总额达到573.2亿元，资产负债率为83.2%，较2011年年末大幅上升。在园区开发需求迅猛发展的情况下，传统的高杠杆和低周转的融资模式让临港集团在债券市场仅能获得AA主体信用评级，这无疑会提高集团的融资成本，制约其为产业提供服务的质量和能力。

借壳上市

2014年年末，国务院出台规范地方政府债务的43号文，要求将土地一级开发纳入政府性债务并进行清理。这使得临港集团基础设施建设业务有45.5亿元被纳入地方政府债务置换；按照规定，2015年后公司需要剥离相关业务，不再需要垫付资金，仅作为总承包方进行建设管理、招投标和验收等工作。这一规定让临港集团能够聚焦园区开发和物业租赁等收益更高的业务，也为临港集团的股权融资提供了可能性。

2014年8月，临港集团以21.5亿元注册资本成立上海临港经济发展集团资产管理有限公司（简称临港资管），将部分经营性资产集中于此。2014年年底，临港集团开始启动借壳自仪股份的上市流程。12月5日，自仪股份董事会通过重组草案。借壳方案是上海电气集团将所持20%自仪股份无偿划转给临港集团旗下的临港资管，价值1.7亿元的自仪股份原有资产全部置出，同时将临港资管旗下松江园区、康桥园区、南桥园区和洋山自贸区陆域部分的经营性资产注入，涉及临港投资100%股权及其子公司松江高科、松江高新和康桥公司的少数股东权益。相关资产的评估价值共28.4亿元，由上市公司以7.08元的价格向临港资管和三家镇级资管公司新桥资管、九亭资管、浦东康桥分别增发股票进行收购。临港集团承诺，这些资产2015—2017年3年的归母净利润不低于7.7亿元。此外，上市公司还向临港资管等投资方以7.92元锁价定增募集9.5亿元配套资金。2015年11月，自仪股份证券简称更名为上海临港。截至2015年年末，合并口径下上海临港的总资产为69.8亿元，净资产为31.1亿元。

重大资产重组完成后，临港集团通过临港资管持有的上海临港股份仅占45.1%，这使其获得了大量的外部股权支持（54.9%）。此外，得益于市财政的5亿元增资，2015年年末临港集团合并所有者权益剧增至136.9亿元，资产负债率则大幅降至75.4%，债务压力得到缓解。2015年，上海临港实现9亿元营收和2.4亿元归母净利润，主营业务简单清晰。其中，房产销售营收为7.5亿元，毛利率为57.4%；房产租赁营收为7641万元，毛利率为75.7%。此时，上市公司的规模尚小，但作为临港集团经营性资产的整合平台和资本运作平台，已经具有了较大的增长空间。2016年2

月，临港集团的主体信用评级被调升为 AA+。

借壳上市只是资本运作的开始，下一步是增资扩股。2016 年 5 月，临港集团将浦江高科技园一、二级土地开发业务进行了拆分，并于 6 月启动浦江园区开发业务注入上市公司的流程。6 月 21 日，上海临港公告重组草案，以 14.07 元的价格向实际控制人临港集团旗下浦江公司发行股票，收购其持有的浦星公司 100% 股权及双创公司 85% 股权。相关资产的评估价值共 16.6 亿元，为此，浦江公司承诺标的资产 2016—2018 年 3 年的归母净利润不低于 3.8 亿元。即使收购资产溢价率较高，股份发行价格对应的市净率也高达 4 倍，市场反应积极。在停牌前的 3 月 15 日，上海临港的收盘价为 15.42 元；7 月 6 日股票复牌后连续两个涨停，股价于 11 月 16 日最高达到 25.52 元。2016 年，公司实现营收 18 亿元，归母净利润 4 亿元，其中前期收购的松江高科和浦星公司分别贡献了 2.6 亿元和 1.1 亿元净利润，合计约占上市公司整体净利润的 90%。同样，以 14.07 元的定增价格，上海临港还在 2017 年 2 月完成向莘庄工业区、普洛斯等七名投资者募集 15 亿元配套资金。定增完成后，临港集团通过临港投资和漕总分别持有上海临港 36% 和 10.6% 的股份，共计 46.6%。在多轮股权融资后，上海临港的资产负债率已降至 44.5%，再次具备了通过债务融资扩大资产规模的空间。同时，上市公司的资本运作也有助于集团信用等级的提升。2017 年 6 月，临港集团获得中诚信的 AAA 主体信用评级。2017 年年末，合并口径下临港集团的总资产达到 629.7 亿元，所有者权益合计 220.6 亿元，对应资产负债率仅为 65%，较 2015 年年末有大幅好转。

2018 年，上海按照中央要求，开始为增设上海自贸试验区临港新片区提前布局。作为主开发商，临港集团大规模扩张和建设产业园区，负债率快速攀升。2018 年年末，合并口径下临港集团的总资产规模跃升至 830.6 亿元，总负债增至 563.2 亿元，资产负债率达 67.8%。为了在满足高速发展需要的同时缓解集团债务压力，集团再次利用上市公司平台进行资本运作。

2018 年 9 月 15 日，上海临港发布重大重组交易预案，拟注入漕总持有的合资公司 65% 股权、高科技园公司 100% 股权和科技绿洲公司 10%

股权，以及天健置业、久垄投资等公司持有的南桥公司 45% 股权、双创公司 15% 股权和华万公司 55% 股权。这批资产的初始总估值为 200 亿元，在分红调整后交易作价为 189 亿元。其中，漕总持有资产作价为 182 亿元，其承诺 2019—2021 年归母净利润总额不低于 18.8 亿元。

上海临港以 20.68 元的股价定增发行 7.8 亿股，并支付 27.9 亿元现金购买此批资产。此外，上海临港向普洛斯、建工投资、东久投资等投资者定增募集不超过 60 亿元配套资金。但是，市场初期对此并不乐观。一方面，所收购资产的盈利能力偏低，注入资产和配套融资达到 250 亿元，远超上海临港现有规模；另一方面，注入的合资公司、高科技园公司股权增值率分别高达 450%、356%，估值偏高。停牌前，6 月 14 日，上海临港的收盘价为 21.67 元。10 月 10 日公司股票复牌后，股价连续两个跌停，直至 10 月 19 日，股价最低跌至 14.76 元。直至 11 月 5 日，增设上海自贸试验区新片区的决策正式宣布后，才带动公司股价的大涨。

新增资产的注入改善了上海临港的融资能力。2018 年 6 月，上海临港首次公开发行 12 亿元 4—5 年期债券，就获得 AAA 债项评级，发行利

知识窗

生命蓝湾基金：临港资本运作的新探索

2020 年开始，临港集团开始尝试探索与园区企业的更深层次合作，以及更有效的产业集聚，作为发展的新引擎。既提供基地又提供资金的"基地+基金"模式成为临港集团在资本运作方面的新探索。生物医药作为临港蓝湾重点产业方向，具有研发投入大、风险高、回报周期长的特点，产业发展过程中不但需要建设大面积厂房，也需要源源不断的资本活水提供"能量补给"，因此非常适合这一模式的开展。于是，秉承招投联动、企业赋能、推动生物医药产业发展的初心，助力生命科学领域创新力量与优质资源资本的深层次整合以及更多生物医药创新成果在临港孵化落地，临港生命蓝湾基金于 2021 年诞生，其中临港生命蓝湾基金一期规模 10 亿，截止 2023 年 5 月已完成一半以上的投资，已投项目基本上均有相关主体注册或落地于临港生命蓝湾园区，招投联动、投招联动效应显著。二期基金也已在紧锣密鼓地推进中，将继续发挥基金的产业促进及支撑作用，作为提振临港新片区、打造具有国际影响力的生物医药产业全球创新策源地的崭新金融引擎，推动临港新片区生物医药产业向"高端化、智能化、国际化"的方向蓬勃发展。

率约为 5%；2019 年 1 月再次发行时，利率已下降为 3.8% 左右。2019 年 6 月，对合资公司和高科技园等资产重组的相关股权完成过户，随后中诚信将上海临港的主体信用评级由 AA+ 上调为 AAA。

2019 年 12 月，上海临港完成募集 47.7 亿元配套资金的目标，以 23.98 元价格定增 1.99 亿股。此时，临港集团通过旗下公司共持有上市公司 60.5% 股份。2019 年年末，合并口径下临港集团的所有者权益已增至 422.9 亿元，尽管总资产也扩大至 1 080.5 亿元，资产负债率却下降为 60.9%。

从房东到股东

作为专业从事园区产业载体开发、园区运营服务和产业投资的国有控股上市公司，临港集团承担着旗下产业园区的招商引资工作，这往往需要其牺牲短期盈利能力，以换取更多优质企业入驻。为了实现目标，一种常见的手段是提供不同程度的租金减免扶持政策。例如，在园区与

在成立近两年的时间里，临港生命蓝湾基金走访了三百多家企业，完成了十五个项目的投资。为了快速带动产业链发展，基金布局了鼎泰药研、泰楚生物、臻格生物、思睦瑞科这类 CRO&CDMO（合同定制研发机构与合同定制研发生产机构）企业，极大驱动了临港蓝湾生物医药全产业链生态圈加速赋能；在创新药领域，基金放眼全球科技前沿技术，前瞻性瞄准例如核酸药物、基因治疗、细胞治疗等创新型疗法，希望能解决目前临床未被满足的难题和需求，使得广大患者获益。同时，基金也关注合成生物学、生命科学上游、小分子药等领域，投资了迪赛诺、恺佧生物、微构工场等优秀企业，全面布局产业全链条。

在企业赋能上，蓝湾还与上海市药品审评核查中心、药监局认证审评中心、上海市医疗器械检验研究院等机构深度合作，及时响应企业需求，协助解决企业在产品注册申报、运营等环节遇到的瓶颈，提升企业产品注册和质量管理能力，并在这一基础上参与搭建上海长三角科创企业服务中心，致力于构建以科创板为核心的多层次资本市场服务生态体系，依托政府部门、交易所及市场专业机构，为项目不同发展阶段的科创企业提供全生命周期的"金牌保姆"式服务，赋能企业上市，目前已在多个项目上得以实施。与此同时，基金还与海通证券等知名券商、律所、会所形成深度战略合作，为企业合规上市等资本运作提供多方位辅导。

工业企业、科研中心签订的租赁合同中，通常会有3—6个月的免租期，开发公司需要内部消化这些费用。若大量新增企业入驻，会导致公司平均租赁价格的下降。

近年来，在由"管资产"向"管资本"转型的背景下，临港集团开始更多利用"招投联动"的模式进行园区招商引资，通过大量投资并参与各类产业基金，为园区引进和培育战略性新兴产业的高科技企业，实现"由房东向股东"的身份转变。例如，2017年12月，上海临港公告与其控股股东临港资管、上海电气共同发起设立认缴出资总额为42.1亿元的申创基金。2020年1月，上海临港又公告拟与临港资管等企业共同发起设立申创新片区基金，拟定出资总额为38.2亿元，其中上海临港通过全资子公司临港投资出资2.5亿元。2021年，上海临港还披露直接或间接投资壁仞科技、思尔芯等园区企业，而此前投资的商汤科技、海尔生物等已实现上市；同年，上海临港还对申创产城基金、国和人工智能基金等投资逾3.8亿元，并获得3.9亿元基金投资分红收益。

2022年以来，临港集团进一步以投资为驱动、以产业为纽带，通过"基地+基金"的模式和市场化的运作手段，与专业基金团队联动，全力完成了集团内直投团队的体系化和制度化建设，持续提高管理水平和投资能力。通过主动对接项目资源、深度挖掘与主责主业相关的优质企业，上市公司已初步建成以投资带动各类要素集聚的功能性平台，聚焦高端产业的核心技术及创新资源，围绕数字技术、绿色低碳、人工智能等科技产业，投资了SAP等多个优质产业项目，不断推动整合产业头部资源，所投企业江波龙、心泰医疗已分别在深交所和港交所挂牌上市。通过产业导入、品牌化发展，公司正全力实现产业资源的"内循环"和"再循环"，逐步在产业投资领域打造出"赋能产业发展、提升产业价值"的特色化品牌。

放大镜下的临港

资本运作一方面帮助临港集团获得了充足的外部融资，从而实现了去杠杆和降风险的目标，但另一方面也要求公司必须满足金融市场严格的信息披露要求，并随时接受外部投资者的监督。对任何企业而言，上市之后就仿佛将自身置于市场的放大镜下，任何负面信息都可能引发投资者"用脚投票"，影响到金融资产的价格，进而影响融资能力，增加流动性风险甚至被并购的可能性。但这种潜在的巨大风险并没有吓退临港人，相反，他们拥抱市场、接受监督，通过积极的内部治理、外部投资者沟通和信息披露，将这一压力转化为公司治理的动力：一方面不断健全公司法人治理结构，推进管理体系和管理能力提升，保障公司的公正、透明和稳健运营，另一方面坚持将社会责任和 ESG 理念融入企业经营战略中，致力于在与各利益相关方的沟通实践中实现企业可持续发展。

完善的内部治理是企业可持续发展的重要保障，临港集团根据《公司法》《证券法》和《上市公司治理准则》的要求，设立了股东大会、董事会、监事会，并建立了以《公司章程》《股东大会议事规则》《董事会议事规则》《监事会议事规则》为基础的法人治理结构，明确了股东大会、董事会、监事会和经理层在决策、执行、监督等方面的职责权限、程序以及应履行的义务，形成了相应的权力机构、决策机构、经营机构和监督机构，公司的经营管理实行董事会授权下的总裁负责制度，彼此制衡、互相监督。具体来说，这种内部治理主要包括以下四个方面：

第一，股东与股东大会。集团保证所有股东均享有法律法规和《公司章程》规定的合法权利。公司严格按照《公司章程》《股东大会议事规则》的要求召集、召开股东大会，确保所有股东特别是中小股东都享有平等的地位和权利并承担相应的义务。在 2022 年，公司就召开了 3 次股东大会，股东大会会议的召开、表决程序均符合《公司章程》《股东大会规则》的要求，会议召开程序合法、决议内容有效（见表 5.1）。

表 5.1　2022 年上海临港召开的三次股东大会

会议届次	召开日期	决议的披露日期	会议决议
2021 年年度股东大会	2022 年 5 月 27 日	2022 年 5 月 28 日	·关联股东按规定回避表决 ·特别决议议案均获得出席会议股东或股东代表所持有效表决权股份总数的三分之二以上通过 ·普通决议议案均获得通过
2022 年第一次临时股东大会	2022 年 9 月 28 日	2022 年 9 月 29 日	所有议案均获得通过
2022 年第二次临时股东大会	2022 年 12 月 5 日	2022 年 12 月 6 日	所有议案均获得通过

第二，控股股东、上市公司之间关系。上市以来，集团控股股东严格规范自己的行为，不存在利用特殊地位超越股东大会干预公司决策和经营活动的情况。公司与控股股东在业务、人员、资产、机构、财务五个方面做到完全独立，公司董事会、监事会和内部机构均独立运作，与控股股东发生的关联交易事项均严格按照《公司章程》《关联交易管理制度》《上海证券交易所股票上市规则》的相关规定履行决策程序，履行信息披露义务。

第三，董事与董事会。公司董事会由 11 名董事组成，其中独立董事 4 名。公司严格按照《公司章程》规定的董事选聘程序选举董事；公司董事会的人数和人员构成符合法律、法规的要求。董事会下属各专业委员会按照《董事会审计委员会实施细则》《董事会提名委员会实施细则》《董事会战略委员会实施细则》《董事会薪酬与考核委员会实施细则》要求合规运作，各司其职，确保董事会的高效运作和科学决策。2022 年，公司共召开 9 次董事会会议，会议的召集、召开均符合《公司法》《公司章程》等相关规定的要求，独立董事亦就相关事宜出具独立意见（见表 5.2）。2021 年，上海临港更是在第十二届中国上市公司投资者关系管理论坛中荣获中国主板上市公司投资者关系最佳董事会奖。

表 5.2　2022 年上海临港董事会会议

会议届次	召开日期	会议决议
第十一届董事会第四次会议	2022 年 3 月 11 日	审议并通过《关于增资参股子公司上海临港新片区信息飞鱼经济发展有限公司暨关联交易的议案》《关于聘任公司副总裁的议案》《关于聘任公司董事会秘书的议案》共 3 项议案
第十一届董事会第五次会议	2022 年 4 月 27 日	审议并通过《2021 年度董事会工作报告》《2021 年度社会责任报告》《2021 年度独立董事述职报告》等 24 项议案
第十一届董事会第六次会议	2022 年 6 月 10 日	审议通过了《关于支持园区企业抗击疫情减免小微企业和个体工商户租金的议案》
第十一届董事会第七次会议	2022 年 8 月 12 日	审议并通过《关于受托管理临港集团所持有的上海域外公司股权暨关联交易的议案》《关于向全资子公司上海临港经济发展集团投资管理有限公司增资的议案》《关于修订〈投资管理制度〉及〈投资决策与管理委员会议事规则〉的议案》共 3 项议案
第十一届董事会第八次会议	2022 年 8 月 29 日	审议并通过《关于〈2022 年半年度报告〉及其摘要的议案》《关于〈2022 年半年度募集资金存放与实际使用情况专项报告〉的议案》《关于申请注册发行超短期融资券的议案》等 5 项议案
第十一届董事会第九次会议	2022 年 9 月 20 日	审议并通过《关于全资子公司以公开挂牌方式增资扩股引入战略投资者的议案》
第十一届董事会第十次会议	2022 年 10 月 27 日	审议并通过《关于〈2022 年第三季度报告〉的议案》《关于聘任公司执行副总裁的议案》共 2 项议案
第十一届董事会第十一次会议	2022 年 11 月 10 日	审议并通过《关于收购上海临港新片区经济发展有限公司股权暨关联交易的议案》《关于提请召开 2022 年第二次临时股东大会的议案》共 2 项议案
第十一届董事会第十二次会议	2022 年 12 月 20 日	审议并通过《关于投资设立上海临港奉贤新城未来谷经济发展有限公司的议案》《关于全资子公司参与投资设立上海临港数科创业投资合伙企业（有限合伙）暨关联交易的议案》《关于受托管理临港集团所持有的上海漕河泾新兴技术开发区海宁分区经济发展有限公司股权暨关联交易的议案》等 5 项议案

第四，监事与监事会。公司监事会由 6 名监事组成，其中职工监事 2 名，职工监事由公司职工代表大会选举产生。监事会成员本着对全体股东负责的态度，切实履行自身职责，对公司财务状况以及公司董事及高级管理人员履职情况的合法性、合规性进行监督。报告期内，公司共召开 8 次监事会，会议的召集、召开均符合《公司法》《公司章程》等相关规定的要求。

除此之外，作为大型国有企业，临港集团还在深入领会党中央关于推进国资国企改革的有关文件精神的基础上，结合临港新片区开发建设和全市重点区域转型发展的要求，通过"四个一"工作机制（见图 5.9）扎实推进国资国企改革各项重点任务，不断提高企业活力、经营效率和市场竞争力。2022 年，集团在上海市国资委国企改革三年行动和综合改革试验专项督查中获评 A 级，排名市国资系统第 2 名。

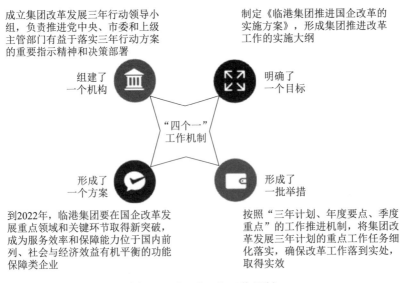

图 5.9 "四个一"工作机制

除了积极的内部治理，临港人还主动接受外部投资者的监督，通过多种方式向外部投资者进行信息披露，以主动之姿应对市场的关注和监督。这些方式具体包括在年报中表达管理层观点，披露经审计的财务报告，多渠道回应投资者关注问题，等等。

首先，临港集团自 2015 年借壳上市开始，就持续在年度报告中表达管理层的观点，从而更好地向外部投资者介绍公司内部情况和对未来发展的看法。例如 2022 年，管理层将集团在过去一年的表现总结为"积极践行国企使命担当，公司经营企稳提质""心怀国之大者，战略深耕临港新片区建设""打造园区特色产业集群，助力长三角一体化高质量发展"和"强化科技创新策源功能，承接上海科创中心建设使命"四大特征，随后报告了公司所处行业情况、从事的业务情况，并总结了"承接国家战略的政策优势""具有成熟的园区开发品牌""具备丰富的战略空间资源"和"拥有卓越的创新驱动能力"四大核心竞争力，最后对行业格局和趋势进行了研判并给出了集团的发展战略、经营计划以及可能面临的风险。这种与投资者的全面沟通极大程度降低了集团内部与外部投资者间的信息不对称，让外部监督变得更加有效。

其次，临港集团还披露了以审计后财务报告为代表的一系列文件，以客观、全面地向投资者传达公司内部信息。这些文件包括但不限于财务报表、财务报表附注、内部控制审计报告、重要事项、聘任和解聘会计师事务所情况，等等。此外，董事会下还专设审计委员会，针对重要事项文件进行讨论并出具意见。

最后，临港集团还持续强化与投资者沟通的深度和广度，通过多种渠道与投资者进行互动并回应其关注的问题，利用主动宣传向投资者传递公司价值。例如召开年度业绩说明会与投资者就企业业绩、经营情况及未来发展等问题进行深入交流，多次参加上市公司投资者集体接待日活动且提问回复率均在 90% 以上，积极拓宽投资者交流渠道并建立线上、线下、多渠道、多维度的沟通途径，设置专人接听的电话热线为数百位投资者答疑解惑，接待机构投资者调研并公布《关于接待投资者调研情况的公告》，等等。出色的信息披露和投资者关系维护工作也为临港集团带来了荣誉，例如上交所就曾多次将上海临港的信息披露评价定为最高的 A 级。

知识窗

临港集团如何满足外部投资者的 ESG 需求？

"环境、社会和治理"（Environmental, Social and Governance, ESG）是联合国于2004年提出的企业管理理念和投资理念，强调经济、环境、社会协调发展，发挥资本的力量解决社会环境问题。近二十年来，ESG 理念在全球政府和市场主体中得到广泛实践和推广，并成为发达国家、新兴市场国家的主流投资理念和实践策略之一。据有关机构预测，到2025年，全球 ESG 资产规模将达到53万亿美元，占全球资产管理规模的1/3。随着全球对可持续发展的共识日益广泛，社会对企业在绿色发展、节能减排、社会责任、诚信经营和合规管理等方面的要求也越来越多、越来越严格。

面对投资者不断上升的 ESG 需求，临港集团从"环境风险管理（E）""社会风险管理（S）""治理责任（G）""价值创造（V）"四个维度，构建完善的社会责任及 ESG 指标体系，系统梳理和规范公司社会责任及 ESG 工作；组织员工参加内外部社会责任培训、研讨等活动，增强员工责任意识，普及国内外社会责任及 ESG 最新研究成果和知识；持续发布社会责任报告，以报告促管理，不断提升自身履责能力。具体到园区开发运营层面，则坚持经济发展与环境保护并行原则，着力"业态、形态、生态"三态有机融合，统筹旗下各园区积极贯彻低碳管理理念与环境管理体系，联动协同园区企业共建绿色生态，推动园区及园区内企业实现绿色化升级转型；公司扎实推进绿色金融转型、优化绿色金融供给，为满足各类绿色、低碳、可持续发展的融资需求。2022年，上海临港凭借在公司治理、信息披露、投资者关系管理等方面的卓越表现，入选中国上市公司协会《上市公司 ESG 优秀实践案例》，荣获"2022年度上市公司董办最佳实践奖"。

3　他山之石：中新集团

3.1　中新集团的上市历程

2019年5月，《国务院关于推进国家级经济技术开发区创新提升打造改革开放新高地的意见》提出，积极支持符合条件的国家级经开区开发建设主体申请首次公开发行股票并上市。随后在2019年11月29日晚，证监会核准中新苏州工业园区开发集团股份有限公司的首发上市申请，中新集团成为该政策发布后国内首个获批上市的国家级经开区开发运营主体。

中新集团由中国和新加坡两国政府于1994年8月合作设立，作为苏州工业园区开发主体和中新合作载体，为园区开发建设作出了重大贡献。集团旗下现有50多家子公司，总资产超200亿元，目前已确立以园区开发运营为主体板块、以产业载体配套和绿色公用为两翼支撑板块的"一体两翼"协同发展格局。近年来，集团紧跟国家战略，在国内多地实施园区开发运营项目，输出中新合作的成功经验。在发展的过程，中新集团积极汲取新加坡的发展经验，不断进行模式探索，短短几年时间便成为中国园区发展的"引路人"。第一次引入外资投资，借助外资标准化的制度和科学的管理体系，助力自身发展；第一家做标准厂房，建立标准化工业地产模式，包括现在做标准厂房知名度比较高的联东集团本质也是借鉴中新集团的模式。而苏州工业园区连续三年位列全国经开区综合排名首位，跻身建设世界一流高科技园区行列，2018年被江苏省委、省政府授予"为江苏改革开放作出突出贡献的先进集体"称号。苏州工业园区有关负责人介绍，中新集团获批上市，将有助于苏州工业园区提高开发建设的力度和质量，加快建设世界一流高科技产业园区，同时也为开发区开发运营提供中外合作市场化模式。

事实上，中新集团的IPO之路远非一帆风顺。早在2004年，中新集团就踏上漫长的IPO之路，在这过程中经历了两次重大挫折：第一，上市之后新加坡资本方售卖股权问题将无法避免；第二，房地产企业IPO被叫停。曙光直到前文提及的《国务院关于推进国家级经济技术开发区创新提升打造改革开放新高地的意见》的发布才开始显现。中新集团的IPO进程，从2008年10月10日获证监会受理，到2014年5月4日预先披露，到2016年1月13日过发审会，再到2019年11月29日拿到批文，历时4067天，创A股历史记录。

漫长等待的同时，是中新集团的耐心准备。2019年1—9月，中新集团总体经营情况较为良好，实现营业收入45.3亿元，较上年同期增长61.95%，归属于母公司所有者的净利润10.6亿元，较上年同期增长37.83%，扣除非经常性损益后归属于母公司所有者的净利润7.1亿元，较上年同期增长6.44%——造成这一差异的主要原因是公司于2019年1—9月集中处置住宅及商业房地产资产。其实无论从自身发展还是招股材料显示，中新集团都是一家园区开发为主体的公司。但是，其地产业务开发与运营业务在其主营业务的比重中占比超过60%，且主要收入来源于住宅及商品房销售业务。

为了成功实现IPO，中新集团在2019年上半年壮士断腕，一口气将所有的住宅业务全部剥离。按照招股书显示，中新集团2019年1—6月，公司集中处置住宅及商业房地产。其中，处置吴中置地100%股权和和瑞地产51%股权，处置左岸地产30%股权、恒熠咨询30%股权、尚源房产19.4%股权、联鑫置业16.66%股权及圆融集团25%股权。直至IPO之前，集团商业房地产已经处置完毕，剩下部分全部自持，不再对外销售，并修改公司章程及工商营业执照中的经营范围，经营范围中不再含有住宅房地产开发与经营业务。

在剥离了住宅房地产开发与经营业务后，中新集团将自己定位于"中国园区开发运营领军企业"，充分发挥自身的各项资源整合能力，为园区开发运营提供综合资源整合服务，包括前期提供科学、前瞻性的规划与设计，伴随土地一级开发提供全球网络的招商服务，同时还具备开发工业厂房、研发楼等载体和商业房地产的能力，以及提供基础设施建设、配套设施、绿色公用事业服务的水平，从而形成了一个完整的园区开发运营的"服务菜单"：

在土地开发上，中新集团最为核心的土地一级开发业务的优势就体现得特别明显。除了苏州工业园区大本营，还开拓了苏州常熟（1.66平方千米的海虞项目）、张家港（乐余镇和凤凰镇两个2—4平方千米小型新型城镇化项目）、嘉兴（16.5平方千米的中新嘉善现代产业园）、南通（50平方千米的苏通科技产业园）、滁州（35平方千米的苏滁现代产业园）、宿迁（2 730亩的土地一级开发项目）等长三角重点二线城市的业务。

在房地产业务上，中新集团将范围聚焦于长租公寓、工业厂房及金融办公、科技研发等商业租赁业务，都属于国家政策支持的范畴。中新集团还将旗下的中新置地更名为"中新智地"，并将标准厂房作为未来重点发力的业务。

在多元化服务上，中新集团业务主要包括专业服务（工程代理和招商代理）、咨询服务、物业服务、酒店服务、商品销售等。公司招商代理业务所具有的竞争优势有力地推动了园区经济的发展，得到园区管委会的认可。公司连续与园区管委会签订《关于苏州工业园区的国际招商代理协议》，于2013年12月与园区管委会续签《苏州工业园区招商代理协议》，以及于2015年1月签订《苏州工业园区招商代理协议之补充协议》；此外，公司还取得了苏通科技产业园和苏滁现代产业园两大产业园区的招商代理权。中新集团依托二十年来积累的开发经验和管理资源，充分利用中新合作品牌优势，依托全球招商网络资源，积极参与苏州工业园区、苏通科技产业园及苏滁现代产业园的产业升级、区外项目的产业转移、招商代理、工程代理等多元化服务，获得了稳定的利润来源。

3.2 中新集团上市的背后：园区开发政策的变迁

地产以资本为王，产业以金融为先，资金对于产业园区行业的重要性毋庸置疑。但长期以来，与地产盘根错节的关联以及产业投资形成资产的现金流短板都严重制约了园区开发主体通过资本市场进行市场化融资的能力。随着时代的发展，地产周期与园区开发主体市场化改革的此消彼长也意味着园区开发主体越来越适合通过资本市场融资——这正是国家对园区开发主体资本支持政策从"警惕谨慎"走向"鼓励支持"的背后主线。

第一阶段：警惕和谨慎

园区开发主体的主要收入来自销售和租金收入，因此园区很可能会被列入房地产行业。尽管对于房地产企业上市融资，官方并未给出明确的禁止政策，但持有高度警惕，且在监管实践中通常以窗口指导的形式进行。

有两个较为典型的政策说明了这一点：一是2010年4月17日，国务院办公厅发布《国务院关于坚决遏制部分城市房价过快上涨的通知》（国发〔2010〕10号），规定："对存在土地闲置及炒地行为的房地产开发企业，商业银行不得发放新开发项目贷款，证监部门暂停批准其上市、再融资和重大资产重组。"二是2013年2月26日，国务院办公厅发布《关于继续做好房地产市场调控工作的通知》（国办发〔2013〕17号），规定："对存在闲置土地和炒地、捂盘惜售、哄抬房价等违法违规行为的房地产开发企业，有关部门要建立联动机制，加大查处力度。国土资源部门要禁止其参加土地竞买，银行业金融机构不得发放新开发项目贷款，证券监管部门暂停批准其上市、再融资或重大资产重组，银行业监管部门要禁止其通过信托计划融资。"

在顶层设计的方向指引下，证监会也在执行层面出台了相关政策。首先，2015年1月16日，证监会发布《证监会调整上市公司再融资、并购重组涉及房地产业务监管政策》，规定："此前，上市公司再融资、并购重组涉及房地产业务的，对其是否存在违反国务院有关规定的情形，我会进行相关审核时，在公司自查、中介机构核查的基础上，依据国土资源部等部门的意见来进行认定。"其次，在2018年证监会《再融资审核非财务知识问答》对于涉房业务上市公司申请再融资时要求：申报时主营业务非房地产，但母公司或合并报表范围内子公司存在房地产业务的，需在房地产业务全部清理完毕的基础上推进。具体清理要求包括房地产业务相关的资产或股权需全部对外转让或整改后不再控制，母公司或合并报告范围内子公司的经营范围中取消房地产业务并完成工商变更登记，保荐机构及申请人律师需就房地产业务是否已经清理完毕进行核查并发表意见，以及发行监管部门就房地产业务是否清理完毕征求申请人注册地证监局意见等。

在这一阶段，准备上市的园区开发主体自身经营模式尚不清晰，与房地产开发企业存在一定的相似性。园区企业要想上市，需要规避被监管机构认定为房地产开发经营企业，如果有房地产相关业务，需要将房地产开发业务剥离（包括住宅和商业），并增加产业板块的投资收入、物业服务收入以及其他增值服务收入占比，将租金收入等房地产业务收入的占比减少到50%以下，等等。这对于当时绝大多数的园区企业而言都具有较高的难度。而从结果上看，一方面，在2010年"国十一条"以后相当长的时间里，房地产相关企业IPO或借壳上市的案例也十分稀少。另一方面，开发区的开发建设和运营管理在本质上无法分离，受限于开发区产业盈利周期，没有同运营管理结合的开发建设主体是无法可持续发展的。而早期在主板上市的22家开发区类企业中，大量开发区主体通过变更经营范围或者"卖壳退市"等手段相继退出，只有10家被公认为开发区类A股企业，存活率还不到50%。

第二阶段：鼓励和支持

随着时代的发展，园区开发主体上市的条件发生了明显的变化。一方面，随着房地产市场的有序调控，房价上涨的预期得到有效控制，园区开发主体对商业地产的偏好有所下降；另一方面，部分园区在市场化转型努力下现金流得到改善，使得部分资产质量开始逐渐达到上市门槛。在这一时代背景下，国家对于经开区上市融资的态度也在逐渐发生变化。

事实上，早在 2016 年 3 月，国务院就印发实施了《国务院办公厅关于完善国家级经济技术开发区考核制度促进创新驱动发展的指导意见》（国办发〔2016〕14 号），明确提出："经过 30 多年发展，国家级经济技术开发区（以下简称国家级经开区）作为先进制造业聚集区和区域经济增长极，已经成为我国经济发展的强大引擎、对外开放的重要载体和体制机制改革的试验区域，为我国形成全方位、宽领域、多层次的对外开放格局作出了突出贡献。当前，国家级经开区面临的国际国内形势和肩负的历史使命都发生了深刻变化，迫切需要通过完善考核、分类指导、综合施策，促进创新驱动发展，为稳增长调结构惠民生继续发挥生力军作用。"尤其提到了支持符合条件的国家级经开区开发、运营企业上市和发行债券。

随后，鼓励经开区上市的政策导向变得更为清晰：国务院于 2019 年 5 月印发实施了《国务院关于推进国家级经济技术开发区创新提升打造改革开放新高地的意见》（国发〔2019〕11 号）。这一政策文件从提升开放型经济质量、赋予更大改革自主权、打造现代产业体系、完善对内对外合作平台功能、加强要素保障和资源集约利用这 5 个方面，对国家级经开区下一步的发展提出了 20 条指导意见。文中提到，优化开发建设主体和运营主体管理机制。支持地方人民政府对有条件的国家级经开区开发建设主体进行资产重组、股权结构调整优化，引入民营资本和外国投资者，开发运营特色产业园等园区，并在准入、投融资、服务便利化等方面给予支持。（商务部等单位与地方各级人民政府按职责分工负责）积极支持符合条件的国家级经开区开发建设主体申请首次公开发行股票并上市。（证监会等单位负责）

显然，政策的转变符合新的时代背景：

第一，园区作为改革开放新高地，对应的园区开发主体也需要更高的起点，这个高起点包含资本运作、管理机制和运营能力等多方面要求。虽然园区企业大多是国有独资或者国有控股企业且已完成了股份制改造，但是相当数量的城投企业（包括园区城投）的企业制度、公司治理和资本结构与高质量发展要求并不完全相符，所以要进行现代企业制度的再造，这就需要引入新的资本和管理理念。例如，园区开发主体上市后由普通国有企业转化为股份制企业，就可以通过公司化的运作和市场化的机制开发、建设、运营、管理其他开发区的土地，甚至可以通过设立子公司、建立合资公司等形式在多个开发区之间调配资源，突破开发区本身行政体制上的部分约束，为开发区主体走出开发区、开展全国乃至全球业务，有利于优秀园区开发主体的做大做强和模式推广。

第二，探索市场化转型的方向。园区企业天然就具备经营性业务，拥有相当可观的经营性收入和现金流，作为一定区域的运营载体，在市场化的基础上可以利用资本杠杆进行投融资创新。园区企业的市场化不仅有助于自身经营效率的提升，也能为城投平台的转型提供开创性思路。例如，传统园区的债务融资模式往往会推高企业杠杆率和违约风险，进而每一次融资都会推高后续融资成本。但开发区作为一个资本密集型区域，在开发过程中的征地补偿、基础设施、产业转型升级等园区生命周期环节都亟须资金支持，这使得资本需求和融资成本的矛盾尤为突出。而一旦上市，园区企业往往可以获得AA+甚至更高的债券主体评级，融资成本往往在3.4%—4.4%，相较于传统的银行贷款融资拥有较大的成本优势。

第三，政策的转变还是妥善化解地方政府债务风险的必然要求。发展直接融资市场是金融供给侧结构性改革的关键环节，它可以使我们摆脱服务实体与承担风险的困境，流动性充沛与实体融资难的困境，加杠杆需求与去杠杆要求的困境，以微观去杠杆以达成宏观稳杠杆。

正是在政策逻辑变迁、从谨慎改为支持的情况下，中新集团抓住了机会，通过成功在 A 股上市扩充了资本，从而更加有效地通过金融创新赋能集团发展。

第六章
塑造高品质空间

2020 年 10 月 27 日,"东方芯港"集成电路综合性产业基地于临港新片区正式揭牌。作为上海市集成电路特色园区,东方芯港现已成功集聚中芯国际、长电、积塔等一批行业龙头及重点企业,覆盖芯片设计、制造、材料、装备、封测、核心零部件等各个领域。一个对标美国硅谷的世界级集成电路综合性产业创新基地已初具规模。承载东方芯港的物业载体名为钻石园,是临港集团宝石系标准厂房的代表作之一。

2021 年 12 月 5 日,建于上海市普陀区桃浦智创城的国家级科创项目中以(上海)创新园正式开园。园区聚焦人工智能与机器人、医疗健康与生命科学、互联网与信息技术等领域,主动发掘、培育和吸引国际创新资源。由临港集团开发的智创 TOP 产城综合体(以下简称智创 TOP)是桃浦智创城和中以(上海)创新园的核心门户商办项目,该项目从楼宇智能化建设入手,自主开发 AI Park 集成管理平台,以智慧服务赋能园区发展。

2022 年 11 月 4 日,世界顶尖科学家论坛永久会址"临港中心"于临港新片区国际创新协同区启用。临港中心是世界顶尖科学家社区(以下简称"顶科社区")的首发项目,包含会议区、会展馆、数字图书馆、酒店宴会、商业演出等设施区域。围绕临港中心,顶科社区规划有科学家片区、生活配套片区、公园片区等,提供优质的科创研发配套和生活服务配套设施,一座未来科学之城已初具雏形。

1 种梧引凤：锻造高品质空间

产业与空间具有密不可分的关系。高品质产业发展需要高质量空间承载，而高品质空间也是产业发展的重要基础。首先，园区空间功能的科学规划布局能直接影响企业的运营效率。合理规划的厂房布局、高效便捷的交通、完善的公共服务设施，能够优化企业运营，提高资源利用效率。其次，空间的质量直接关乎企业的人才吸引力。舒适美观的工作环境和功能完备的配套服务，不仅有助于吸引高素质人才加入，也能通过营造积极的工作氛围激发员工的创造力。再次，空间设计理念也是产业形象和价值观的外在体现。尤其对于高新产业而言，富有设计感的空间有助于提升产业的科技感和品质感。最后，空间的硬件条件是产业升级的重要支撑，通信、供能等硬件条件甚至能塑造产业发展的上限。

种下梧桐树，引得凤凰来。作为推动园区产业转型和创新发展的引领者，临港集团认为，高品质物业能够带来高质量产业，物业及相关配套是吸引、留住企业的先决条件，也是营商环境重要的硬件载体。正是基于这样的理念，临港集团以产业需求为核心，形成多层次、多功能、多形态的园区布局。按照打造"经典之作、传世之作"的要求，以高规格的建筑作品引领高品质城市形态，以"作品产品化、产品标准化"融入城市空间；以客户为原点，将生产工艺、生产流程和组织方式，融入园区规划、设计、建设全过程，为企业量身打造可以直接"拎包"入驻的高品质空间。

1.1　宝石系标准厂房标杆

标准厂房指在建筑结构、布局、装修、配套设施等方面都实现了标准化和模块化设计的工厂建筑，其典型特征包括：①结构标准化，即采用统一的建筑结构体系和标准化的建筑尺寸、跨度，便于快速施工；②布局模块化，即空间布局采用模块化设计，按标准模块组合，便于调整；③装修简易化，即内部装修简单实用，对装修要求不高；④配套设施统一，即设施如供水、供电、通风等系统化、规范化安装；⑤材料和装配件标准化，即采用统一的建筑材料、配件、装置，有利于大批量采购和统一管理；⑥工艺流程合理化，即合理的生产流程和适宜的进出厂配送系统；⑦管理模式规范化，即统一的管理模式、标准和手续流程。综上，标准厂房具有建设周期短、成本低、运营效率高等优点，能够快速形成产能并适应不同类型企业的快速轮换，因此它已成为产业园区的首选和最佳实践。

标准厂房之"标准"与产业性质息息相关。一般而言，标准厂房设计涵盖结构设计（如荷载要求、结构形式、跨度和网柱）、建筑设计（如建筑平面布局、空间高度、通风和采光、火灾安全）、电气设计（如电力需求、配电系统、照明系统）、暖通设计（如供暖和制冷、通风系统、排污系统）、设备安装（如设备布局、设备连接）和安全设计（如消防设施、逃生通道）等方面的设计参数。然而，不同产业中标准厂房的用途、结构、设备和资金等情况通常存在一定差异。因此，标准厂房的设计和配置需要根据产业特点和需求进行调整，以确保适应不同类型企业的生产活动。

在建设标准厂房时，临港集团紧密呼应上海市以及临港新片区的产业发展规划。以临港新片区为例，临港新片区已规划构建成"4+2+2"为重点的世界级、开放型、现代化的"八大"前沿产业集群。其中，"4"指集成电路、生物医药、民用航空、人工智能四大核心产业；"2"指智能新能源汽车、高端装备制造两大优势产业；"2"指绿色再制造、氢能两大未来产业。根据《中国（上海）自由贸易试验区临港新片区发展"十四五"规划》，到2025年，新片区地区将培育形成智能新能源汽车、集成电路、高端装备制造3个千亿级产业集群，做大做强生物医药、人工智能、民用航空等先进制造业产业集群。不同于传统产业，这些前沿产业对厂房的功能性、配套设施、安全性、智能化和可持续性都有更高要求。

围绕先进产业的特色需求，临港集团在产业区打造出以宝石园为代表的智能制造产业园标准厂房。

宝石园系列分别以翡翠、钻石、玛瑙、明珠、琥珀等宝石命名，其寓意是，园区承载的新兴产业如宝石一样熠熠生辉。在外观设计上，临港集团邀请世界一流建筑设计公司GMP、Ennead等精心设计，努力把园区打造成一道亮丽的风景线，实现"园区，让城市更美丽"的愿景。"条形码"智能制造厂房、酷似旅行箱的智造园厂房，以及色彩明亮、绿色节能的生命科技产业园，与东海沿岸蔚为壮观的百年防洪大堤、万吨级口岸码头上海南港，以及海平面上缓缓转动的风电叶片，连成一道靓丽的产业风景线。而在漂亮的外观下，厂房中的每一个细节都是为企业量身定制的，不论是多层结构式厂房，还是单层标准化建筑，均以高适配性满足特色产业的发展要求。

翡翠园—智能制造产业园（外观如图6.1所示）位于上海临港产业区核心区域。项目总建筑面积达11.5万平方米，建有8栋多层厂房、3栋单层厂房、2栋高层厂房及相关配套设施。翡翠园是临港产业区发展高新技术产业的重要承载基地，集研发中心、技术中心、设计中心、制造中心和创新服务于一体，重点打造集成电路、智能新能源汽车、高端装备制造、航空航天、绿色再制造等产业领域的创新引领功能。园区秉持当今世界最先进的标准厂房的建设理念，打造出一个产业特色鲜明、结构合理、技术领先、功能完备的创新型、可持续、国际化的智能制造产业园。这里提供的不只是传统意义上的厂房载体空间，更是集工业生产、办公研发、会议展示、餐饮和文体设施于一体的新型产业生态系统。在用能方面，翡翠园采用分布式光伏发电，在为企业节省电费的同时促进节能减排，为清洁能源消纳起到积极的作用，丰富了临港产业区绿色发展的新路径、新形象。开园之日，首批入驻项目包括理想万里晖PECVD（等离子体增强型化学气相沉积）研发及制造、诺信新能源汽车关键零部件研发及生产基地、诺玛临港500万台级智能电比例先导阀、新奥节能高温高效紧凑型回热器等新能源汽车、集成电路、高端装备制造关键核心领域的优质项目。

图6.1　翡翠园—智能制造产业园外观图
来源：Ennead.ennead X 上海临港科技城｜"创新晶体"主体结构封顶［EB/OL］.（2019-01-02）［2024-01-30］. https://zhuanlan.zhihu.com/p/53867915。

钻石园—智能制造产业园（外观如图6.2所示）位于上海临港产业区和"东方芯港"核心区域。钻石园以琴键为主题，外观简洁美观大方，采用铝平板、玻璃幕墙等材料，营造线条利落、空间透亮的现代化工业建筑。在充分体现工业美、工艺美的同时，兼顾绿色节能、低碳环保的现代化工业发展要求。园区中多栋厂房获得上海市建设工程金属结构"金钢奖"。园区总占地面积253.54亩，总建筑面积约229 958平方米，容积率1.88。基地范围内新建11栋大跨度双层厂房、4栋混凝土高层厂房、1栋高层生活服务设施以及相关配套设施。定位为发展新能源汽车、集成电路、民用航空、绿色再制造等相关高端研发制造基地。钻石园采取边建设、边招商的模式,通过"图纸招商",陆续集聚了电巴科技、亮黑科技、美登思电气、众鸿半导体、三菲半导体、飞铟半导体、红檀智能、昕铭新材料、艾里奥斯生物科技、富献汽车等重点产业项目,项目亩均产业投资超过3000万元,做到了"开园即入驻、竣工即交付"。

图6.2 钻石园—智能制造产业园外观图
来源:作者整理。

1.2　生命蓝湾的 8 米远见

"我们急需一处能够'拎包入住'的空间承载，生命蓝湾的标准厂房可谓最佳选择。"上海恩盛医疗科技有限公司总经理王盛强说。恩盛医疗是一家专注于外周静脉疾病整体解决方案的高新技术企业，最新研发成果已进入临床阶段，即将产业化生产。在与临港签约前，恩盛医疗曾遍寻上海都没能找到拥有合适空间承载的园区。在了解到临港新片区生命蓝湾的标准厂房后，王总进行了一次实地考察并当即拍板入驻。在仅仅装修了 4 个月后，恩盛医疗就如愿以偿搬进了位于上海自贸区临港新片区生命蓝湾特色产业园区的"新家"。

生命蓝湾是上海 26 个特色产业园区中最年轻的一颗新星，在精准诊断、精准药物、精准手术和健康服务四大领域 33 个细分赛道精准发力。在上海市 5 个生物医药特色园区中，生命蓝湾在系统性规划和产业发展资源供给方面具有突出优势。生命蓝湾在引进企业时定位最高端，对企业准入设置高门槛，锚定的是在细分领域全国前三的领军企业。比如，园区内的君实生物获批全国第一个单克隆抗体，恩华药业是国内中枢神经药物领域的龙头，透景诊断推出了新冠肺炎快速诊断试剂盒。截至 2022 年年底，生命蓝湾累计引进涵盖小分子药、生物药、高端医疗器械、CRO/CDMO 服务等领域的项目 110 余个，涉及总投资 410 亿元，引入项目数量占到全市新增项目的 40%。

生命蓝湾位于临港奉贤区域，由临港集团、光明集团、奉贤区政府合作开发。园区规划面积 17.04 万平方米，扩区后总规划面积 4500 万平方米。不同于传统园区"土灰系"的外观风格，亦不同于临港智能制造园区特色的"条形码"外观,生命蓝湾在建筑设计上别具匠心(外观如图 6.3 所示)。园区的沿街立面借鉴了日本东京的地标建筑爱马仕大厦,运用彩色的玻璃砖外墙,营造出强烈的科技感和现代感氛围。在生物医药这一片蓝海市场中,多彩的物业载体洋溢着企业创新的激情与活力。

图 6.3 生命蓝湾外观
来源:作者整理。

生命蓝湾的标准厂房改建难度小、成本低、速度快,一经推出便受到企业客户的广泛青睐。生命科技产业专题园一期于 2020 年年初竣工投用,至 2020 年年底,就引入了 30 多个高能级生物医药产业项目,基本完成去化,部分项目当年实现投产,创造了"当年投用、当年去化、当年投产"的神奇速度。在这神奇的蓝湾速度背后,离不开临港集团前期的周密调研和高标准设计与建设。

周密调研:细化产业定位,洞悉企业需求

调查研究是谋事之基、成事之道。在设计图纸敲定前,临港奉贤公司做了近一年的前期准备工作。集团与国际顶级咨询公司以及一些知名高校合作,在全球范围内进行对标分析。通过对标美国波士顿生命科技城、圣地亚哥金三角精准医疗产业区等国际顶级生命科技产业聚集地，明确了园区的行业方向。筛选出最适合园区发展的 4 个一级产业细分领域、12 个二级产业和 33 个细分的切入环节，主要包括精准诊断、精准药物、精准手术、健康服务及外延等组成部分，目标是构建以生物医药为核心的大健康服务产业体系，形成世界级的生物医药产业发展高地。

确定行业方向后，临港奉贤公司再与专业医药类厂房设计单位对接。生物医药企业最需要的是什么样的厂房？有哪些硬指标必须满足？为此，临港奉贤公司向合作过的投资机构、在谈的行业企业广泛发出调查问卷，了解市场需求。通过调查了解到，对绝大多数处于研发、中试或产业化前期阶段的企业而言，在标准厂房的基础上按需修改是更具性价比的选择。园区进一步采用了通用性强的大开间楼面设计，只留有承重柱，以方便企业自行布置。企业入驻后不用大费周章地敲敲打打，只要做些隔断，搬入设备，基本就能完工。在省时的同时，极大节约了装修成本。另外，对于已开始规模化生产的企业，园区亦能提供定制方案，满足差异化需求。

科学设计：直击需求痛点，引领行业高标准

对生物医药企业而言，标准厂房最重要的一项参数便是层高。例如，洁净车间一般会设有隔层，安置风机、管路等设备，需要定期进行人工维护、排查、检修等作业。地面与隔层都要满足人员正常走动的需求，一般而言需要 5 米以上的层高。除洁净车间外，发酵罐等设备亦动辄六七米高。厂房层高决定了发酵、制剂等工艺所需的多种复杂设备的垂直布置上限。生命蓝湾标准厂房的最大优势便在于层高达标，这也是吸引众多高端生物医药企业进驻的重要条件。蓝湾内标准厂房的每层楼都有至少 5.7 米的层高，底层则有 6 米、8 米两种选择，对于企业而言，厂房层高若不够，入驻后想改建都无从下手。生命蓝湾标准厂房在建设时就勇于突破传统厂房的层高限制，体现了规划者的远见，也为生物医药行业标准厂房塑造了新标准。

此外，生命蓝湾的标准厂房还采用了标准化的柱网布置，人行、货运出入口分设于建筑两端，并配置载重适当的电梯，便于人货分流的工艺流线设计；预留风管通道，减少二次改造工程量，加快入驻速度。底层 2 吨，标准层 800 公斤的荷载，可满足生命科技产业各类工艺荷载需求。屋顶层考虑冷却塔及风机荷载，并预留设备基础，满足入驻企业通风空调设备布置需求。厂房还拥有高标准水电配置，上级电源点已形成钻石型电网布置，并单独建设 35 KV 开关站服务，提供双回路供电；设置了独立监测井，另设生产废水专用管网，在市政污水接纳口前设置事故水池，满足环保要求，并方便入驻企业根据不同工艺适用相应的排放标准。

为进一步匹配和满足企业客户需求，临港生命蓝湾于 2020 年年底启动了生命科技产业专题园二期，该项目总投资 21 亿元，占地约 19.9 万平方米，并已经快速集聚了一批储备项目。该项目作为产业化基地，将在生命科技产业专题园一期基础上进一步优化提升、赋能升级，集聚国内外生物技术与现代医药产业领域企业、科研院所以及相关配套服务机构，形成完善的生物医药创新体系和现代产业集群。

1.3 全定制卫星制造"灯塔工厂"

2023年6月28日,临港松江科技绿洲三期G60卫星互联网产业基地项目仅用18个月便正式由临港联合发展有限公司如期交付,进度之快超出预期。一般而言,临港集团产业园区的厂房建设周期为三年,在使用方看来,这已是令人赞叹的速度。该项目于2021年12月10日开工建设,而客户根据投产目标,要求于2023年6月15日前完成竣工备案。早日竣工早日投产,对于服务国家战略具有重要意义。该项目作为国内首个卫星互联网产业集群载体,承担卫星组网系统工程的生产制造。

全球范围内低轨卫星大发射时代正加速到来,满天"星座"已成为产业布局发展的必争之地。卫星互联网,即通过卫星为全球提供互联网接入服务。近年来,低轨卫星互联网星座由于单星成本低、系统全球无缝覆盖、通信容量大、通信时延短等特点,成为"新基建"卫星通信主要方式。目前,卫星互联网产业包括卫星制造、卫星发射、地面基础设施建设、卫星网络运营、终端应用等,是新型信息产业在太空的延展。

G60卫星互联网产业基地位于临港松江科技城核心园区内,用地面积约3.6万平方米,总建筑面积约3.2万平方米。由于卫星互联网产业链具有上下游协同性强的特征,该项目将围绕卫星装备制造主链条,构建规模化高端制造、卫星网络运营、相关产业衍生培育孵化等协同的多层次产业布局形态,推进卫星互联网领域高端资源的集聚、整合和优化,为高科技产业的创新发展先行先试,提供了可复制、可推广的经验,形成具有国际国内引领效应的"天地一体、万物互联"卫星产业标杆示范。

不同于临港集团其他产业园区多采用"图纸招商"模式，即完成厂房设计后，边建设、边招商，卫星互联网产业基地是一片"无人区"。作为长三角区域首个卫星制造的"灯塔工厂"，该项目不仅需要完成洁净及工艺全装修交付，而且，装备制造厂房对于渗漏水、洁净及恒温恒湿等均有高标准要求。临港集团此前并无建造卫星制造厂房的经验，加之工期紧迫，这注定是一个极具挑战性的项目。对此，临港集团创造出了一种"先招商、再建设"的新模式，以客户需求为中心，量身定制设计和施工图纸。

没有行业惯例，只有客户需求

卫星制造企业最为突出的一个需求是防水要求极高。卫星本身价值极高，动辄千万甚至上亿元，而如果发生厂房漏水，将造成极大损失。围绕防水需求，设计团队从屋面、排水、外墙以及消防等多方面进行了特殊性设计。在屋面方面，卫星制造厂房的水平向跨度达 27 米，大跨度的结构设计导致厂房无法采用常规的混凝土屋面，设计部门最终采用防水性能好的钢结构轻型屋面。为了避免水流顺着屋面曲线渗透到厂房内，设计团队在压型钢板上设计了专门的节点。此外，压型钢板叠加需用钉子固定，为消除穿钉处漏水的隐患，设计团队向供应商寻求解决方案，针对客户需求的特殊性，最终不计成本地选择了达到航天级水平的高尖端 TPO（热塑性聚烯烃）防水卷材。最后，在 TPO 防水层之外，设计团队又做了一层铝镁锰的金属屋面，从而形成了屋面的三层防水设计。整个屋面的排水系统不经过厂房内部，檐沟也设计在厂房外，通过将落水点排除在厂房外，进而从源头处断绝漏水。

在外墙设计方面，常规做法或是采用窗墙体系（即砌筑），或是采用幕墙体系。而对于卫星制造厂房，设计团队采用幕墙体系加内部砌筑的双层保险做法，一旦外部有水渗入可从空腔处直接排出，屋面的雨水管也可在空腔处解决掉排水问题。在消防方面，设计团队针对卫星不太"怕火"但不能有水的特殊性，并没有设计高大空间中常用的水炮及喷淋设备，而是设置了多处基础消防栓。设计团队在防水之外还进一步考虑了潜在的结露问题。由于卫星制造厂房对于节能要求不是很高，设计团队便采用了更高等级的民用建筑节能标准，以防止未来洁净工厂的顶棚会结露。

即时动态调整，比客户多想一步

定制化贯穿于设计和施工的全部环节，其间最大挑战在于客户需求处于不停的动态变化中。在形成第一版设计图时，设计团队便将卫星制造特殊的生产需求以及洁净厂房、洁净空调等精装修需求落实其中，但这仅仅才是开始。客户所提出的生产要求通常基于其从供应商采购的特定设备的要求，因此设计团队一般同供应商沟通细节并敲定方案。但随着设计和建造工作展开，客户更换供应商、生产设备升级更新等情况会不断发生。因而，定制化是一场面向客户需求动态变化的动态建设过程，这需要建设方的紧密协调与快速反应。

面对紧迫的工期，设计单位和建设单位探索出了新的工作模式——在项目建设中请设计单位驻场。从土建设计单位到专业的工艺机电院，全部直接驻场办公，这在项目建设中并非常规性的做法。一旦客户确定了新的供应商，原本的哪个建筑参数需要调整，就可以马上反馈到相应的设计团队。这种直接的反馈机制能够立即响应需求的变化，使调整更加灵活高效。各部门以"今日事今日毕"的工作原则，最大程度提高解决现场问题的效率。

替客户多设想一步未来的需求，是项目团队在应对客户需求频繁变化过程中摸索出的另一个经验。以厂房的结构荷载为例，根据以往的厂房建造经验，首层的荷载一般在500公斤每平方米，做到1吨已经是非常大的荷载，能够满足大部分产业的生产需求。而卫星制造厂房提出的荷载要求为大面积需达5吨，局部还有3吨和10吨的荷载要求。对于这一高难度挑战，设计团队在比较了多种方案后，最终选用地坪装模式。地坪装密度非常高，设计团队出具的方案不仅能够满足客户当下提出的承载需求，也为未来厂房功能调整、产业技术升级可能引发的需求调整留足了余地。尽管这种建造方法会带来更高成本，但它真正践行了以企业需求为核心的理念。

除了职能部门的高效服务，临港还在攻坚阶段成立项目"交付突击队"，签下目标任务书，倒排工期、逐个突破。临港联合发展有限公司相关负责人表示，通过绘制"小卫星项目推进策划作战图"，采用"大区稳推进、分区全流水"的高效作业方案，有效提升施工效率，并设置"一线工作法"，制订分房分层验收计划、外部验收专项计划等，最终如期完成了项目。

以企业需求为中心，知易行难。从建设标杆标准厂房到特色产业园区，再到面向企业特殊需求的全定制厂房，临港集团提供的一系列高品质物业载体背后，无不体现其敏锐的洞察力、高效的执行力和持续的创新精神。敏锐的洞察力离不开严谨深入的调研工作，物业载体的每一个设计参数都应体现企业的具体需求。只有急企业之所急，想企业之未想，才能打造出真正满足企业需求、赋能企业发展的物业空间。高效的执行力并不仅仅来自职能团队过硬的专业水准，更是得益于集团内部卓越的组织能力。自上而下的战略部署，结合职能团队间的协作合力，共同成就了临港集团交付质量与速度的双胜利，也赢得了客户的高度满意。持续的创新源于客户需求导向，临港集团在设计和建设高品质物业空间的过程中，从不机械套用行业模板。在深入洞察企业需求的基础上，集团不断超越行业惯例实践，以客户需求为中心提供更为精细化的解决方案，引领和塑造标准厂房新标准、高标准。这也是临港高品质物业差异化优势的重要来源。

2 AI Park，联接园区今天与未来

数字化浪潮早已在全球范围席卷各行各业。在产业领域，数字化的影响主要体现在两大方面，即产业数字化和数字产业化。产业数字化，是指应用数字技术和数据资源为传统产业带来的产出增加和效率提升，是数字技术与实体经济的融合。就广义范围而言，涵盖智慧农业、智能制造、智能交通、智慧物流、数字金融、数字商贸、数字社会、数字政府等数字化应用场景。数字产业化，是指为产业数字化发展提供数字技术、产品、服务、基础设施和解决方案，以及完全依赖于数字技术、数据要素的各类经济活动，包含数字产品制造业、数字产品服务业、数字技术应用业、数字要素驱动业等四大类，是数字经济核心产业（国家统计局，2021）。

产业园区是产业数字化和数字产业化的重要载体。与此同时，园区本身的建设也在与时俱进中，AI Park，即智慧园区，正成为园区高质量发展的新方向和新模式。智慧园区，是指基于人工智能、物联网、大数据、云计算等新一代数字技术，在传统产业园区基础上进行智能化升级和数字化重构，实现产业链数字化、治理模式智能化、公共服务智慧化、创新生态数字化的新型产业园区。一方面，智慧园区通过提供5G、工业互联网、数据中心等数字基础设施以及个性化、智能化的产业服务，能够推进产业数字化，帮助传统产业实现智能制造、数字化升级。另一方面，智慧园区汇聚数字要素，能够为数字经济发展提供空间场景，孕育新兴数字产业。作为数字经济发展的重要平台和新引擎，智慧园区对于促进产业升级和高质量发展具有重要意义。

2.1 智慧服务赋能价值创造

AI Park 蓝海：从楼宇到园区

位于上海市普陀区桃浦门户界面的智创 TOP，是普陀—临港区企合作打造的产城融合引领示范项目，也是桃浦作为上海市重点转型区域的首发地标项目。桃浦区域曾经是上海赫赫有名的老工业区，如今作为全市五大重点转型区域之一，承载了上海市产业转型升级和卓越全球城市建设的重要使命，其规划重点是引进智能硬件、人工智能、健康服务等创新资源集聚度高、成长空间大的新兴产业龙头企业、创新项目。2018 年 9 月，临港集团与腾讯集团华东总部签署战略合作协议，其中一个重要合作主题是 AI Park 建设。一年后，园区自主开发的 AI Park 集成管理平台应用落地，拿下了智能化建设领域的多项第一，是临港集团园区数字化转型的先行示范项目。

值得一提的是，智创 TOP 作为临港集团 AI Park 智慧园区的先行试点项目，坐落于昔日"国民品牌"英雄金笔厂的旧址之上。曾经的老工业厂房融合未来科技元素，如今再度焕发新生。当临港集团决定开展园区数字化转型试点时，当时的桃浦区域作为一块转型中的老工业区，在过去几年间迁出了原有的化工区和物流载体配套，在上海市中心区域并没有任何突出的区位优势，该处的商办楼宇面临着严重的同质化竞争。数字化转型为当地园区发展带来建立差异化竞争优势的机遇。

AI Park 开发由临港集团下属的上海市工业区开发总公司（以下简称"工开发"）负责。在项目启动时，工信部等部门对于智慧园区建设并没有发布任何行业标准，其他一些园区虽然也展开了探索，但并未出现智慧园区标杆案例。在这样一条充满未知的道路上，临港工开发团队首先对上海的商办楼宇展开市场调研，然后依据自身对园区运维和管理的经验和见解，总结影响客户体验度的痛点。他们认为，智慧园区开发的核心目的是提升客户体验度，与此同时发挥降本增效和提质增效的作用。

在明确核心思路后，工开发团队首先以一个仅 2 万平方米的楼宇操刀试点，探索楼宇智能化场景。在试点项目成功落地后，团队积极推进智创 TOP A 区项目，将楼宇智能化成功落地的场景全部移植复制到建筑面积达 20 万平方米的园区空间。

从楼宇到园区，AI Park 开启了从 1.0 到 2.0 版本的升级迭代。相比单幢楼宇，园区不仅占地空间更大，更因承载了来自不同业态、种类多样的业主，公共服务场景需求也变得更为复杂。

以访客停车这一看似简单的场景为例，当仅有一幢楼宇时，访客可以轻松找到目的地附近的停车位。但在园区中，楼宇数量众多并且有不同的分区，访客仅凭已知的楼栋号码很难快速找到目的地和最近的停车位。为了提升人员出入效率和访客体验感，AI Park 配套开发的手机端小程序内置访客及停车预约模块。在接到访客从小程序提交的停车预约后，系统将根据到访时间，即时为车辆"分配"靠近被访者所在楼宇的停车位。车入场后，闸机可进行车辆识别，场内位于顶部的智能化动态信息显示屏可同时引导 3 辆预约车辆进行泊车；当预约区域摄像头"看见"车辆驶入后，停车位便以落锁、闪黄灯等方式"示意迎接"。这全套动作，既能在复杂的车库环境中将来访者快速引导至预约车位，提升用户体验度，又能使中心城区有限的车位资源得到最大效率的使用。同时，系统还加载了为 VIP 访客代缴停车费的线上功能，大大提升外部对智慧应用的直观感受和亲切好感。

针对园区企业涌现的新痛点，工开发团队坚持以提升客户体验度和为客户降本提质为中心，不断进行典型优化，甚至在一些服务场景中勇于推翻原有逻辑，颠覆性地革新智慧服务实践。在这样精益求精的场景创新过程中，工开发团队探索出了自己的建设标准、技术标准和运营标准，形成了 AI Park 开发的知识图谱，并取得了多项专利，将 AI Park 做到行业标杆水平。

今天的 AI Park 已经实现了从楼栋到园区、从点到面的数字化建设，正在实践从标准到定制、从示范到输出的发展道路。

智慧服务赋能园区企业

万物互联、万物智联是 AI Park 的核心特征。在传统园区中，大多数系统都是相对独立的，每个系统各自运行着一套完整的操作系统。在技术层面，桃浦智创 TOP 引入腾讯云微瓴系统作为核心技术构架，并会同鲁班软件、远景能源、临港信息等机构，运用物联网、人工智能、算法识别、云计算等新一代信息技术手段，建设基于云架构的智慧建筑物联网平台，整合电梯、照明、暖通、安防等 20 个垂直系统。

AI Park 的一个核心基础设施是以 GIS（地理信息系统）和 BIM（建筑信息模型）技术为基础的数字底板。GIS 中包含详细的空间信息和位置参照系统，为放置和管理数字孪生提供了空间基础。BIM 通过建立建筑物的三维数字模型，集成了建筑物的几何、空间、材质、构造等多维信息，为创建数字孪生提供了详尽和准确的基础数据。通过统一建设数字底板，搭载数字孪生功能，可以实现临港所有园区基础建筑、地理数据信息的全覆盖、扁平化、可视化管理，并通过开发标准接口，共享服务数据，为物联网系统的接入提供基础条件。

以智创 TOP A 区为例，园内布设了 3 000 多个不同类别的传感器，如同"神经末梢"收集经验数据。在此基础上，通过电子围栏、消防识别、人群集聚等 11 类 AI 算法，实现数据整合、计算、反馈与再学习，从而不断开发创新的智慧服务场景，形成能够智能匹配用户需求的"闭环"服务。AI Park 现已形成的五大特色场景如下：

一是智慧安防。相比传统的安防系统被动人防、低效检索，AI Park 一改传统的事后分析为事前预判。可对人流分布异常、访客异常实时告警，实现全员追踪、全程追溯。平台预留了城运网格化管理数字接口，可实现从园区到城区的综治协同。

二是智慧能源。AI Park 可视化的楼宇自控系统和能耗计量系统，能让管理方和使用方同步、即时看到用能状态。集成智慧能效 AI 逻辑算法，通过对用能端和供能端的数据实时采集，平台可自学习园区内的不同楼层、不同业态用能偏好和用能潮汐，为用户即时算出能耗"精细账"，既能实现平稳供能"削峰填谷"，又能及时调整用能策略，有效降低人为操作的延迟误差，提高节能率。另外，在能源中心常规供能时段外，AI Park 也可保障用户的个性化、自定义，满足企业弹性灵活的用能需求。一键操作的申请，更改变了以往"事事找物业"的人力耗费，减少了等待时延和沟通往复。

三是智慧消防。平台与消防水系统及电系统数据全面对接，实现园区消防统一调度、统一应急处理。平台可实时查看消防点位、消防设备运维和报警情况等，在报警发生时，可实时联动就近监控摄像头调取现场情况，第一时间触发告警信息、通知人员疏散逃离。

四是数字孪生。通过对园区三维空间的映射，可将园区的企业数据、人员数据、配套数据、建筑数据等信息集中在同一物理空间，可统一汇总、直观反映建筑设备的运维信息，实现一屏观资产，提高物业管理的联动和响应效率，具有全面、即时、协同的直接效应。

五是智能终端管理。为方便园区人员通行出入、更高效使用园区设施，AI Park 配套开发手机端小程序，内置访客及停车预约、会议室预约、装修申请、工单报修、资产管理、餐饮消费等功能模块，联动智慧停车、智慧电梯、智慧会议等应用，企业员工、访客可通过人脸识别或二维码实现"一码通行"，有效减少询问和等待时间，提高办事效率。此外，业主、进区企业和商户还能定制化开发资产管理、招商管理和员工管理等功能，把对"人、财、物"的统筹都"搬上"手机端小程序，方便数据积累和随时调用。

AI Park 以园区数字化基建为切入点，以便捷终端为呈现，以智慧场景创新向上打开园区服务的价值链。相比传统园区，AI Park 在降本增效、持续优化园区管理方面具有显著优势。以管理成本为例，AI Park 的物业管理人员规模缩减可达 30%，从而有效降低物业成本。以工单响应速度为例，根据传统物业的标准，解决一个工单的平均响应速度为 48 小时，而在 AI Park 可控制到 36 小时左右，提效可达 25%。以"门禁——人行闸机——梯控——自动派梯"联动控制为例，AI Park 可有效提升电梯使用效率，综合降低电梯能耗 30%。以安防、消防一屏观为例，可即时告警并提示异常，减少安保巡逻约 50% 的工作量。以办公照明、环境监测与能源管理的智慧化联动为例，能实现"人走灯灭"，根据环境感知提升暖通空调使用能效，较传统办公楼可实现综合能耗降低近 20%。总体而言，AI Park 的智慧服务体系不仅能帮助入区企业降低运营成本，还能智能化地满足用户个性化、自定义、弹性灵活的需求。

2.2 园区数据要素价值挖掘展望

数据作为"第五大生产要素",对提高生产效率的乘数作用不断凸显,已成为数字经济时代的核心战略资源。AI Park 具有海量数据和丰富应用场景优势,海量集聚蕴藏了巨大的价值,为赋能传统产业转型升级、催生新产业、新业态、新模式带来新的机遇。充分发挥数据潜能,AI Park 需要深入洞察园区企业需求,主动创新服务模式,协同推进制度创新。

企业画像赋能个性化服务

当一家企业入驻园区并开始经营后,会在平台上源源不断产生经营数据、员工数据、访客数据、能耗数据、加班时间数据等。AI Park 可以深化和企业的双向合作,主动面向用户收集经营数据、财务数据等。利用海量集聚的数据,AI Park 可以将数据精细分类,以客户需求为导向,利用 AI 算法深入挖掘企业画像价值,为企业定制切合自身需求的个性化服务。

例如,利用企业规模、行业类别、经营范围等数据,AI Park 可以构建企业基础信息画像,当捕捉到企业发生业务扩张、规模增长等动态变化,可以适时推荐更为匹配的物业载体、配套设施等基础服务;利用企业业务运作和经营数据,可以构建企业运营画像,帮助企业识别业务需求和痛点,为企业定制化智能生产、运营管理等解决方案,以及争取政策支持;利用企业技术相关数据,可以构建企业技术画像,为企业精准对接技术服务商,并助力技术升级;利用企业财务数据,可以构建企业资产和资金画像，为企业提供投融资对接以及税务等方面的服务；利用日常访客数据，可以构建企业商业关系网络画像，为企业精准推荐潜在的上下游合作伙伴。综上而言，利用企业画像可以打通线上和线下服务渠道，持续迭代服务内容，实现一体化服务闭环。

精准营销延长服务价值链

针对"人"的智能是 AI Park 迭代升级的新方向。AI Park 不仅可以赋能园区企业，还可以进一步赋能园内商业配套，打造基于大数据精准营销的智慧商业。精准营销是一种基于数据和分析的市场营销策略，旨在通过深入了解目标客户群体，精确定位他们的需求、兴趣和行为，以便在最合适的时间和地点向他们传递个性化的信息和优惠，从而提高营销效果和客户满意度。

类似于企业画像，园区企业员工在 AI Park 平台注册时，也会自动成为园内商业配套体的会员，员工在园区中的各类消费行为同样会源源不断积累数据，形成消费者画像。消费者画像包含客户的个人信息、兴趣、偏好、行为习惯、购买历史等多个方面的详细描述和分析。基于此，AI Park 可以针对用户的特点和需求，精准定制个性化的营销内容和推送方式，从而提高用户体验感和购买意愿。此外，基于对用户消费习惯、生活习惯的分析，AI Park 也可以有针对性地优化商业布局，如联动配套酒店、人才公寓等，提供精准满足园区企业员工需求的商业及生活配套。

数据确权和数据安全之思

不同于土地、劳动力、资本等其他传统要素，数据的产权性质界定在法律上依然没有一个明确答案。数据既是 AI Park 持续更新迭代服务模式的根基，也可能成为其掣肘。以个人数据为例，AI Park 可以收集到园区企业员工的接待访客数量、工作时长、地理定位及加班情况等诸多数据。利用这些数据，AI Park 可以提供一些潜在的个性化增值服务，如协助企业评估员工的工作量及绩效。然而，员工在工作场所产生的工作数据，究竟属于个人，还是企业，抑或是园区？其所有权归属尚不清晰，因此开发这类智慧应用具有一定的数据安全和隐私泄露风险。

要充分释放数据潜能，制度保障不可或缺。对此，AI Park 或可以在园区范围内试行数据确权相关的制度，对个人和企业的数据所有权确定、使用权设置、收益权分配及数据交易制度等展开制度创新探索，形成可复制、可推广的模式，为国家数据确权体系建设提供示范。

3 产城融合：以人为本的城市空间演进

产城融合是产业发展和城市功能优化协同共进、良性互动的动态过程。产业与城市的融合主要体现在布局和功能的统一、城市和产业的共生、居住和就业的融合、生产和服务的互动、经济和环境的协调等方面。产城融合是一个相对而生的概念，其提出主要是为解决产城不协调的发展问题。在城市建设初期，产业、商业、住宅等单一功能通常集中于一定地域空间内，以提升集聚效力。现实中随着城市发展，功能主义导向的规划暴露出了越来越多的问题。一方面，很多城市出现工业围城、园区围城的发展困境，职住不平衡导致没有产业的"睡城"和没有人气的"空城"等难以根治的"城市病"，并带来城市交通拥挤、潮汐式交通等问题。另一方面，产业园区也因缺乏生活配套导致人才吸引力下降，进一步提升与发展受到限制。

功能主义规划忽视了城市的有机体属性和人的需求，而产城融合的本质正是城市发展从功能主义导向到人本主义导向的回归。人是城市与产业发展的重要中介。产业决定就业，就业决定居民，居民安居决定产业园区的可持续发展。没有产业支撑的城镇化只是土地的城镇化，城市发展就会丧失动力；没有城市功能配套的园区只是空城，园区发展就难以实现转型升级（向乔玉和吕斌，2014）。产城融合以人本主义为导向，以城市为发展平台，承载产业与人口发展空间需求，以产业为主要动力，驱动城市更新与完善配套设施建设，努力实现城市空间布局与产业布局相协调、城市功能结构与产业功能结构相匹配，促进实现人的生产活动与生活活动相融合，最终形成产、城、人三者之间彼此促进的良性循环发展状态（邹德玲和丛海彬，2019）。

立足国家战略、上海要求，临港新片区坚持以产建城、以城兴业、产城融合，培育高质量产业，建设高品质物业，集聚高素质人才，形成高活力生态。根据《中国（上海）自由贸易试验区临港新片区发展"十四五"规划》，临港产城融合的重点是塑造"一核一带四区"空间格局，即在产城融合区构建由滴水湖核心、沿海发展带和洋山特殊综合保税区、前沿科技产业区、综合产业区、新兴产业区组成的功能布局。滴水湖核心围绕现代服务业开放区和国际创新协同区，重点建设滴水湖金融湾、105 社区 TOD 开发区域[①]、世界顶尖科学家社区和"信息飞鱼"[②]等重要载体。沿海发展带依托两港大道等沿海交通走廊，强化联动功能，串联滴水湖核心、各产业及生活区，形成产城融合发展格局。洋山特殊综合保税区着力发展中转集拼、保税研发和制造等产业；前沿科技产业区聚焦集成电路、生物医药、人工智能等重点产业，打造特色产业集聚区；综合产业区以生产性高新科技研发功能为主导，融合生活居住功能，形成产研一体化布局；新兴产业区推进空间拓展和工业用地转型升级，引入重大产业项目，提高空间利用效率。

临港新片区的产城融合发展可以分三个阶段：第一阶段是以产建城，做好动拆迁和安置房建设。建设分城区动迁房，推进农民集中安置，完善基础设施，导入城市配套，解决集约利用土地后的民生问题。第二阶段是产城融合，即建设产业区公租房，导入人口。从短期来看，在产城融合发展水平比较低的地方建设公租房社区有利于集聚人气、集中消费能力，有利于提升社区商业、公共事业等配套的使用效率，快速提升城市化水平；从长期来看，能够通过相对低价格的公租房，把区域居住成本锁定在一个

---

① 临港开放区站 TOD 项目位于南汇新城 105 社区现代服务开发区的核心位置。总建筑面积 180 万—220 万平方米，以办公功能为主，商业面积 30 万—35 万平方米，区域规划 2—3 个高等级宾馆以及 5 万平方米文化、展示功能区域，规划人口 1.1 万，教育配套由周边统筹，住宅建筑量 36 万—44 万平方米。

② "信息飞鱼"全球数字经济创新岛是以信息产业为主题的上海市特色园区，规划面积 54.4 公顷，坐落于临港新片区国际创新协同区内。根据规划方案，将建成超过 100 万平方米的办公研发、生产生活空间，支撑和服务全球理念最超前的数字经济市场主体；聚集人工智能产业、集成电路产业、工业互联网产业以及数字经济产业等领域企业，涵盖数据服务、算力设施、芯片研发、智能技术和场景应用等内容，构建一体化人工智能全产业生态体系，助力上海"国际数字之都"建设。

比较低的水平,有利于吸引产业。第三个阶段是以城兴产。考虑到产业区引进的高素质人才对高品质居住社区的需求,建设高品质、相对低价格的商品住房,增加园区特别是郊区园区的城市商业和功能服务内容,加强与品牌商业资源、教育、医疗等社会事业资源合作,导入优质餐饮、购物、娱乐教育、医疗、居住等配套服务,形成"教育+医疗+居住+商业+X"园区城市综合配套体系,推动园区向商业社区、生活社区转变,促进产城融合配套和商业氛围形成,在园区创造"留人、留业、留家、留心"的环境。

3.1　无边界的产业与生活空间

从产业园区的视角出发,产城融合是园区转型升级的一个过程。具体来说就是在产业能级提升的背景下,针对就业人口结构,完善产业园区公共服务设施配套,实现产业优化升级、人居环境配套和社会服务保障的高度统一。

作为产业发展推动者与城市更新建设者,临港集团致力于建设高质量服务体系推动产城融合,推动产业园区变身活力产业综合体。临港集团的领导者提出,在水泥森林的外表下,产业园区应该包裹着一颗有温度的心。它应该与城市融为一体,提高城市品位,让城市变得更有魅力;它应该把人放在第一位,满足人的需求,尊重人的感受,让紧张工作的人感到舒适;它应该促进创新创造,增加思想碰撞和交流的机会,让人类创造性思想在这里生长,创造性活动在这里涌流。园区是社区,也是家园,让人找到归属感,激发人昂扬向上的精神,让城市变得美丽、富有活力。

为此，集团专门成立设计管理中心，邀请世界级规划设计大师，把园区打造成为城市亮丽的风景线，提升城市的品牌、品质和品位。例如，前面章节提及的、位于临港松江科技城的拉斐尔云廊项目（如图 6.4 所示），由国际著名建筑师维诺里操刀设计，1.5 千米的城市产业长廊堪称"世界之最"。云廊云顶的设计理念源自"行云流水"，象征着不受约束的创新理念，也与长三角 G60 科创走廊战略不谋而合。维诺里大胆构思，将 23 栋塔楼错位排列成两排，托举起一座 1.5 千米长的屋面，将园区连接成一个整体的巨构长廊，以这种巨构"廊"的意象，来呼应科创走廊的具象诉求，形成具有标志性的门户形象。每天华灯初上时，拉斐尔云廊的 13 万盏 LED 灯同时亮起，形成极富变化以及标志性的天幕，为城市提供流转变幻的景色；总面积约 15 万平方米的云顶如波浪一般高低起伏，波峰波谷之间落差达 18 米，璀璨绚丽，宛如"云中巨舰"。这座创造了新材料、新技术、新工艺等多项"全国之最"的建筑先后荣获美国绿色建筑委员会 LEED 铂金级认证证书、中国建筑金属结构协会"中国钢结构金奖"、上海市金属结构行业协会"金钢奖"等荣誉。拉斐尔云廊正成为上海科创中心建设的新名片、长三角 G60 科创走廊建设的点睛之笔、松江产城融合的新地标。

图 6.4　拉斐尔云廊外观
来源：作者整理。

在推进新片区产城融合的过程中，临港集团的产品系列也经历了从提供标准厂房，到建设产业社区，再到打造产业综合体的演进（如图 6.5 所示)。产品的演进路径体现了人本主义导向的深入实践，不断满足人的更高层次需求。根据马斯洛的需求层次理论，人类需求划分为五个逐步递进的层次。首先是生理需求，包括食物、水、睡眠等必不可少的生存需求。在满足这些需求之后，人们开始关注安全需求，寻求身体和心理上的安全和稳定。随后，社交和归属需求变得重要，人们开始与他人建立联系，满足社交互动的渴望。而尊重和自尊需求则在社交需求满足后浮现，人们渴望被他人认可和尊重。最终，自我实现需求成为最高层次的追求，这一需求涉及个人的成长、创造力的发展、理想的追求以及潜力的实现。人们只有在满足低层次需求后才会追求更高层次的需求，如同一个阶梯，每一步都依赖于前一步的满足。一旦某个层次的需求得到满足，它对行为的影响将减弱，而更高层次的需求则可能成为更强的驱动力。

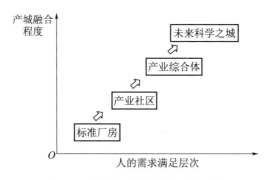

图 6.5　临港集团推进产城融合路径

产业社区：留人，留业

产业社区通过提供公租房、餐饮等生活配套，满足园区企业员工衣食住行方面的需求，从而提升职住平衡。根据马斯洛的需求层次理论，产业社区能够满足人的生理需求、安全需求等基础需求，并进一步服务于人的社交和归属需求。

人才为本，安居为先。公共租赁房项目是新片区稳定企业人才队伍，解决创新型、经营管理型和技能领军型人才的住房问题的一项重要举措。临港"先租后售"公租房项目，面向进驻临港新片区的企事业单位，开放特定租售业务。公租房按略低于市场租金价格收取，房租包含物业管理费，租户需自己承担水、电、气等费用。"先租后售"是临港在上海率先启动的公共租赁房试点模式。根据《关于促进中国（上海）自由贸易试验区临港新片区高质量发展实施特殊支持政策的若干意见》，项目建成后10年内作为公租房使用，其中50%房源可由单位按门栋整体购买作为单位租赁房使用。公租房建成10年后可作为商品住房按套上市转让，承租人可优先购买。

临港公租房五期项目于2021年9月开工。总用地面积约21万平方米，规划总建筑面积约55万平方米，规划住宅套数不少于4 280套。项目按绿建二星、高品质用水、海绵城市要求设计，建筑立面根据不同地块予以区分，涵盖现代简约、民国风等不同立面风格，主力户型为75—80平方米。临港公租房五期项目的开工是推进南汇新城建设和临港新片区产城深度融合的又一个重要标志和举措，将进一步满足改善新片区产业人群的梯度需求，带动各类基础生活配套设施的集中建设和快速成型，强化园区城市功能，提升南汇新城的产业导入能级和职住平衡水平。作为功能性房屋，园区方面控制面积，满足功能，打造环境，让职员能够在紧张的工作之余体会到家的感觉。

从2014年推出一期开始，由临港集团临港服务公司建设运营的临港公租房至今已陆续推出五期。历经近十年开发，从无到有，由点及面，初步建成了临港产业区产城融合的标杆典范。已建成交付的临港产业区公租房一、二、三期项目总建筑面积约75万平方米，交付房源共6 600余套，共计已服务近400家企业，导入人才2万余人。在接下来的规划中，公租房将坚持高起点规划、高质量建设，聚焦海内外人才的多元化居住需求。如临港科技城公租房项目，将分别以"国际化品质社区"和"国际化花园社区"为定位，打造产品标准适度差异化的高品质人才社区，进一步提升对高端产业和优秀人才的吸引力，为重点企业跨前一步实现"招人、用人、留人"提供强大支持。

产业综合体：留家，留心

06:00　从绿城诚园的家里醒来，窗外绿意盎然
06:30　伴着园区清新的空气，看河里白鹭飞翔
07:00　带孩子到蓝湾天地商场的肯德基享用美味早餐
07:30　送孩子到临港世外学校上学，家门口就能享受优质教育
08:30　开车来到生命蓝湾产业园，开始一天充实工作
10:00　到临港新片区行政服务中心（蓝湾分中心）办理公司税务
12:00　到园区食堂享受便捷又美味的工作餐
13:00　到蓝湾天地星巴克来一杯拿铁，为下午工作提神聚气
14:00　在临港美爵酒店会场听一场学术报告
15:30　到生命蓝湾展厅接待来访客户
17:00　结束繁忙工作，到新开河皮划艇俱乐部接上玩乐的孩子
17:15　顺路到熙康医院预约年度体检
17:30　到蓝湾天地商场和朋友聚餐，众多美食目不暇接
19:00　转战运动场，足球、篮球、羽毛球……任我选
20:30　一家人到万达影院看场电影，开启周末家庭欢乐时光
22:30　伴着临港蓝湾的斑斓夜色，步行回家，尽享国际社区生活便利

也许你觉得上述日志不过是城市生活中再熟悉不过的场景，但你是否能将它们和产业园区联系在一起呢？以上无边界的生活与工作场景可以在临港蓝湾真实发生。作为产城融合的高阶发展阶段，产业综合体集产业、住宅、教育、医疗、商业、休闲、运动于一体。相比产业社区，产业综合体融合了更多种类的城市功能。在马斯洛的需求层次上，产业综合体在满足人最基础的生理需求、安全需求之外，能够更好地满足人的社交和尊重需求，并进一步激发人追求理想、发挥创造力的自我实现动机。

产城融合的核心是服务于人，尤其要服务于"新人"。随着更自信的年轻一代进入职场，他们的工作、生活、消费的行为和观念将深刻影响整个商业形态的更新迭代。年轻人更加追求品牌代表自我的表达，追求品质与趣味，追求便利与智能。他们对于创造性工作方式的向往，特别是工作

以外对于自由生活方式的追求，也成为进一步推进产城融合、促进园区转型升级的重要依据。

漕河泾印象城为打造面向年轻一代的产业综合体提供了一份范本。根据《上海市城市总体规划（2017—2035年）》，漕河泾地区将从科创高地转型为"职住平衡、协同创新、通勤便捷、内容丰富"的产城融合新典范。一直以来，漕河泾都走在城市产业升级的前列，为上海引入全球资源提供了良好的平台。例如，在2017年，上海嘉会国际医院合作项目"花落"漕河泾。该项目引入国际顶级医疗资源，是美国历史最悠久的医院之———美国哈佛大学附属麻省总医院在中国的首个合作项目，也是上海首个由外资控股并符合国际标准的三级综合医院。经过近40年的产业积累，年近不惑的漕河泾蕴藏着新一代的经济实力和朝气。随着科创人才越来越年轻化，在漕河泾地区超过40%的消费人群是25—35岁的年轻人，涵盖了具有高学历及中高收入水平的园区白领与年轻家庭，他们是区域内的主力消费人群。作为在互联网、智能手机、平板电脑以及各种科技产品影响下成长起来的一代人，科技、新鲜、潮流、智慧是他们的标志。

在这一背景下，漕河泾印象城应运而生，并于2021年开业。漕河泾印象城商业面积5.5万平方米，是临港集团旗下漕河泾开发区内最大的高端综合体——漕河泾中心的重要组成部分，承担着重要的商业创新及服务功能，委托印力集团管理运营。漕河泾印象城定位为打造都会时髦社群的创意社区，立意"潮流"，融合"艺术、跨界、文化"空间元素，通过引进更多的区域首店、特色定制店、概念店，引入年轻人喜爱的网红潮牌和潮流IP，呈现全新的社交生活空间和潮流艺术体验，提供更多可供年轻人或者年轻家庭体验和社交的空间。通过前沿科技与商业生活场景的结合，漕河泾印象城的目标是打造业态丰富、创新跨界的徐汇科技潮玩探索新地标。

例如，关注到园区白领与附近居民家庭的个性化需求，漕河泾印象城引入了打造创新社交空间的星聚会KTV、一站式健身WILL'S全新概念店、全球婴幼儿早教中心品牌金宝贝等，为区域客群量身定制配套服务业态，提升了项目对漕河泾现代服务业集聚区核心客群，以及周边3千米内

70万余潜在客户的创新消费场景吸引力。商场的网红餐饮、创新零售与生活服务业态，不仅满足了园区工作人员的日常所需，同样也成为漕河泾、古美、田林等区域年轻家庭客群遛娃目的地。

有别于其他印象城，这座综合体还完美契合了漕河泾的高科技形象。作为漕河泾开发区的商业地标和引领智慧商业新时代的项目，漕河泾印象城将科技感作为自己独树一帜的标签，围绕"人、货、场"三大核心，以科技赋能场景，在消费者和商场之间建立更加智慧的纽带，做好服务者的角色。例如，面对消费者，漕河泾印象城除了地铁无缝接驳，还提供新型智慧停车系统，不仅能够实现停车场车位采集、查询、导航、缴费的一体化服务，还能方便用户快速地寻找到朋友、车辆和商户。又如，在逛商场的过程中，科技也让商业变得更加有趣好玩。智能触控导视系统，可以实现从任意导视点到商场各个店铺和功能区域以及公共服务设施的导航，让消费者闲暇之余体验立体空间感，通过与互动屏交流，实现"人屏互动"的完美跨界融合。

至此，漕河泾开发区已不再仅仅是一个科创园区，而是一个充满生活灵感的交互空间和智能城市模板，代表着最前沿的生活方式。漕河泾印象城面向未来思考新的商业模式——从空间、技术到内容，为漕河泾注入新鲜血液，为园区科技从业者提供量身定制的配套服务业态和富有科技感、新鲜感、潮流感的生活空间，让年轻一代愿意在漕河泾留家、留心。高质量人群汇聚之处，势必带来智慧和创意的集聚。不止如此，漕河泾印象城也提升了整个区域的产业链和生活配套完整度，进一步提升了区域价值和区域吸引力，使得漕河泾真正成长为上海的高新产业新城。

3.2 未来科学之城

从标准厂房、到产业社区、再到产业综合体，临港集团探索出了一套可复制、可推广的产城融合提升路径和产品系列模板。然而，产城融合还有一个核心问题必须回答：城市的未来定位是什么？在"教育+医疗+居住+商业+X"的园区城市综合配套体系中，每个城市或区域因自然人文地理条件、比较优势、政策规划方向、规模以及发展阶段等方面的差异，对"X"或有不同的回答。但这个回答至关重要，因为它决定了产城融合的目标方向和差异化的实现路径。

建设未来科学之城，这是临港新片区的坚定回答。大科学时代已来，人类要破解共同发展难题，比以往任何时候都更需要国际合作和开放共享。当前，在基础研究领域，开放合作依然是世界主流，只有主动融入国际创新链，积极提出并牵头组织国际大科学计划和大科学工程，才能走在科学最前沿。着眼于践行国家战略、服从服务好上海发展大局，临港集团以"五区联动"格局，即现代服务业开放区、国际协同创新区、洋山特殊综合保税区、新兴产业引领区以及高标准的国际社区，推进新片区建设。其中，国际协同创新区是产城深度融合的功能片区，毗邻大学城与特殊综合保税围网区。依托良好生态环境和大学集聚优势，利用人才和信息开放政策，能够加快融入全球创新网络，发挥与世界创新资源交流、交互及其诱导有效配置作用。

在临港新片区国际创新协同区，一只"白鹭"正面朝滴水湖，伸展开日益丰满的羽翼。这只蓄势翻飞的"白鹭"，正是世界顶尖科学家论坛（简称顶科论坛）的论坛永久会址。顶科论坛为临港新片区搭建集聚全球顶尖科技人才、打造全球高层次合作交流平台，由世界顶尖科学家协会（前身是全球诺贝尔奖科学家协会）联合上海市临港地区开发建设管理委员会、上海临港经济发展（集团）有限公司共同举办。全球诺贝尔奖科学家协会（简称"诺科协"）是由罗杰·科恩伯格（2006年诺贝尔化学奖获得者）、迈克·莱维特（2013年诺贝尔化学奖获得者）、巴瑞·夏普莱斯（2001年诺贝尔化学奖获得者）等多名诺贝尔奖获得者联合发起成立的，目标是促进国际学术交流与合作，汇集诺贝尔奖获得者们的创新活动，成为未来诺贝尔奖得主的孵化器。

代表人类科技文明最高水准的诺贝尔奖科学家，无疑掌握着全球最先进、最前沿的科学应用"密码"。他们将重新界定产业的序列、格局和分工，每一位诺奖科学家背后，都蕴藏着深厚的产业图景，是21世纪最重要的智慧资源，也是上海打造品牌优势、厚植人才优势需要吸引的重要资源。2018年，首届顶科论坛迎来了35位来自世界各地的顶尖科学家，其中有26位诺贝尔奖获得者。截至2022年，第二届至第五届顶科论坛也顺利举办，论坛邀请到了来自不同研究领域的荣获诺贝尔奖、图灵奖、菲利兹奖的中外顶尖科学家代表，以及全球知名企业家、金融家，共商科技发展的前沿趋势，搭建科技与产业、文化、社会的交流平台以及国内外科学互动的平台，探索未来科技的合作模式。

顶科论坛已被正式写入上海"十四五"规划。规划中指出，科创研发总部湾以"临湖面、科创带、公共廊"为特点，推动形成科创总部集群。将启动建设顶尖科学家论坛永久会址、科学公园、科学大道和多个科学家实验室，建设成为具有全球标识度的科技创新区域。顶科论坛的永久会址"临港中心"是中国首个"科学家社区"城市单元，集成了会议中心、展览场所、数字图书馆、剧院和配套酒店等配套。其中，展览、数字图书馆、剧院等设施面向公众开放，市民可以来这里近距离接触最前沿的科创技术和思想，一幅城市科技会客厅的美好画卷正在徐徐展开。

作为国际创新协同区的标杆性项目，临港中心牢牢插在核心位置。围绕它，临港集团共规划了科创总部湾、顶科社区、科技创新城三个功能片区。科创总部湾成为承接研创型总部功能需求、打造集聚科技人才与企业总部、具有显示度和集中度的滨水商务空间。顶科社区总用地面积 2.37 平方千米，以顶尖科学家需求为核心，强调国际化、定制化的高端社区。科技创新城是临港科技创新功能的主要承载区，聚焦重点产业领域，推动科创型功能平台落地，提供转化、孵化功能。

顶科社区作为全国首个"科学家社区"城市单元，其目标是依托顶尖科学家论坛品牌，集聚一批一流科技院校、人才等科技创新资源，重点为前沿科学策源功能配套相应的商务会展专业服务设施，为顶尖科学家和科技创新人才提供精准的生活配套，打造科创服务地区中心。根据临港新片区管委会公布的《上海市临港新片区 PDC1-0401 单元顶尖科学家社区控制性详细规划》，顶科社区的明确定位是"世界级的新时代重大前沿科学策源地"。其战略意义也极其深远：以"领先未来 20 年的科技战略力量，储备未来 50 年的科学资源"为战略使命，打造国际领先的科技策源地、联通世界的科学创新港、聚智全球的科学组织总部基地、机制灵活的离岸创新区。

科学家以及科学家相关的智囊科研团队是顶科社区的核心对象，科学家工作的实验室是其核心圈层。因此，设计团队重点要实现科研产业链条的最前一千米，即基础科学研究功能，包括生命科学、信息科学、物质科学、宇宙科学等实验室和研发中心。实验室外围是创新孵化器和产业集群，来自实验室的研究成果在这里被应用到经济社会并向外推广，有很强的全球化关联属性。项目规划布局了思想交流、科研支持、研发转化的功能空间，具体落地了 WLF 国际会议中心、WLA 全球总部基地、世界青年交流中心、研发转化中心等以支撑实验室平台。

在配套方面，顶科社区规划形成"一核·三带·三片·多点"的空间结构：以顶科论坛会址及科学公园为核心，打造地区公共中心；利用现有生态资源，营造景色宜人的蓝绿景观带，形成二环公园景观带、橙和港生态景观带、夏涟河生态景观带；根据功能布局，划分科学家片区、生活配套片区、公园片区三个片区，为顶科社区内科创生产生活提供空间载体；分散布局科研、居住、公共服务等元素，为社区内工作、生活人群提供优质的科创研发配套和生活服务配套设施。

值得一提的是，在顶科社区还建成了一所顶尖科学家科学公园（莫比乌斯公园）。莫比乌斯公园总面积约14.3公顷，是顶科社区内最为核心、面积最大的公园绿地。在总体空间布局方面，公园依据顶科论坛的宗旨与内涵，运用莫比乌斯环的设计理念，在空间和视觉上塑造了充满现代感和未来感的莫比乌斯环桥，构成展示科学家成就的"星光大道"，串联起科学公园各个功能主题区。设计理念展现出"无处不在的绿色、无处不在的科学、无处不在的艺术"。公园与临港中心、实验室、居住区等通过便捷的慢行系统连接。同时，公园绿地中结合控规要求，设置公交首末站和公共停车场，更好服务顶科社区。公园植物按《上海市城市总体规划（2017—2035年）》提出的"四化"（绿化、彩化、珍贵化、效益化）标准，选用本地长势较好的植物品种，增加开花及色叶类植物，打造四季有景、色彩丰富的植物景观。规划莫比乌斯科学公园旨在筑牢临港新片区生态基底，美化顶科社区的生活空间，希望公园能够承载科学的功能，给科学家们提供完美的思考之所。

顶尖科学家社区以创新策源功能为核心，完善专业化科创研发配套和国际化、定制化的高端生活服务配套，打造创新涌动、活力迸发、开放包容的先行示范区。在未来，国际创新协同区将建成顶尖国际组织总部、世界顶尖名校亚洲分部、顶尖科学家创新实验室基地，以及顶尖WLA科学家冠名实验室、WLA科学家共享实验室、WLA企业研发中心三大实验室，世界顶尖科学家论坛会址综合体、首批世界顶尖科学家国际联合实验室、酒店综合体、科学家公园、住宅、教育机构、社区商业等。承接顶科论坛不断扩大的溢出效应，临港新片区国际创新协同将以顶尖科学家需求为核心，打造科学思想自由、科研生态完善的新时代重大前沿科学策源地，将临港新片区打造成为未来科学之城。

4   他山之石：新加坡裕廊工业园

新加坡是全球第三大炼油中心、最大的燃料供应港、全球三大石油交易中心之一、亚洲石油交易行业的价格发现中心。然而，矿产资源贫瘠的新加坡几乎没有任何石油资源。裕廊岛作为新加坡能源和化学工业的基石，拥有 100 多家全球领先的石油、石化和特种化学品公司，包括荷兰皇家壳牌、美国埃克森美孚、美国雪佛龙、美国杜邦、德国巴斯夫、日本住友化学及日本三井化学等业内巨头。

裕廊岛是位于新加坡西南部外海的人工岛，也是新加坡最大的外岛，总面积近 32 平方千米，由填海造地工程将七个小岛人工合并而成。在大约半个世纪前，裕廊还是一片布满沼泽和丘陵的荒芜之地。如今，新加坡裕廊工业园区已是全球知名的"花园工业镇"，对新加坡的 GDP 贡献超过 20%，吸纳全国三分之一以上的劳动力就业。荒芜之地如何逆袭成为产业高地？石化工业又何以与花园并列齐名？

4.1　裕廊 1.0：政府垄断，快速立足

裕廊工业园的创建和发展也是新加坡工业化进程的开端和缩影。在 20

世纪 60 年代之前，新加坡经济以转口贸易为主，工业基础极为薄弱，更无工业区和工业布局可言。当时，所有行政、金融、商业中心，包括一些小型工业和手工业都集中在仅占全国面积 1.2% 的约 8 平方千米的市中心区。1960 年，面临发展经济和增加就业的紧迫压力，新加坡政府邀请荷兰经济学家阿尔伯特·温斯敏团队为其设计工业化方案。当时正值亚洲石化市场蓬勃发展，温斯敏团队提出将石化工业作为支柱产业发展。

首先，在资源优势方面，尽管新加坡资源有限，但其战略地理位置使其成为重要的航运和贸易中心。利用石化工业的高附加值和国际市场需求，可以将外部资源引入并加工，实现出口导向型发展。其次，考虑到技术转移，石化工业需要先进的技术和设备，这促使新加坡与外国技术提供者进行合作。通过引入技术，新加坡可以提升自身的生产能力和产业水平。此外，从经济多元化的角度，新加坡过去主要以轻工业为主，温斯敏团队鼓励将重点转向石化工业，这有助于推动经济的多元化，减少对特定产业的依赖。最后，石化工业涉及多个环节，从原材料提取到加工制造，这有助于提高产品的附加值和国家的产业链水平。

在这一产业规划的指引下，新加坡在工业化的起步阶段大量引进大型跨国企业，如皇家壳牌（1961 年）、英国石油公司（1964 年）、美孚（1966 年）等。英国石油公司与雪佛龙旗下加德士于 1973 年共同投资成立了新加坡炼油公司。在大型跨国企业的带动下，新加坡于 70 年代中期一跃成为继美国、荷兰之后的全球第三大炼油中心。

在吸引外资的同时，新加坡政府也早早启动了工业园区的发展计划。1961 年，新加坡政府成立了国家经济发展局（EDB），在裕廊地区划定 6 480 公顷土地建立裕廊工业园，并划拨 1 亿新元作为开发资金对裕廊区进行基础设施建设。在当时，由于市中心区人口密集、交通拥挤，再无工业发展空间，新加坡政府不得不在市中心区外开辟新的工业区。选中裕廊的重要原因在于其地理条件优势，裕廊岛拥有水深近 12 米的天然良港，天然具有海岸线长的特征。为此，在最初填海过程中充分预留出凹凸的港口海岸线，以方便后续的码头建设。

在裕廊工业园发展的早期阶段，新加坡采用了政府垄断的开发运营模式。国家经济发展局对园区的资金筹集、土地运用、招商引资等进行统一规划，其优势在于可以快速并以较低成本获取私人土地，保证园区项目快速启动并尽快达到规模经济，同时有效吸引跨国公司的投资，并降低国内园区之间的竞争。

4.2 裕廊2.0：政府主导的市场化运作

到1968年，裕廊工业区的厂房、港口、码头、铁路、公路、电力、供水等各种基础设施建设基本完成。同年6月，国家经济发展局工业园区部独立出来，成为裕廊镇管理局（JTC）。新加坡政府将本国工业园区开发和营运工作全盘授权给裕廊镇管理局，同时，裕廊镇管理局也负责裕廊工业区的经营管理工作。工业区的初期开发建设资金来自政府，后期资金的来源虽呈多样化趋势，但项目建设初期投入的资金仍然主要来源于政府。

尽管出身和名字都极具官方气息，但裕廊镇管理局并非传统意义上的政府机构，而是一家房地产开发商和服务提供商。它采用公司模式，通过投资土地和设施并销售其产品和服务获得收入。在裕廊园区的开发运营过程中，裕廊镇管理局不断调整管理体制，以更加企业化和市场化的方式开发和经营园区，由此裕廊工业区进入了全新发展时期。

在20世纪60—70年代，在政府大力支持下，裕廊工业园着力发展修造船、金属加工、食品、机械工程、木材加工等以出口为导向的劳动密集型制造业。园区业态主要以简单厂房和仓库为主。但随着人口红利耗尽，国内劳动力供应一度处于紧张状态。到了80年代，裕廊工业园迎来第一次产业升级转型契机。1974年爆发的全球石油危机导致能源与矿产等资源价格水涨船高，欧美发达国家被迫进行产业调整，纷纷选择将资本密集型产业，如钢铁、化工和造船等向外转移。1985年"广场协议"签订之后，西方国家的产业转移已经不再局限于资本密集型，而是逐渐扩展到了包括汽车、电子等在内的部分已实现标准化生产的技术密集型产业。顺应全球产业转移的大势，裕廊工业园开始从制造业向高附加值的资本密集型和技术密集型方向转化，并积极促进服务业发展。

为了扶持产业发展，裕廊镇管理局启动了 10 年的总体规划（1980—1990 年），即有针对性地在综合启动区以外另起炉灶，为那些符合条件的高成长型企业设计和提供具有差异化的设施和厂房，包括将南部的岛屿开发区开发成石油化工产品的生产和配售中心，将罗央开发成第一个航空工业中心。

在总体规划的指引和扶持下，裕廊工业园迎来了长达十年的黄金发展期。在资本密集型产业方面，凭借在炼油界的地位和出色的功能环境规划，加之裕廊岛上的石化产品多以出口为主，便利的运输为岛上企业节省了大量的运输成本和时间，成功吸引到了各国石化巨头投资设厂。1980—1990 年，菲利普斯新加坡石化公司等 8 家公司先后设立，石化产业集群在新加坡初步形成。到 90 年代，填海造陆方式衔接而成的裕廊岛工业区已发展成为设施齐全、功能完备的现代化炼油中心，岛上有亚太地区最大的油库——环宇油库，容量达 230 万立方米。裕廊岛工业区成为仅次于美国休斯敦和荷兰鹿特丹的世界第三大炼油中心。为 21 世纪新加坡大型跨国石化企业的猛增和完整石油和化工体系的形成奠定了充足的产业基础。

在技术密集型产业方面，新加坡以及东南亚首家硅晶片制造厂在 80 年代初期建成。苹果电脑公司 1981 年开始在新加坡生产个人电脑，1982 年又增加了光盘驱动器的生产项目。1984 年，来自跨国公司的技术、资本密集型制造业每年投资达到 17 亿新元。电子产业技术人才不断增加，电脑技术知识不断普及，电脑运用进入社会生产和生活领域。到 1985 年，已经有超过 150 家跨国公司在新加坡从事电子产业或电脑配件的生产任务。

而裕廊工业园的升级转型之路并没有停止。20 世纪 90 年代，以信息产业为中心的知识密集型经济开始兴起。裕廊工业园再一次顺势而为，政府投下巨资支持研发和创新，高新技术、研发、工程设计、电脑软件服务业等知识密集型产业成为裕廊工业园新的发展重心。在园区升级转型的同时，2001 年，裕廊镇管理局进行了改组，成立裕廊集团①，下设腾飞公司、裕廊国际、裕廊港三个全资子公司，其中，腾飞公司负责科学园、商业园、工业园等商务空间的开发和管理，裕廊国际负责咨询、规划设计及项目建设和管理，而裕廊港口与全球 50 多个国家和 80 多个港口保持贸易运输关系，被评为"亚太最佳集装箱码头"。改组后，裕廊集团的经营运作更加企业化，对市场的反应更加灵敏，并在吸引、挽留和激励人才方面更具灵活性。

纵观裕廊工业园区的发展历史，每隔十年，都会迎来一次产业升级转型的重要机遇。而裕廊总能顺势而为，没有错失任何一次机遇。其成功与政府主导、市场化运作的产业园区开发模式有密不可分的关系。裕廊集团作为企业化运作的官方机构，管理上采取独立核算自负盈亏的经营方式。有关职能和权限由国会明文授权规定。国会授权裕廊集团为各类性质的产业园区提供监督和管理服务；为园区的企业和员工提供必需的生产和生活设施；为厂商提供港口设施和管理及技术咨询和援助。另外，还授权集团参股投资于公共或私人企业的权利。这种"半政府、半市场"的身份与理念给裕廊集团带来三个关键优势：第一，它是新加坡政府的"法定机构"，其产业用地储备具有极大的确定性；第二，它虽然采取企业化运作，但利润不是其最主要的业绩考核指标，其主要目标是保证新加坡长期合理价格的产业空间供给；第三，它和新加坡经济发展局共同隶属国家贸易工业部，国家贸易工业部负责制定产业政策，然后由裕廊集团进行空间开发，由经济发展局负责政府层面的对外招商，两者密切合作。

---

① 裕廊镇管理局成立于 1968 年，是裕廊岛的管理机构和开发主体，改组之后都称为裕廊集团。

4.3 裕廊的产城融合之路

"花园工业镇"

裕廊岛因兼具工业区和风光别致的旅游区而有"花园工业镇"的美称。在裕廊岛发展化工产业的几十年间,新加坡的空气质量仍然保持良好,二氧化硫、二氧化氮、一氧化碳、臭氧和可吸入悬浮微粒等主要污染物指标,均在美国环保局证明的可接受范围。

花园工业镇体现了人本主义的产业发展理念。能够在化工产业园区做到安全环保,同时保存周边的生态风光,其背后是园区开发者的高明远见和周密规划。

首先,裕廊工业园在整体开发过程中,对园区环境问题进行了合理而妥善的规划。当地政府投入了大量资金建成完善的环保基础设施。正如新加坡环境局工程师所说,"重化工并不可怕!我们从一开始就做好土地规划,找好发展工业的合理选址;同时确保有足够的土地来作为环保基础设施,如排水设施、垃圾收集和处理设施等,要把环保措施做在前面,规划好工业区与住宅区之间的缓冲区。"(方升研究,2021)

此外,规划方从项目之初就有计划地保留了10%的土地作为公园和风景区建设,现已建成10多个公园,包括世界著名的飞禽公园、中国式公园、森林公园等。为保护投资者的资产,裕廊岛上还建立了完善的安保体系,其中包括陆海空三位一体监控。裕廊岛在详细审核工业用地申请时,要求工厂只能在工业用地内,推行无污染科技,尽量减少使用化学药品及产生废料等。

纬壹科技城

进入 21 世纪，新加坡从最初的劳动密集型发展到资本和技术密集型再到知识型经济，政府看到了前所未有的挑战：全球高新技术快速发展，世界范围内人才的竞争激烈，对高级人才的需求不断增长，创新的重要性不断展现，产业升级迫在眉睫。

为了更好地培育知识型产业，在 2000 年，新加坡政府提出集"工作、学习、生活、休闲于一体"的活力社群概念，发展知识密集型产业，建设"纬壹科技城"。取名"纬壹"是因为新加坡的位置处于北纬 1°，而且读音接近"唯一"。这是新加坡第一个产城一体化的项目，新加坡意在将这个大型新经济项目建设成知识型经济的标志。

如今，纬壹科技城成了新加坡名副其实的"硅谷"。这里不仅聚集了一个完善的产业生态，也成为创新和测试的苗床。纬壹科技城内有近 4.7 万名员工在这里工作，有超过 400 家领先企业和环球机构，超过 700 家起步公司、16 个公共研究机构，以及 5 所企业大学或学院。其中包括英国最大制药公司葛兰素史克在亚洲的新总部和首个全球学习中心、宝洁公司的创新中心、美国希捷专注开发移动存储设备的新设计中心，以及卢卡斯电影公司等。

纬壹科技城位于新加坡南部，总面积 2 平方千米。作为新加坡第三代科技城，纬壹科技城发展定位明确，将生物医药、信息通信与媒体作为重点研发领域。作为一类功能特殊的园区，其核心理念是把各类科技人才、科研专家和企业家都集中在一起，为他们提供方便舒适的生活、工作、交流和娱乐空间，从而进一步促进新加坡科技管理体系的完善和集中，推进科研设备更新换代、科学管理和共享服务的现代化。

在土地使用上，纬壹科技城的土地利用充分体现规划管控的弹性和动态灵活性。除了明确功能的用地，还包括白地（在政府允许的范围内，变更其用地性质、用途以及功能占比）、混合使用用地以及直接服务于相应的详细规划的土地等性质模糊的土地，让市场力量来决定创造最高商业价值的土地使用方式。同时，每个街区和建筑的开发也是灵活的，在保证整体连贯性、符合四大关键性规划设计策略下允许适应新要求的适当调整。

科技城内规划有商务核心区（Vista Xchange）、生命科技区（Life Xchange/ Biopolis）、信息通信区（Central Xchange/ Fusionopolis）、生活居住区（Wessex Estate）、纬壹公园（One North Park）、淡马锡传媒区媒体城（Temasek Xchange/ Mediapolis）、起步谷（Launchpad）等主要功能区。各核心功能区的地理布局充分考虑其基本特征和需求，距离地铁最近的地方主要布置商业功能，车辆交通方便、距离地铁较远的地方布置商务功能，距离地铁最远、环境幽静的地方布置生活、娱乐、学习配套设施等综合性项目，以支持核心产业发展。

与园区的理念相一致，纬壹科技城最大的建筑特色是强调开放、融合和共享。封闭式围墙无形中会阻隔企业之间的交流，导致无法发挥出产业集群效益。因此，纬壹科技城的规划突破了传统园区的设施框架，强调了园区的开放性，允许人们没有界限地工作、生活、娱乐、学习，并特别注重为人与人之间的交流创造机会和空间，增进互动。值得一提的是，在纬壹科技城，几乎每座建筑都相通，空中架设交通廊道，可以沿着走道通往不同建筑。公共空间也体现出了融合的理念：一条长长的绿化带由北向南贯穿始终，形成一个和谐生态的绿色空间。行走在园区内，因地制宜、巧妙利用绿色植物装饰的休憩空间随处可见，这种开敞自然的活动空间，也很好地连接了在园内的企业与人才。

尽管总面积仅有 2 平方千米，但纬壹科技城的每一栋建筑都是一个社区。以其中的启汇城为例，其楼高 20 多层，既有研究机构、科技企业，又有居住公寓、科技孵化器、新加坡科技研究局、零售与休闲配套商业单位和政府服务部门，在大楼负层还将开设地铁站，充分体现了综合创新社区的建设理念，吸引了众多国际一流研发机构落户，其中包括知名网络游戏"第二人生"的总部和研发中心。

科技城的功能区呈现中低层、高密度、高容积率的紧凑互联集群特征。又如启奥城的生物医药组团，开发面积 14 公顷，容积率 4.54，建筑密度 61.4%，企业密度 8 家 / 公顷，在功能上涵盖了研发办公、物流、商业配套、会展设施、科技配套设施等，全面紧凑的配套使整体研发成本降低、研发周期缩短，发挥出园区组团强大的集聚效益。部分零售、餐饮、娱乐被精细化安置在建筑群内，形成高效、完善、有活力的组团。

在交通方面，便捷的交通对吸引科研人员非常重要，主要商务集群（如罗切斯特购物中心、启奥城、启汇城）都布置于轻轨附近，与新加坡国立大学医院、新加坡国立大学等公共机构的交通联络异常便捷，强化区域产学研的联动。此外，当今时代的人才通常有频繁外出的需求，随时需要跨越城市及国家交流，所以对城际交通的可达性与便捷性要求很高。纬壹科技城距离中央商务区和西部工业区的车程为 15—20 分钟，能很好地联系、承接上述两个区域的功能；同时该地点距离机场和港口都很便利，快速路和地铁可以通达全岛，无论是公共、私人交通和货物运输等都非常便利。

在商业和住宅配套方面，占地 0.054 平方千米的汇达林（Vista Xchange）承载了城市功能。作为整个科技城的窗口及商务中心，汇达林邻近交通中枢，有 3.8 万平方米、拥有 5 000 个座席的音乐剧院，有 2.8 万平方米的购物中心，有极具特色的餐饮体验、健身体验等。在住宅上，汇达林也开放了不同种类的别墅、公寓住宅，还有充足的商务酒店。

纬壹科技城由裕廊集团负责开发。在开发模式上，裕廊集团突破以往惯例，探索出了引入私人投资的新模式，找寻政府主导与市场化之间的最优平衡点。项目由裕廊集团负责整体规划和项目启动建设及各产业组团一期建设为主，同时通过招标方式引入私人发展商参与各产业组团分期和配套设施的开发和建设。在私人机构参与纬壹科技城建设的过程中，裕廊国际（裕廊集团子公司）会首先划分地块的规划使用目标，就不同目标的地块面向社会进行招标。中标机构作为合作方参与纬壹科技城建设，并通过承租土地的方式进行科技城开发，承租期一般为 60—99 年。

专业私人发展商充分参与了产业组团的开发，优化了产业生态系统，配套设施的专业开发也使科技城整体配套设施更专业完善。有效带动了私人发展商参与产业项目，并逐步积累经验、提高效益。因为前期政府主导为主，软硬件均投入较多，明确项目基本思路和理念，凝聚了一定的人气，形成良好的集聚示范效应，为持续开发奠定了良好的基础；中后期以私人发展商参与为主，不仅能为其累积良好经验，也能为其投入带来较好的效益。

参考文献

[1] 国家统计局. 数字经济及其核心产业统计分类（2021）[A/OL].（2021-05-27）[2023-09-07]. http://www.gov.cn/gongbao/content/2021/content_5625996.htm.

[2] 向乔玉，吕斌. 产城融合背景下产业园区模块空间建设体系规划引导[J]. 规划师，2014，30（06）：17-24.

[3] 邹德玲，丛海彬. 中国产城融合时空格局及其影响因素[J]. 经济地理，2019，39（06）：66-74.

[4] 方升研究. 产业地产模式：裕廊工业园模式解读Ⅱ：成功的产业转型蜕变[EB/OL].（2021-07-16）[2023-09-07]. https://www.sohu.com/a/252533630_100117214.

第七章
引领绿色低碳发展

2023 年 4 月 25 日，北京时间 16：10，欧盟理事会投票通过了碳边境调节机制（Carbon Border Adjustment Mechanism，CBAM），并于 2023 年 5 月 17 日生效。自 2023 年 10 月 1 日起，条例将正式实施。根据 CBAM，2026 年开始，欧盟将对从第三国出口的钢铁、铝、水泥、化肥和电力，以及特定情况下的间接排放征收碳排放费用或配额，到 2030 年将欧盟碳市场涵盖的所有商品囊括进征税范围。CBAM 因此也被称作欧洲的"碳关税"。

中国是欧盟第一大贸易伙伴和最大的商品进口来源国、欧盟进口商品隐含碳排放的最大来源国，出口欧盟的中间产品中 80% 的碳排放来自金属、化学品和非金属矿物，属于欧盟碳市场高泄露风险部门，CBAM 的实施将对我国出口产生重大影响。最初和最直接的影响将是能源密集型出口产品，主要是钢铁和铝。我国 2022 年欧盟出口总额为 6 260 亿欧元，其中钢铁 151 亿、铝 45 亿欧元，均占欧盟进口的第一名；化肥 3.3 亿、水泥 1 146 万、氢 3 134 万，5 项合计约 199.7 亿欧元，约 3.2%。如果 CBAM 覆盖欧盟碳市场下所有行业，出口欧盟受影响的贸易额约占总额的 15%。其中受影响最大的分别为石油化工和钢铁，占受影响贸易额的一半以上。长期将引起连锁反应：其他发达国家制定自身 CBAM，形成统一碳关税壁垒，碳关税覆盖行业和产品大幅度扩大，发达国家之间互认碳成本且相互抵扣，并利用资金和技术优势，创造低碳技术和管理的制高点，在气候谈判中施加温室气体减排压力，向外输出"绿色技术和管理模式"，提高进入市场产品的环保标准，制造"绿色壁垒"。

碳排放的气候变化影响是全球性的，如果碳排放对气候变化的影响是确定的，那么，低碳经济全球化的到来就是确定的。碳减排将以贸易或非贸易手段，把全球各国的经济发展和发展模式、能源效率和能源结构联系起来。低碳将把全球经济再次捆在一起，今后的国际贸易纠纷将由于碳排放而变得更加复杂，贸易保护可能占上风。

在全球碳博弈的大格局下，作为二氧化碳排放非常多的国家之一，中国对温室气体减排做出了坚持不懈的努力。中国政府彰显国际担当，在第七十五届联合国大会上宣示绿色发展的决心：中国的二氧化碳排放力争于2030年前达到峰值，努力争取在2060年前实现碳中和。低碳绿色发展成为构建中国现代化经济体系的必然要求，"双碳"成为贯穿高质量发展主线的国家战略，也是给产业园区建设和发展提出的重大命题。

1 绿色园区建设者

1.1 绿色低碳转型的主力军

作为生产要素集中配置的核心区域，产业园区已经成为推动我国工业化、城镇化发展和区域经济高质量发展的重要平台，对我国实施产业结构优化调整、推动区域经济增长、提高产业国际竞争力等具有重要意义。目前，国内企业尤其是生产制造企业大多落户于各类工业园区和开发区，工业园区在相对较小的地理空间内聚集了大量工业企业，资源能源消耗量大，污染物排放集中且量大。据统计，我国40%的经济总量和60%的能耗均来自工业，仅全国2000多家国家级和省级工业园区的二氧化碳排放量就占了全国总量的31%。因此，工业园区是实现低碳、绿色发展的关键载体之一。2021年，《国务院关于加快建立健全绿色低碳循环发展经济体系的指导意见》明确指出：提升产业园区和产业集群循环化水平。

作为企业主体和产业要素集聚发展的核心单元，园区集聚产业、功能、创新、人力等各类资源要素，可以实现生产要素科学配置和产业链供应链的高效协同，辐射带动作用极强，能够成为零碳的突破点和标杆。在产业要素集聚方面，通过围绕一个主导优势产业进行差异化定位、动态布局，关联功能区串点成链、聚链成圈，产业生态协同协作产业园区可以从整体上规划零碳路径。在功能要素集聚方面，园区可以通过深化产城融合理念，实现基础设施、公共服务等功能体系的合理布局，辅以生态碳汇的整体规划，有效降低整体碳排放，同时也可以有效提升园区宜居度。在创新要素集聚方面，园区可以高能级平台体系和高品质科创空间体系为主体，通过打造开放型创新功能平台，支撑园区内企业等主体推动低碳改进及碳中和相关科技创新。在人力资源集聚方面，园区可以通过打造"产—学—研—用"协同平台，聚集高素质人才，并通过灵活的机制激发其实施低碳生产生活的积极性和创造性。因此，作为先进要素高度集聚、创新和生产、生活活动主要载体的各类型园区，在"双碳"战略实践中发挥着至关重要的作用，是实现碳中和的先锋和主力军，是"双碳"战略实践的关键落脚点，也是打造中国经济升级版的重要组成部分（全国信标委智慧城市标准工作组，2022）。

可持续发展社区协会（Institute for Sustainable Communities, ISC）发布的《低碳园区发展指南》，对低碳园区进行了定义：园区系统在满足社会经济环境协调发展的目标前提下，以系统产生最少的温室气体排放获得最大的社会经济产出。与综合类生态工业园区相比，低碳园区以温室气体排放强度和总量为核心管理目标，而生态园区侧重多级利用和废物最小化的多目标管理。一个理想的低碳园区应具备能源和资源高效利用、能源结构清洁、产城融合、适应气候变化这四个特征。有学者提出：低碳工业园区的"低碳"包含两层含义：一是具有低碳的属性，即较低的碳排放总量和碳排放强度；二是具有低碳的效率，即以最少的碳排放获得最大的经济产出（禹湘，2018）。因此，从碳排放视角来看，低碳工业园区是一种可持续的园区发展模式，它以降低碳排放强度为目标，以产业低碳化、能源

▌知识窗

可持续发展社区协会

可持续发展社区协会（ISC）成立于1991年，由佛蒙特州前州长玛德琳·M.库宁女士发起，是为全世界充满激情并执着改善人类居住环境的人们提供必要工具、技能及资源的国际非政府组织。协会的使命是帮助全球范围内的社区积极应对来自环境、经济和社会各方面的挑战，建立一个由大家共同塑造和分享的更加美好的未来。协会工作的领域包括社区建设、环境保护、气候变化、健康卫生、组织领导等。项目实施范围大到国家范围，小到区域和地方，帮助当地解决社区面临的严峻问题。

低碳化、基础设施低碳化和管理低碳化为发展路径,以低碳技术创新与推广应用为支撑,以增强园区碳管理能力为手段。探索、实现工业园区绿色转型,推进可持续工业化,是践行绿色发展理念题中的应有之义。

1.2 绿色园区建设者

作为上海市属唯一一家以产业园区开发为主业的大型国有企业，早在 2003 年，临港集团就提出"生态园区"的建设理念，致力于推动绿色低碳发展。2022 年 3 月，集团按照"生态优先、绿色发展"总要求，紧扣"3060"的双碳目标，发布《临港集团绿色化发展行动计划（2022—2025 年）》，围绕高质量发展主线，实施"特色化 + 可持续发展"双轮驱动，持续改善生态环境，推动绿色低碳发展，增创绿色发展新优势。2023 年 4 月，临港新片区管委会发布《国际创新协同区[①]低碳发展实践区低碳建设导则》（简称《导则》），从区域规划顶层设计、项目立项、建设施工到运营管理全过程贯彻落实低碳理念和行动。《导则》从区域规划、能源资源、建筑、交通、产业、生态、智慧信息等几大领域提出要求及指标，推进临港国际创新协同区绿色低碳发展，为国际创新协同区树立开放创新、智慧生态、产城融合、宜居宜业的绿色低碳发展标杆提供支撑。在建筑领域，《导则》明确新建建筑全部执行绿色建筑二星及以上标准，推进绿色建筑验收试点，并鼓励试点实施零碳排放示范建筑建设；在能源资源领域，则提出大力推进可再生能源规模化利用，开展光伏建筑一体化建设（Building Integrated Photovoltaics, BIPV[②]），因地制宜发展海上及滩涂风电；在交通领域，将积极发展新能源汽车，构建低能耗、低污染、低排放的低碳交通体系，推进可再生能源充电站等设施建设，通勤车、叉车、市政工程用车优先采用由绿氢供应的氢燃料电池等。此外，新片区管委会还将加大区域内低碳专项资金投入、合规引入社会资本，并从项目规划和土

---

① 国际创新协同区低碳发展实践区由科创总部湾、顶尖科学家社区、科技创新城社区和南汇嘴生态园组成，整体规划面积约 11.5 平方千米。

② BIPV 技术是指将太阳能发电（光伏）产品集成到建筑上的技术。

地出让、项目审批和建设及项目运营阶段落实低碳发展要求，建立年度综合评价机制。

> **知识窗**
>
> 绿色建筑分为三个等级，分别由低到高划分为一星、二星和三星。主要包括六大指标：节地与室外环境、节能与能源使用、节水与水资源使用、节材与资料资源使用、室内环境质量、运营处理（住宅建筑）、全生命周期综合性能（公共建筑）。各大指标中的具体指标分为控制项、一般项和优选项三类，控制项是评为绿色建筑的必备条件，优选项主要指实现难度较大、指标要求较高的项目。被评为绿色建筑的均应满足《绿色建筑评价标准》所有控制项的要求，每类指标的评分项得分不应小于 40 分。当绿色建筑总得分分别达到 50 分、60 分、80 分时，绿色建筑等级分别为一星级、二星级、三星级。

作为新片区建设发展的主要实践者，临港集团积极践行《导则》，坚持将社会责任和 ESG 理念融入企业经营战略中，始终将绿色作为产业和园区的发展底色。将绿色低碳理念全方位、系统性地融入园区的规划、建设、管理和运营中，在绿色园区建设、绿色产业链构建、绿色建筑打造、绿色场景应用、绿色金融实践、园区绿色生活引领等方面不断突破，积极打造绿色低碳集成式创新平台，为实现"双碳"目标持续贡献临港力量。

打造绿色建筑

建筑能耗不能小觑

建筑领域的能源消耗包括建筑建造能耗和建筑运行能耗两大部分。建造阶段的能耗指的是建筑建造所导致的从原材料开采、建材生产、运输到现场施工所产生的能源消耗；运行阶段的能耗指的是为使用者提供供暖、通风、空调、照明、炊事、生活热水以及其他为了实现建筑的各项服务功能所产生的能源消耗。据国际能源署（International Energy Agency）统计，在 2017 年全球各行业碳排放量中，建筑业以总体 36% 的碳排放量高居首位。建筑业消耗了地球上大约 50% 的能源、42% 的水资源、50%

的材料和48%的耕地，产生了全球24%的空气污染、50%的温室效应、40%的水源污染、20%的固体垃圾和50%的氯氟烃等。我国既有的近400亿平方米建筑，仅有5%是节能建筑，每年新建房屋建筑面积近20亿平方米，超过所有发达国家每年建成建筑面积的总和，但真正称得上"节能建筑"的还不足1亿平方米，其余均属于高耗能建筑。2020年，我国建筑与建造碳排放总量占全国碳排放总量的比重为50.9%。因此，绿色建筑是城乡建设领域碳达峰、碳中和目标实现的重要抓手。

根据清华大学建筑节能研究中心的估算，2020年，我国建筑运行能耗占全社会总能耗的21%，产生的二氧化碳排放量占全社会总量的19%，是能耗和碳排放的双料"大户"。建筑运行过程中的碳排放，主要包括直接碳排放和间接碳排放。根据中国建筑能源排放分析模型的分析结果，2020年我国建筑运行过程中的碳排放总量为21.8亿吨CO_2，直接碳排放占比27%，电力相关间接碳排放52%，热力相关间接碳排放占比21%（清华大学建筑节能研究中心，2022）。

我国近年来竣工的公共建筑很多属于大体量、采用中央空调的高档商业建筑，其每平方米电耗都在100千瓦时以上。这部分建筑由于建筑体量和形式约束导致的空调、通风、照明、电梯等用能强度远高于普通公共建筑，这也是我国公共建筑能耗强度持续增长的重要原因。此类建筑减碳途径主要包括：一是发展超低能耗建筑，提高建设的节能标准，涉及门窗、墙体、设备等；二是推进建筑能耗电气化，多使用风、光、水、电等非化石能源；三是推广"光储直柔"技术，在建筑领域应用太阳能光伏、储能、直流配电和柔性交互等技术（清华大学建筑节能研究中心，2022）。国家在2019年发布并实施了国家标准《近零能耗建筑技术标准》（GB/T 51350—2019），这是我国首部引领性建筑节能国家标准。该标准将建筑分为超低能耗建筑、近零能耗建筑、零能耗建筑三个等级，各对应着不同的能耗降低要求。在建筑迈向更低能耗的方向上，基本技术路径都是通过建筑被动式设计、主动式高性能能源系统及可再生能源系统应用，最大幅度减少化石能源消耗。

临港绿色建筑范例一窥

临港集团积极倡导和传播绿色建筑理念，以"绿色标准、低碳制造、能耗监测、智慧运维"为原则，将绿色低碳与节能环保理念贯穿园区建设运营全过程，重点建设项目100%符合国家绿色建筑设计两星标准。这里仅以临港中心、创晶科技中心和G60科创云廊三个建筑项目为例，一窥临港集团是如何践行其绿色建筑理念的。

临港中心　在临港新片区国际创新协同区，形似白鹭起飞，是一个崭新地标。作为顶科论坛的永久会址，临港中心项目严格按照绿色建筑三星标准建设，是上海市首个，也是全国最大的超低能耗公共建筑项目，建筑面积近23万平方米，其设计方案和技术路径对建筑行业落实"双碳"目标具有标杆性的重要参考意义。会议中心的屋顶是由16 140块光伏板通过单元式分布排列，总容量约1.4兆瓦。结合阳光受光角度和建筑造型的需要，每块光伏板按照效率最高的角度组合起来，鳞次栉比，呈现动感的羽片形态，与整体建筑浑然一体，远观如一只振翅欲飞的雄鹰，诠释了"展未来之翼，聚科学之光"的美好愿景（见图7.1）。临港中心设计兼顾建筑

图7.1　临港中心俯瞰图

美学和技术科学，设计过程中不断优化尺寸、结构和透光率，采用碲化镉薄膜组件及微型逆变器相结合的建设方式，最大限度地提升发电效率，并为屋顶设备机组提供良好的通风换气环境。采光顶项目采用了透光率为40%的光伏玻璃，在遮阳性和通透性之间，达到了完美平衡。采光顶玻璃为三玻两腔钢化超白玻璃，电池芯片位于外侧的双玻夹片中，可有效地吸收太阳辐射的热量，起到防晒、保温和隔热的作用，从而有效降低室内的空调负荷。2023年7月28日，临港中心BIPV光伏项目正式并网发电，预计年发电量约133万千瓦时，可减排二氧化碳约1 062吨。

创晶科技中心 位于临港新片区国际创新协同区的核心区域，总建筑面积约15万平方米。中心由三栋钻石形体的办公塔楼和三层连通的整体裙楼串联在一起，晶体般纯净光亮的玻璃幕墙与不远处海天一色遥相呼应。建筑以钻石晶体为意涵，寓意国际创新协同区不断孕育和迸发创新的智慧之光。创晶科技中心选用三银Low_E玻璃，与同结构的单、双银玻璃相比，三银Low_E玻璃红外线屏蔽能力、隔热保温性能良好，可有效降低空调能耗。创晶项目融合海绵城市、节能减排、资源利用等多种理念，获得绿色建筑设计标识二星认定，更是首批在临港新片区斩获中国建筑工程最高荣誉——鲁班奖的建筑。依托先进的绿色设计和建造理念，临港集团积极进行金融创新，以创晶科技作为标的物，于2018年发行上海临港绿色债券，募集资金10亿，建设研发办公楼与配套服务设施，成为全国首单以绿色建筑为标的的绿色债，受到境内外资本市场的高度认可。此次绿色债

知识窗

什么是Low-E玻璃

Low-E玻璃又称低辐射玻璃（Low Emissivity Glass），是在玻璃表面镀上多层金属或其他化合物组成的膜系产品。Low-E膜的主要功能层是银层，银是自然界中辐射率最低的物质之一，在玻璃表面上镀纳米级别的银层，可以使玻璃的辐射率从0.84降低至0.02—0.12，从而将太阳光过滤成冷光源。其镀膜层具有对可见光高透过及对中远红外线高反射的特性，从而将太阳光过滤成冷光源，使其与普通玻璃及传统的建筑用镀膜玻璃相比，具有优异的隔热效果和良好的透光性。

一般的Low-E玻璃只含有一层纯银层（功能层），即单银Low-E玻璃。双银玻璃的膜

券的成功落地，标志着临港集团成为上海市首家发行绿色债券的非金融企业，也标志着上海证券交易所首单以绿色建筑为标的绿色债券成功问世。本次绿色债券发行的案例内容可参见金融创新相关章节。

夜幕降临，开车行进在 G60 高速公路松江段，你能看到一条云廊彩灯闪烁，绵延起伏的云顶轻巧灵动，在晚霞的映衬下，璀璨壮观，那就是临港集团建造的 G60 科创云廊（见图 7.2）。G60 科创云廊全长 1.5 千米，共包括 22 幢 80 米高的建筑，它们呈点状式和板式分布。一到三层采用庭

图 7.2　G60 科创云廊的绚丽夜景

层总数达到 9 层以上，其中含有两层纯银层；三银 Low-E 玻璃一共含有 13 层以上的膜层，其中包含三层纯银层。与单银 Low-E 玻璃相比，双银、三银 Low-E 玻璃的加工工艺要求更高，但是节能性大大优于单银 Low-E 玻璃。

在同等透光率的前提下，三银 Low-E 具有更低的遮阳系数和传热系数，能够阻挡更多的太阳辐射热能，更大限度地将太阳光过滤成冷光源。三银 Low-E 具有非常低的"太阳红外热能总透射比"，透过三银 Low-E 的太阳热能仅为单银 Low-E 的 15% 左右，因此三银 Low-E 玻璃的隔热效果尤为明显。因此三银 Low-E 玻璃的可见光透射更高，太阳红外热能透射比低，传热系数也更低，能够有效隔热。

院式建筑风格，通过游廊、咖吧、喷泉、空中绿化等，将所有建筑连成一体。每栋楼的屋顶都建有屋顶花园，由铝结构的网状屋盖相连，自重较钢结构更轻。这样的设计不仅能减轻项目的结构负担，还可以减少钢、铝等耗材用量。整个上盖波浪一般高低起伏，波峰波谷之间落差达 18 米，总面积约 15 万平方米，远看就像一条巨大的云廊。云廊云顶是目前世界上体量最大的铝合金网壳结构，在这 15 万平方米的云顶上，密布着 300 万颗航空铆钉，安装精度至 0.2 毫米，全都由手工操作，好比空中"绣花"。G60 科创云廊全长约 570 米的云顶搭载太阳能光伏面板及雨水循环系统，铝结构上贴有柔性薄膜太阳能电池组件，云顶上安装了 360 千瓦容量的光伏发电组件，综合体内部还设有 2 台 4 500 千瓦的电蓄热机组，并配置相关制冷机组，多种形式的能源通过智慧能效平台，实现了供电、供热多种能源间的灵活协调供给。与传统建筑用能相比，通过采用光伏发电系统、高效的外围护结构及空调系统，G60 科创云廊（一期）综合体实现了节能降耗 30% 以上。每年较 ASHRAE90.1 能耗基准节约费用 47.5%；LEED 能耗得分为满分，获 LEED 铅金级认证。另外，G60 科创云廊项目通过采用节水器具及智能灌溉系统，整体节水率达到 35%。

开发绿色能源

临港绿色能源的发展

临港地区位于上海东南角，地处长江口和杭州湾交汇处，拥有 13 千米长的海岸线。产业区地处北亚热带南缘的沿海地带，空气透明度高，日照比较充足，具备发展太阳能的良好条件。为了充分利用好这一得天独厚的地理优势，临港集团积极开发光伏发电、氢能源、顶微型风机、蒸汽热能等绿色能源，致力打造电热联供的园区能源基础设施系统。如今园区已经建设了 13.7 兆瓦的试验风场，总量约 16 兆瓦的太阳能光伏站投产使用，正在启动建设 100 兆瓦分布式光伏"金砖项目"。光伏电站总装机容量约 16.1 兆瓦，年发电量近 2 700 万千瓦时，可减少约 2.1 万吨二氧化碳排放，折合标准煤约 1 万吨。

2021年9月，临港新片区管委会发布《临港新片区光伏应用场景规模化建设实施方案（2021—2025年）》，提出通过整体布局，运用企业投资承诺机制和政府优化配置资源相结合的方式，实现新建工业厂房屋顶光伏全覆盖及存量光伏资源的稳定、有序建设，"十四五"期间实现新增装200兆瓦的分布式光伏发展目标。临港新片区已经具备较为完善的各等级电网架构，陆域范围现有220千伏变电站7座、110千伏变电站12座、35千伏变公用电站30座，能够有效保障区域电能快速合理调配，提高光伏发电的电力输送效率。光伏等可再生能源上网电量全额消纳，电网接纳可再生能源的能力较强。

此外，绿色低碳技术创新也广泛运用于园区的绿色能源发展中。比如，华为数字能源技术有限公司自主研发产品——智能光伏组件控制器（MERC-1100/1300W-P），通过组件级优化解决屋顶阴影遮挡，提升屋顶利用率最高可达30%，大幅提升光伏发电量；同时可以实现组件级的发电监控和管理，并保障运维及消防人员的人身财产安全。

临港集团正通过采用集中式供能、光伏发电、园区智慧能源管理等先进技术，全面推动园区走绿色能源之路。光伏建筑一体化是绿色能源与绿色建筑相结合的重要应用，是指将太阳能光伏组件用作建筑辅料的同时，还能发电的系统。应用场景涵盖工业厂房屋顶、物流仓储屋顶、公共设施屋顶、户用屋顶等类型。因此，临港集团在新片区工商业厂房、党政机关等建筑开发中，重点利用屋顶资源，并结合"光伏+氢能""光伏+水厂""光伏建筑一体化""光伏车棚"等场景，发展多种业态融合的"光伏+"新场景应用。集团规划实现新建工业厂房屋顶光伏全覆盖，以及"十四五"期间新增装机200兆瓦的分布式光伏发展目标。

临港集团的宝石系厂房均采用分布式光伏发电，发电项目采用自发自用、余电上网模式，项目建设成后所发电量将优先供园区所有租户使用。2020年12月14日，翡翠园分布式光伏发电项目顺利并网。装机容量累计约3.35兆瓦，每路进线可装机容量400千瓦左右，其中光伏组件选用晶硅组件，并网逆变器采用组串式，采用分布发电，集中并网，各发电单元汇集到逆变器，拟采用0.4千伏并网接入。2022年1月6日，钻石园分布式光伏发电项目并网成功，装机容量约 5.8 兆瓦的新能源项目正式启用，是目前临港最大分布式光伏发电项目。预计年发电量可达到 650 万度，每年可减少二氧化碳排放约 4 600 吨，折合标准煤约 2100 吨。钻石园分布式光伏发电项目在十万余平方米的厂房屋顶上安装光伏组件，通过 10 千伏并网，共计安装了单晶硅 12 660 块，利用新建屋顶既有混凝土屋面铺设光伏组件，光伏组件将光能转化为直流电，再由逆变器逆变成交流电，就地接入业主厂区配电房。与传统光伏不同，项目安装的光伏板为双面板，不仅正面可以吸收太阳能，背板也可收集折射回来的太阳能。利用屋顶进行光伏发电后，将节省园区屋顶维修的经济支出，延长屋顶防水层寿命，同时降低室内通暖能耗成本，维持室温。满足用电需求的同时，钻石园分布式光伏发电项目也实现了节能减排（见图 7.3）。

图 7.3　临港钻石园屋顶光伏发电

知识窗

宝石系厂房指临港集团智能制造产业园的"条形码"厂房，包括翡翠园、钻石园、玛瑙园、明珠园、琥珀园。宝石璀璨瞩目，以宝石命名，寓意园区企业的产业如宝石一样熠熠生辉。钻石园总建筑面积 229 958 平方米，容积率 1.88。项目定位为发展新能源汽车、集成电路、民用航空、绿色再制造等具有创新引领功能的研发中心、技术中心、设计中心、运营中心和技术创新服务为一体的产业基地。

临港新片区的摩恩一期分布式光伏发电项目于 2021 年 10 月开工建设，光伏电站的棚顶由 7 000 多块太阳能光伏组件组成，装机峰值总功率超过 2300 千瓦。摩恩一期分布式光伏发电项目采用的也是"自发自用，余电上网"的并网模式，所发电量优先由厂区负荷消纳，多余电量输出到国家电网。该电站所发电能为无污染的绿电，共计 6 个发电单元，采用的是多晶硅 335 瓦光伏组件。据估算，这些光伏组件组成的电池，25 年年均发电量能达到 229.6 万千瓦时，年节约标煤约 826.5 吨，年减排二氧化碳可达 1 820.83 吨。

为支持鼓励光伏应用，为绿色能源开发利用提供制度保障，2022 年 2 月，临港新片区管委会修订了《中国（上海）自由贸易试验区临港新片区扶持光伏发电项目操作办法》，对包括但不限于"光伏＋交通""光伏＋农业"等"光伏＋"试点项目，采用新型光伏组件示范、建筑光伏一体化技术等新型技术的光伏试点项目，进行补贴。在原有政策的基础上，对于全额上网项目，补贴调整为 0.25 元 / 千瓦时，同时按照 0.2 元 / 瓦一次性补贴 2022 年 7 月 31 日前建成建筑的屋顶业主；对于居民电价或优惠电价的非工商业项目，补贴调整到 0.25 元 / 千瓦时；对于光伏建筑一体化等新型光伏项目，补贴调整为 0.5 元 / 千瓦时。

助力园区智慧能源管理

2015 年 5 月，临港集团与北京弘华伟业投资有限公司、北京博奇弈朗科技有限公司共同出资成立上海临港弘博新能源发展有限公司，公司定位为"零碳园区智慧能源整合解决方案平台"，以"打造智慧型绿色节能产业园区"为己任，立足临港新片区，从零碳园区能源规划咨询、零碳园区能源供应转型及零碳园区能源综合管控三方面，助力零碳园区多元化分布式能源体系升级及多能互补能源协同网络搭建。

同时，公司基于数字管理平台对园区能源实现智能监管、对园区碳排放进行计量管理，在终端赋能园区全面减排，助力园区"碳中和"目标实现。新能源公司的核心业务分为光伏、储能、冷热电三联供。在助力打造绿色低碳园区过程中，充分利用园区屋顶资源，建设屋顶光伏发电系统，提高园区绿色能源利用率；采用电池系统作为大厦能源互联网存储装置，利用储能系统作为园区紧急电力供给（Emergency Power Supply，EPS），保证一类供电（数据中心和核心设备，客梯、电梯、消防设施、应急照明设备），减少柴油机的配置，避免储油造成的火灾隐患；采用天然气清洁燃料，在发电的同时利用发电的余热向用户供暖及提供生活热水，替代现有电供暖方式，以减少环境污染。新能源公司参与了临港宝石系列所有园区的建设，G60科创云廊光伏建筑一体化项目、临港中心光伏项目也都是弘博公司BIPV技术在建筑的杰出应用。截至2022年，上海临港弘博新能源发展有限公司累计并网分布式光伏电约89.6兆瓦，持续保持上海分布式光伏领域市场占有率第一名。园区能源管理规模超过100万。

临港弘博新能源公司的零碳创新大楼本身也是低碳建筑的代表。该建筑搭建有"风、光、储、充、用"智慧能源微网，实现了太阳能、风能及电网不同电源之间的协调互补。大楼智慧能源微网由屋顶分布式光伏发电系统（370千瓦）、小型分散式风力发电系统、能源数据采集系统、在线状态监控系统、智慧能源管理平台系统、磷酸铁锂分布式储能系统、超级电容储能系统七大系统构成。经第三方国际组织TüV及英国建筑研究院认证，2022年，临港弘博本部办公楼共减少二氧化碳排放5.15吨，节能减排量占总排放量的9.89%，建筑减碳运营体系达到卓越级，获评全国首批净零碳先锋建筑。

建设绿色交通系统

2022年12月20日，临港新片区管委会发布《中国（上海）自由贸易试验区临港新片区交通领域低碳发展行动方案》，提出，到2050年，全面建成引领城市繁荣的"低碳型、低能耗、低污染"绿色交通运输体系，实现交通用能与油品"脱钩"、交通服务与碳排放"脱钩"，交通领域梯次实现碳达峰、碳中和。2025年，公交、出租（含网约车）力争实现近零排放；2030年，轻型物流（含邮政及城市物流配送），环卫、市内包车等公共领域用车,以及港作机械和内场车辆力争实现近零排放;2035年,50%以上私家车力争实现近零排放;2050年,新增道路货运车辆力争实现近零排放(具体指标见表7.1)。

表7.1 新片区交通领域"双碳"实施方案具体指标

类型	序号	指标名称	属性	2025年目标值
强度控制	1	营运货车单位运输周转量能耗下降率	预期性	5%
	2	营运货车单位运输周转量CO_2排放下降率	预期性	5%
	3	港口生产单位吞吐量综合能耗下降率	预期性	1%
	4	港口生产单位吞吐量CO_2排放下降率	预期性	1%
用能结构	5	推广示范应用氢燃料电池车辆数	约束性	1 500辆
	6	新能源(氢能)公交、巡游出租车车辆比例	约束性	100%
	7	洋山港集装箱港区内新能源清洁能源集卡比例	约束性	100%
运输结构	8	海铁联运箱量年增长率	约束性	≥20%
	9	洋山港集装箱水中转比例	预期性	52%
出行结构	10	公共交通占机动化出行比例	预期性	≥40%
	11	绿色交通出行比例	预期性	≥80%
管理模式	12	基于碳普惠的管理模式	预期性	初步确立

临港集团致力打造新片区绿色化、高品质的内外公共交通捷运系统,投入以新能源动力、氢能动力为动力系统的绿色中运量公交,逐步完善"1+3+N"三线联网的绿色交通运营模式。现已建成的临港中运量T1示范线线路全长21.7千米、T2线线路全长8.7千米,规划建设的6条线路总长将达105千米。2021年1月1日,临港新片区中运量T1线在新片区滴水湖站正式测试发车。T1线是自主研制的世界首列数字轨道胶轮(DRT)电车,利用地埋无源磁钉形成数字化轨道,通过建设数字轨道系统,实现了对传统轨道交通中物理钢轨的替代,支撑胶轮电车受数字轨道的约束而实现自导向的行驶。除了导向功能之外,通过数字轨道的基本构成单元——磁标签(磁钉)的有序排列,形成数字化编码,可以向列车提供全

程厘米级精准定位、场景前瞻、电子地图、电子道岔等功能，从而实现了"无人驾驶"。

相比传统有轨电车，数字轨道胶轮电车取消了钢轨和接触网，具有使用成本低、续航里程长、编组形式灵活、智能化程度高等优点。在工程方面具有建设周期短、路面占用少、节能减排效应显著等优势，而单位千米建设总投入仅为有轨电车的二分之一左右，大大减少了建造成本。此外，列车采用超级电容，单程续航超 30 千米，更加绿色环保、高效节能。T1 示范线自 2020 年 8 月 18 日开工，仅用四个多月的时间，就实现正式通车，既体现出数字轨道电车的快速建设优势，更彰显了临港速度。

2022 年 10 月 28 日，临港中运量 2 号线开通运营。T2 是国内首条使用氢能源的中运量公交线路，全车采用了光电磁数字化轨道导向、橡胶轮走行、氢能源、低地板、高效电传动、铰接转向架、全轮转向协调控制等先进技术，集导向可靠、低碳环保、技术先进、成本低、道路适应性强、编组灵活等优势于一身。车辆设置氢燃料电池＋超级电容的混合动力系统，氢燃料电池为车辆负载提供持续输出，超级电容可起到大功率输出补偿、制动能量回收和稳定电压的作用。T2 线运营后，与 T1 线形成多交路共线运营，可实现多站换乘，与临港新片区的 6 条中运量线路连成环形，成为临港主要的公交动脉。

传统的纯电动公交车续航里程约为 250 千米，充满电需要 2—4 小时，临港 T2 线公交采用氢能源，10—15 分钟即加满氢气，续航里程可达 150 千米，续航能力大幅增加，达到了零污染零排放的目的。目前，单车每日运营在 200 千米左右，按照储氢和百千米能耗测算下来，每辆车每天中途只需加一次氢便可满足全天运营。除了"耐力"和真正的零排放外，氢能源中运量公交车采用了超级电容和氢能源双源供电技术，即便氢能源供电出现故障，超级电容系统也可以让车辆再行驶 15 千米。车控室内多个显示屏合一，显示界面更加直观——胎压监测、全景环视、雷达监测可随时切换，通过一个大屏，司机便可掌握周边环境及轮胎状态，为驾车安全带来保障。临港中运量 2 号线车辆的空调系统加大了新风量，空调机组还预留了新风阀开度随车辆载重变化调节的功能。当车内乘客较多时，新风量加大，提高车内空气含氧量，创造更加舒适的环境。而新风阀开度调节功能，可降低空调运行能耗，达到节能降耗的目的。临港中运量2号线作为国内首条应用氢能源动力的中运量公共交通线路，不仅在公共交通领域大胆创新，也是经济高效、绿色集约、智能先进、安全可靠的氢能源的应用实践。

"关闭车辆电源、打开加氢口，消除静电、确认无泄漏后，便可插入加氢枪进行加氢"。2022年12月31日，临港首个集加氢、加油、充电于一体的综合交通能源站——"平霄路油氢合建站"（见图7.4），投入使用。氢燃料公交车续航350千米，同样的路程普通公交车则要消耗百余升柴油，氢气燃料可以减少100余升柴油燃烧所带来的大约280公斤二氧化碳排放量。按照最新规划，到2025年，园区将有1500辆氢能源车辆得到示范应用，率先实现公交、出租车零排放转型，建成国内领先的氢燃料电池汽车示范区。"十四五"期间，新片区还将建成14座加氢站，年氢气供给量不低于14 000吨，氢气自给率达到30%以上。

图7.4　平霄路油氢合建站

2 传统化工区变身碳谷绿湾

在上海，有这样一个传统的化工产业园区，实现了"减"与"增"的大反转、"破"与"立"的大转身，它就是曾经的上海金山第二工业区（通常简称金山二工区）、如今的临港碳谷绿湾。

2.1 金山二工区的困境

上海金山第二工业区，又名上海信息化工产业园区。位于上海市西南

知识窗

为什么要做精细化工产业？

精细化工是指相对于基础化工而言，利用上游石化产品生产各类中间体和添加剂等精细化工品，生产具有专门功能、产量较小、具有较高的技术和附加值的化学品的工业。精细化工产品通常包括涂料、化学药品、专用化学品以及日用化学品等。

对于全球来说，化工产出在全球经济中占比大概12%，发达国家中占比大概15%，德国更是达到了20%；化工还是很多尖端工业的基础，譬如半导体、航天航空等战略产业的重要部件都来自化工材料。

对于上海来说，2019年上海市工业产值大概为3.5万亿，其中石油化工与精细化工产业

部、杭州湾沿岸长三角城市群心脏地带的金山区金山卫镇。工业区东临上海化学工业区，南依上海石油化工股份有限公司，西与浙江省平湖市接壤。二工区整体规划面积 8.58 平方千米，规划重点是发展高附加值、高技术含量的石油深加工产品、精细化工产品、专用化工产品和高新技术材料。金山二工区于 2002 年开发建设，是上海唯一的精细化工园区，是上海石油化工及精细化工制造业（六个重点工业行业之一）规模化发展的重要组成部分。园区开设以来，吸引了巴斯夫、三井化学、日本花王等一批知名企业，落户企业最多时达到 140 多家，但更多的是涂料、印染、金属制品、塑料、批发零售等行业的中小企业，区域内产业种类既多且杂，缺乏特色和集聚优势，企业发展水平也参差不齐。

低产值、高能耗、高水耗、高污染是金山二工区很多企业的共同特点。根据上海市环境科学研究院的报告，在 2010 年环境评估的统计企业中，分别有 58.6% 的园区企业投资强度、41.4% 的企业土地产出率低于行业均值，79.3% 的企业能耗和 69% 的企业水耗高于行业均值。在园区管理方面，二工区缺少对化工行业特征因子的常态监控，废气无组织污染明显，在非正常工况和不利气象条件下，挥发性有机物如苯、甲苯、二甲苯、丙烯腈等，以及硫化氢、氨、氯化氢等排放气体超标，园区的空气过去弥漫着酸臭味，是金山区环境污染的"重灾区"。区域内地表水体受到有机污染明显，污水处理体系不完善。虽然二工区建成了日处理 2.5 万吨的二级污水处理厂，但由于各入驻企业的废水预处理不能达标，甚至有的

产值超 5 000 亿；上海化工是产业链完整、效益又很好的一个大产业，在全国工业中占有很大且很重要的分量，对于支撑江浙油气需求有重要作用。

对于金山来说，金山区化工产业产值占全区总产值超过 50%，华东地区最大的石化项目——上海石化以及上海唯一的化工区也集聚于金山，金山的化工产业基础非常雄厚，应该充分发挥自身的产业优势。

对于本园区来说，碳谷绿湾园区内的氢气、氮气等工业气体均由上海石化通过管道系统提供，内部企业也可便捷地获得价格更便宜的原料，在产业链上下游上，园区具有得天独厚的优势。因此碳谷绿湾要继续发展绿色的、高技术的精细化工产业。碳谷绿湾现有精细化工企业集中在产业链中下游。

企业没有预处理设施,高浓度有机废水直接排往二工区污水厂,造成污水厂试运行近一年来不能正常达标运行。BOD5(五日生化需氧量)、氨氮、溶解氧、总磷均有不同程度的污染。刺激性废气和废水的排放,影响到当地尤其是周边居民的正常生活和健康,环保投诉、上访信件不断,园区一年甚至可收到 300 多起信访投诉。

2015 年,上海启动金山地区第一轮三年环境综合整治行动,金山二工区被纳入整治范围。园区一方面对所有新项目停止审批,另一方面对存量企业实施调整、停产、退出计划,当年就淘汰 17 家企业,产值下降 12%。2015 年开始,园区基本处于"闭门谢客"状态,累计关停企业 70 多家,接近园区企业总数的一半。此外,排放不达标的优势企业也被要求进行整改。园区建立了安环中心,投入 2 000 多万元研发了国内首套企业厂界 VOC 监控系统,反应灵敏度可达到 1 分钟溯源,对园区重点企业的厂界点位都安装了大气自动监控装置,进行污染源企业无组织排放监测,监测参数包括 VOCs(挥发性有机物)、硫化氢、二氧化硫、氨气,温度、湿度等,并与厂区的信息数据连通,一旦超标立刻发出警报。通过园区气体污染监测系统,全面掌握污染情况,快速定位污染排放源,实现监测监管联动。园区还要求新产业项目必须在 VOCs 排放量上做到"增一减二",也就是新项目如果会带来一定的 VOCs 排放量,前提是必须已经实现了两倍的减量。"十三五"期间,园区累计完成废气深化治理、VOCs 在线监测等项目近 200 个;建立网格化 VOCs、地表水、大气等十个监控系统,加强污染源溯源监控和安全生产监管;区域 VOCs 浓度由最高峰下降了 54%。通过严格的整治,金山二工区及其周边环境改善明显,园区"十三五"期间万元产值能耗从 0.1667 吨标煤/万元下降到 0.1196 吨标煤/万元,年均下降 10.48%,挥发性有机物区域浓度也从 161.16 微克/立方米下降至 115.22 微克/立方米。关于二工区环境质量的信访量减少了三分之二以上,年均降幅在 31%。天空变蓝了,久违的鸟儿飞来了,鱼儿游来了。

尽管环境污染问题有所改善,但从长期看,园区发展仍面临诸多亟待解决的矛盾和问题:一是产业发展不平衡,园区规模以下企业数量(除公用工程配套企业)占比 28.7%,部分企业能级较低;二是产业关联度较弱,园区产业定位单一,与制造业相配套的生产性服务业发展缓慢;三是安全环保存在一定隐患，部分企业安环管理水平较低；四是产业空间布局不够合理，金山大道以北区域基本无可新增用地，可持续发展受限。因为停止审批，园区原有优质企业发展受限。

作为上海市唯一的精细化工园区，金山二工区的未来在哪里？

2.2 以绿破局

助力"二转二"转型

2018年12月25日，上海市政府审议通过了《金山第二工业区深度调整转型发展行动方案》，重新启动园区的开发建设，推动整个园区的产业大转型。转型目标是：打造金山二工区成为上海工业园区"二转二"整体转型发展示范区。"二转二"是指从"低产、高耗"的第二产业向"高产、低耗"的第二产业转型，从传统第二产业向新型第二产业转型。作为金山第二工业区上海唯一"二转二"的工业园区，不同于"二转三"或者"二产环境建设"转型等转型效果容易立竿见影，"二转二"转型的难度更大，也没有成功经验可借鉴，需要"摸着石头过河"探索转型的路径、机制、方法。

临港集团作为上海市重点区域转型发展的生力军，参与第二工业区深度调整、转型发展是市委、市政府交付临港集团的重要任务。2019年3月8日，临港金山二工区转型升级工作小组会议在临港召开，会议明确了金山二工区的发展方向：创建安全生产、绿色生态的国家级示范园区；聚焦以节能环保为引领的"3+1"产业体系。其中，"3"是指节能环保、绿色材料、生物医药三大产业，"1"是与三大产业相关的生产性服务业，推动化工产业链不断往下游走、往精细化、高附加值方向走，"焕新变绿"。2019年5月10日，金山二工区与临港集团签订《加快推进金山第二工业区深度调整转型发展的战略合作框架协议》。2019年7月，临港集团与金山区委区政府合资成立上海临港金山二工区新兴产业发展有限公司（以下简称临港金山二工区），作为金山二工区转型升级、开发运营的管理平台。在临港集团的大力支持下,金山二工区深度调整转型发展按下了"快进键"。

随后,临港集团迅速投入到金山二工区转型升级的探索中,一方面,与中国化学集团、中节能环保集团、中国石化共同探讨化工园区升级改造方案和合作前景;另一方面,走访调研超纤维产业、新材料产业等企业,掌握行业发展动态。同时,临港集团借助国家石油和化学工业规划院、上海产业发展研究院等专业智库的力量,在对园区存量企业进行全面系统产业梳理的基础上,开展产业和战略定位研究。在此基础上,临港集团明确二工区园区的定位:一是提升产业的科技引领功能,园区由单一生产制造功能为主的"制造型传统化工园"升级为集研发、制造、服务综合功能于一体的"创新型先进材料产业城";二是提升产业的内在发展动力,推动基础性材料产业向特而强、专而大的新材料产业转型,更好地推动制造业从"基础性"向"战略性"跃变。由此,通过实施"二转二"转型战略,将原先产业提升转型到新兴产业,在产业链方面,通过产业升级将传统材料提升到先进材料;在制造方面,通过技术研发和技术服务,增强创新链;在企业方面,对传统企业进行留优汰劣,保留效益好的企业,引进培育创新型企业。新旧两个"二"内涵变了,增长的动能也变了。

焕新变绿再出发

转变开发模式

临港金山二工区对于定制厂房项目,一改传统的"工艺→土建→施工"的串联模式为并联模式,"筑巢"与"引凤"同时开展。以前是土地招商,来一家企业给一块地,容易造成资源浪费和产业散乱;现在则通过平台招商、产业链招商,探索模块化、组团式的定制厂房开发。园区根据引进企业的实际生产需求,一边做规划、一边谈项目、一边做厂房设计,为其量身定制高标准厂房,同时积极为企业解决产业准入环节的疑难杂症。既有效解决了一批"专精特新"企业规模小、难以直接获得土地,人员规模小、难以管理建设厂房等痛点、堵点,也利于以安全发展观统领产

> **知识窗**

临港金山二工区"二转二"具体措施

园区资产收购推动产业转型

位于春华路299号的原云石胶生产企业,由于环保等方面问题于2015年停产。2019年11月园区与该企业签订产权收购协议,以6 440万元的价格收购该房产,并于当年12月完成产权过户。目前该房产已租赁给一家国家级高新技术企业,其生产的电子化学品应用于芯片制造、航空航天、通信、汽车、军工、医疗等诸多领域。园区以资产收购实现了存量资源的再利用和产业的转型提升,通过租金和入驻企业的税收,预计10年即可收回收购成本。

优胜劣汰实现产业升级

某化学品有限公司是一家生产氧化铁红、铁黄的外资企业,其所属产业为高能耗型产业。2019年8月,园区与其达成产业调整协议,关闭了全部生产线。该企业关停后,在园区综合协调下,其64亩土地和18 000平方米的厂房成功转让给相邻企业。该企业是园区综合绩效评价A类企业,资源的嫁接使其发展空间受限问题得以解决,在淘汰落后产能的同时实现了A类企业提质增效目的。目前该公司扩建项目已基本完成建设,可新增产值25亿元,

业发展落地,更有利于产业集聚发展和土地资源集约利用。

探索土地二次开发的新路子

2018年11月,《本市全面推进土地资源高质量利用的若干意见》(简称《高质量用地政策》)和《关于本市促进资源高效率配置推动产业高质量发展的若干意见》(简称《双高意见》)先后出台,通过多形式"腾笼换鸟"[①]提升土地利用绩效,实现"向存量要空间、以质量求发展"。临港金山二工区积极响应政策意见,通过直接回购、"大鱼吃小鱼"、企业间收购、闲置用地认定、对占多用少的土地进行收储等方式,累计完成土地收储回购1 400余亩,腾笼换鸟的企业接近50%,为优质企业腾挪出了空间。比如,通过信孚地块的收储解决了这一区域长期存在的脏乱差问题,通过新华、百成的收储,解决了"豆腐块"式的小地块规划合并,新

---

① 腾笼换鸟是指对企业实施新产业易主的对策。即以协议回购为主(不排除协议租赁的情况)的方式,改变土地的权利人。按园区新的产业规划及准入条件、正面清单等要求重新招商引资,协议回购的主体既可以是园区开发主体,也可以是符合要求的新主体。

新增税收 1.2 亿元，总能耗减少 50%，单位能耗创造的产值提升了 13 倍。

收储闲置土地助力资源盘活

位于园区海金路的某企业，一期项目竣工后，由于市场及资金短缺等问题，土地长期闲置，已开发面积长期不足 1/3。为此，园区与金山区规划资源局协同合作，多措并举，联合推进收储工作。一方面由区规资局多次约谈企业，开展闲置土地调查和认定；另一方面由园区收储小组适时进行协议收储谈判，最终通过一年多的时间成功收回土地 352 亩。目前，该地块已签约了新项目，预计可实现产值 32 亿元、税收 2.1 亿元。

鼓励合并开发引领扩容增能

根据碳谷绿湾产业园区转型计划，对 20 亩地以下的小集中区进行合并收储。此前园区内曾有三家相邻小集中区企业：占地 12 亩的某阻燃剂总厂、占地 8 亩的某燃油公司及占地 8 亩的某化工公司。三家企业规模较小，已构成低效用地。目前，园区已与三家企业达成收储意向，收储后将合并为一块并计划转让给一家领导型群力化工，从而为资源利用效率较高的企业提供扩建用地保障，达到优质企业进一步扩容增能的目的。

来源：上海经信委（2023）。

落户的新旺通过收购园区企业的空置厂房，实现产业提升和二次开发。改扩建后，新旺将进行大宽幅高温碳纤维成型用真空袋膜、3D 气囊、功能膜材和片材等的研发和生产，当时预计的产值达 1 亿元。这样的"大鱼吃小鱼"，解决了一批优质企业发展空间的拓展问题，推动存量土地实现增量收益，为存量产业用地的盘活更新提供政策指导和案例经验。再以润河纳米、柯灵展新两个项目为例，从绿色环保角度来说，它们的万元能耗大约仅为当时面上平均水平的十分之一；从提升土地利用能效看，两个项目产值平均 1 880 万元 / 亩 / 年，而周边面上一般项目准入标准为 800 万元 / 亩 / 年；从产业属性看，两个项目均属于技术驱动型的新材料领域智造企业，既有传统第二产业生产属性，也有很强的研发投入和较高的服务收入比例，还属于"2.5"产业。

支持企业技术改造完成自我转型

临港金山二工区不断扶持、引导企业往高端、绿色、精细方向转型发展，园区多家企业通过自身技术改造，不断实现了产业自我转型。比如，园区内整个涂料产业陆续进行了"油改水"转型，向绿色化、高端化方向发展。再比如，中天科盛将原有电镀生产线全部关停，目前已建设年产1万吨绿色高端功能性弹性体，预计可实现产值3.5亿元，税收1 366万元。巴斯夫化工正在建设的UVA新产品线，进一步把产品用途拓展到了防晒领域，其生产的防晒新材料，是目前市场上为数不多的光稳定性UVA过滤剂之一，具有"低浓度、高效性"的优质能效。金山巴陵新材料年产25万吨热塑性弹性体，弹性体被誉为"橡胶黄金"，产品将替代进口并广泛应用于工程塑料、电子消费产品、医疗耗材、5G通信光缆等领域。

临港金山二工区内企业积极探索转型之路，从"技术转移+定制生产"转变为"定制研发+定制生产"，以附加值较高的技术输出，取代单纯的产能输出。落户在园区10余年的某医药中间体公司，通过转型升级，不断焕发出了新光彩。自2010年起，该企业以每年不低于营业额5%的资金投入研发，专注新型高效低毒农药产品及化学中间体的研究和开发，产品从中端精细化工产品不断向高端产品转型。80%产品销售给日本三菱、韩国三星、德国拜耳、巴斯夫、美国陶氏、柯达等世界500强企业。2020年该公司成功获批"国家级绿色工厂"，2021年被认定为首批国家专精特新"小巨人"企业。来自园区两家化工公司的产品，分别被应用于神舟十二号飞船的特种耐高温零部件和保护飞船上电连接器的耐腐蚀材料，为神舟飞船的顺利研制和成功发射提供了稳定优质的材料。它们通过科技赋能成功转型升级，正是园区"二转二"转出新动能的生动体现。

以"碳"兴谷，以"绿"筑湾

2020年8月，围绕"生产、生活、生态"目标，临港集团正式启动位于临港金山二工区内的"碳谷绿湾"产业园项目，集聚和培育赋能新材料、节能环保等绿色产业。"碳谷"的"碳"取自有机化学中的碳链，因为整个园区里绝大多数产品都和碳有关，意为以碳纤维复合材料为产业方向的低碳环保、安全和谐的产业园区。碳谷绿湾园区分为"碳谷绿湾研发基地"和"碳谷绿湾制造基地"两部分。碳谷绿湾研发基地目标是打造成以研发、办公物业为主的科技创新孵化器。碳谷绿湾制造基地作为企业培育的"试验田",定位为先进材料承载地,基地一改传统先建厂房的做法,而是采取定制厂房,从而更好地适配企业需求。

2021年9月29日,临港集团在碳谷绿湾产业园的首发项目启动,开启了金山二工区整体转型升级的新局面。作为上海市"二转二"整体转型的首发园区,在"碳谷绿湾"产业园整体转型的"大棋盘"上,临港碳谷绿湾首发项目是破旧立新的"棋眼"。该项目选址金山大道以北的战略留白区域,与园区现有的火炬创新中心、碳纤维研究院"三位一体"共同构筑园区科技创新策源地;以高端新材料和新能源产业为核心,以纳米碳材料和氢能源新材料为代表,形成包含技术研发、实验中试、生产制造、服务配套为一体的高端产业综合体。2022年2月19日,项目正式开工。该首发项目以绿色低碳为切入点,充分考虑绿色节能,利用新能源,减少碳利用与排放量,打造形成低碳示范园区。项目采用"光伏发电系统+氢能供电系统"来实现绿色低碳建筑效果,利用建筑屋顶面积进行光伏发电系统安装。白天以自发自用为主、余电上网为辅,夜间充分利用谷电价格优势,以"谷电电解水制氢+氢燃料电池和锂电池蓄电"耦合方式储存谷电能量,隔日利用锂电池供电实现削峰填谷,锂电池储能作为不间断电源进行能源补充。2022年6月,金山第二工业区正式更名为"上海碳谷绿湾产业园"。碳谷绿湾产业园先后被授予国家级绿色园区、上海市重点发展的首批26个特色园区之一,并入选"中国智慧化工园区试点示范(创建)单位"。

栽下梧桐树,引来金凤凰。碳谷绿湾园区不断完善基础设施,绿树成荫、林丰水秀,依托产业特色和优势,围绕上下游产业开展特色招商、精准招商,引来越来越多符合产业定位的"金凤凰"。全球领先的家居清洁产品制造商之一——美国庄臣公司,旨在以先进科技打造全国领先生物医药创新产业的上药集团,以及年产25万吨热塑性弹性体生产线的上海中石化三井弹性体有限公司等"金凤凰"纷至沓来。目前碳谷绿湾园区高端化工品牌集聚,诸如德国巴斯夫、科凯,美国亨斯曼、圣莱科特,瑞士科莱恩,日本三井化学、花王、立邦,中国香港紫荆花等知名企业,形成了环保涂料、表面活性剂、药物中间体及高分子等四大产业集群。位于碳谷绿湾的合成生物学产业集群入选《2023年上海市中小企业特色产业集群

> **知识窗**
>
> **为什么要发展碳纤维产业**
>
> 碳纤维复合材料产业，是化工转型升级的方向之一。碳纤维材料是指含碳量在90%以上的化学纤维材料，碳纤维兼具碳材料强抗拉力和纤维柔软可加工性两大特征，是一种力学性能优异的新材料。这种被誉为"黑色黄金"的神秘材料，它纤细柔软如发丝，却因其超轻、耐高温等优异性能，被广泛应用在诸多领域，"低奢"如音响、乐器、网球拍和照相机等，"高大上"如空间站的太阳翼、飞机和高铁。
>
> 上海有需求。上海近年来大力发展先进制造业，航空航天、新能源汽车、高端装备等领域对于碳纤维材料的需求巨大，但是上海本地一直缺乏碳纤维材料制造企业，急需发展本地碳纤维产业为自身的先进制造产业提供战略材料支撑。

名单》。产业园已形成集研发孵化、生产制造、检验检测于一体的专业化工新材料基地。把最初"按吨卖"的化工产品变成了现在"按斤卖""按克卖"的纤维新材料和碳纤维（又称"黑色黄金"）。碳谷绿湾首发项目还带来了一批专业智库机构、园区功能平台和优质产业项目，"筑巢引凤"的"磁场"效应进一步显现。首批签约的单位有助力园区转型的高端智库，如上海产业转型发展研究院、同济大学城市风险管理研究院、石油和化学工业规划院、上海市新材料行业协会；也有提升园区能级的高校和协会平台，如绿色低碳发展研究碳谷绿湾分中心、长三角纳米基地、碳谷绿湾化工安全实训中心和临港创新管理学院碳谷绿湾分院。

2022年，碳谷绿湾产业园实现产值292亿，税收38.4亿，已投产企业单位土地亩均产值和税收分别达到487万元和28万元，较"十二五"末大幅提高130%和92%。园区高新技术企业达到161家（实业型71%），高新技术企业产值占比73.6%。国家专精特新"小巨人"企业12家，占比约10%；上海市专精特新企业56家，占比43%；"小巨人"企业34家，占比26%；专利试点示范企业35家，占比27%。企业获得国家级、市级科学技术进步奖6个，上海市"质量标杆"企业2家，建立院士专家工作站10个。2018年以来，园区产值年均增长5.62%，万元产值能耗下降5.88%。开发建设逾20年的老牌园区实现华丽蝶变。

> 技术有突破。上海石化获得碳纤维领域重大技术突破,可以为周边发展碳纤维产业提供较好的产业基础支持。
>
> 园区想转型。金山二工区拥有雄厚的精细化工产业基础,希望在保持自身优势的同时,进军同为石化下游领域却同属战略性新兴产业的碳纤维产业,并与上海石化实现产业协同,推动自身产业高端化转型。新规划的碳纤维复合材料产业基地,计划到2025年相关产业总营收突破100亿元,到2035年相关产业规模达到400亿至500亿元,建成具有全球竞争力的国家级碳纤维复合材料研发及产业化示范基地。
>
> 从价值链来看,中下游碳纤维制品附加值高。碳纤维产业链中,中下游环节(碳纤维制品、碳纤维复材)附加值更高,以应用于特种航空结构件的碳纤维产业链为例,中游碳纤维原丝平均价格为3 000元/千克,而中下游碳纤维制品平均价格为1万元/千克—1.5万元/千克。

未来,碳谷绿湾将继续以"绿"破局,以生态(EOD,Ecology-Oriented Development)、智慧(IOD,Innovation-Oriented Development)、人本(HOD,Humanity-Oriented Transportation Development)为发展导向,借力临港集团园区开发运营的优势与资源,依托上海化学工业区和上海石化两大基地,以两大上游化工原料为主,利用两大石化基地的原料供应发展下游精细化工产业。① 其中,依托上海石化碳纤维原材料生产,以及上海碳纤维复合材料创新研究院科研转化优势,碳纤维复合材料产业将进一步得到集聚发展。最终的目标是形成节能环保、绿色材料和生物医药三业并举、生产性服务业协同发展的"3+1"产业格局。园区将聚焦发展碳纤维、芳纶纤维、超高分子量聚乙烯纤维等三大高强度纤维,重点从新材料、碳纤维、电子化学品等产业上下游入手,增强园区在新材料产业方面的增链、补链、强链地位,并进一步加大外资项目储备。同时,园区将设立新材料产业基金,发挥产业基金的引导作用,发掘一批碳纤维复合材料、功能性膜材料、电子化学品等新材料优质项目落户,从而形成具有国际竞争力的"3+X"纤维产业体系,构建50亿元规模的产业集群。

---

① 如园区表面活性剂企业布局均靠近上海石化,其重要原料环氧乙烷通过上海石化的管道直通园区,园区的氢气、氮气等工业气体也均由上海石化通过管道提供。设在园区的亨斯迈聚氨酯(中国)有限公司在园区生产TPU(热塑性聚氨酯弹性体橡胶)等产品,其原料MDI(二苯甲烷二异氰酸酯)等则是由上海化工区的亨斯迈提供。

3 "氢能谷"氢风来袭

3.1 布局氢能产业

在世界向低碳能源系统转型中,氢能作为一种来源丰富、绿色低碳、应用广泛的二次能源,对构建清洁低碳安全高效的能源体系、实现碳达峰、碳中和目标,具有重要意义。氢能的优势在于:①是最清洁的能源,在使用中碳排放为零;②是可以存储和运输的能源,既可以直接液化,也可以与有机化合物结合液化,然后运输至目的地再释放出来;③其制造原料来源丰富,制造方法多样且成本正逐步下降,如果今后实施碳税,其竞争优势将更加明显;④可以在那些不容易电气化的地方起到补充作用,如航运、工业高温过程(钢铁、水泥和石油化工)等;⑤氢能在重载荷运输

知识窗

《中国(上海)自由贸易试验区临港新片区能源领域"双碳"行动方案》关于氢能主要条例

重点聚焦光伏建筑一体化(BIPV)、"光伏+储能""光伏+氢能",实现顶科会展中心、万水路制加氢站等示范项目有效落地。

聚焦氢能技术创新和基础设施建设,推动氢能多元化应用。"十四五"期间,累计推广应用不少于1 500辆多类型氢燃料电池车,加快燃料电池重卡、通勤客车、渣土车、市政环卫车的推广应用,探索氢能在叉车、港口机械等领域的应用。积极谋划布局氢能供应网络,坚持建成一批、启动一批、储备一批、谋划一批的原则,2025年前建成不少于14座油氢合

方面也有特殊优势，如重载货车上替代化石燃料柴油、在航空航天中作为推进燃料等。根据中国氢能联盟预测，到 2030 年我国氢气需求量在终端能源体系中的占比将达到 5%，2050 年将达到 10%，产业链年产值预计将达到 12 万亿元人民币。2021 年 6 月，《上海市氢能产业发展中长期规划（2022—2035 年）》提出，到 2025 年，上海氢能产业链产业规模突破 1 000 亿元；计划到 2035 年建成引领全国氢能产业发展的研发创新中心，基本建成国际一流的氢能科技创新高地、产业发展高地、多元示范应用高地。2022 年 3 月，国家发展改革委、国家能源局联合印发的《氢能产业发展中长期规划（2021—2035 年）》，明确了氢能的能源属性和战略地位，是构建绿色低碳产业体系、打造产业转型升级的新增长点。

不畏浮云遮望眼，自缘身在最高层。临港集团未雨绸缪，早在 2016 年就布局氢能产业，氢能产业也是临港八大前沿产业之一。经过 6 年创新发展，目前已经形成了由氢晨电堆、唐峰膜电极、治臻双极板、镁源固态储氢等构建而成的产业、企业基础，氢能产业链已初具规模，技术水平一直保持国内领先。2020 年 4 月，国家发改委正式批复在临港新片区成立中日（上海）地方发展合作示范区。作为全国六个中日地方发展合作示范园之一，园区聚焦新能源产业，以燃料电池合作为切入点，是全国唯一将氢能产业作为园区主导产业的示范区。新片区通过构建"一核一带多点""一区多园"的发展空间，以 1.55 平方千米区域为"一核"，重点布局外资氢燃料电池汽车核心零部件企业的研发、生产、测试和创新示范项

建站或纯氢站，总加氢能力不少于 38 吨 / 天，预计可减少二氧化碳排放 11 万吨 / 年。在符合条件的特定区域探索开展光伏制氢、风电制氢等绿氢示范项目及谷电制氢等示范工程，氢气自给率达到 30% 以上，光伏制氢等绿氢占比不低于 10%。积极探索氢储能在可再生能源消纳、分布式供能、氢能楼宇等应用场景的示范，稳妥布局氢燃料电池分布式热电联供设施，依托顶尖科学家社区打造零碳示范园区，开展氢能分布式能源示范。

布局建设燃机能源站、陆上风电、屋顶光伏、加氢站、充换电站、储能电站等多能互补的综合能源项目。

充分利用新片区机制体制优势，制定光伏发电扶持办法、氢能产业发展措施、集中供能管理办法、综合能源站发展实施　办法等发展细则，制定区域碳达峰实施方案。

目；以前沿产业区南北氢走廊为"一带",重点布局氢燃料商用车整车生产以及上下游零部件配套基地；以顶尖科学家论坛为平台,吸引国际氢能研发高层次专家落户并开展前沿产业技术研究；以新片区全域为承载,吸引国内外先进氢能技术开展场景应用,推动产业链、价值链和生态链集聚。2022年6月16日,上海市经信委授予临港"国际氢能谷"市级特色园区牌子,以中日(上海)地方发展合作示范区首发项目为核心,辐射临港新片区全域,是临港新片区氢能产业的核心承载区,推动氢能产业集群发展。2022年12月4日,上海临港新片区管委会印发《中国(上海)自由贸易试验区临港新片区能源领域"双碳"行动方案》,针对氢能方面提出：聚焦氢能技术创新和基础设施建设,推动氢能多元化应用等12条关键举措,助推氢能产业发展。

3.2 打造氢能产业集群

现代组织理论认为,产业集群是创新因素的集群和竞争能力的放大。如前所述,波特认为,产业在地理上的集聚,能够对产业的竞争优势产生广泛而积极的影响。产业集群超越了一般产业范围,形成特定地理范围内多个产业相互融合、众多类型机构相互联结的共生体,构成这一区域特色的竞争优势,已成为衡量区域产业发展领先程度的重要指标。

依托临港新片区的开放优势和制度优势,在产业链方面,"国际氢能谷"聚集了中车浦镇、陕汽德创等氢能源整车生产,康明斯、国鸿燃料电池系统,上海氢晨电堆,唐锋、擎动膜电极,治臻金属双极板,嘉资气体扩散层,汉丞质子交换膜,申能、西爱西、律致的氢能装备等 30 余家氢能产业链上下游企业,形成了包括氢能整车、发动机系统、核心部件、关键材料、高端装备、场景应用、基础设施、检测认证为一体的全产业格局,是国内最具代表性的氢能产业聚集地之一(见表 7.2)。临港氢能谷推动了一批生物医药、集成电路、人工智能企业产业高端化、智能化、绿色化转型升级,并带动产业链上下游企业协同创新、绿色发展。截至 2022 年年底,临港新片区氢能企业的产值规模已达 20 亿元。

临港氢能谷仿佛是一片最具活力的氢能产业"生态雨林",为氢能领域企业提供"氧气"与"蓝天",与企业共生共赢。2021 年 10 月,被誉为"氢能行业特斯拉"的康明斯宣布将在临港设立康明斯氢能中国区总部及氢能中国区研发中心总部,这是新片区首个集研发、制造、贸易、供应链于一体的世界 500 强总部项目。康明斯成立于 1919 年,是全球领先的动力设备制造商,产品包括燃料系统、控制系统、进气处理、滤清系统等。它研发出的氢能燃料电池产品，可为公交车、城市渣土车、重卡、发电等领域提供动力。康明斯在氢能长链上，业务聚焦电解水制氢装备及其核心零部件、高压储氢瓶系统、PEM燃料电池、SOFC燃料电池、HICE氢燃烧发动机等核心装备或部件的研发和制造，研发中心将对包括电堆、电解槽、燃料电池、储氢系统等做技术与产品的开发与应用，为中国市场和用户量身打造"制、储、运、加、用"的全产业链、多元技术路线解决方案。之所以落户国际氢能谷，康明斯看中的是临港的氢能产业集群优势，公司能在这里找到可提供氢能源的核心产业、基础设施以及应用场景的各个环节，能够通过与上下游企业联动，形成快速响应。

表7.2 临港氢能谷产业链与相关项目

	产业领域	代表性企业举例
上游氢气供应领域	供氢	申能、浦江气体、汉兴能源等综合型能源企业
中游生产研发制造领域	整车	万象新能源客车、中车交通
	系统	康明斯、国鸿氢能、深圳氢蓝时代
	电堆	氢晨科技
	膜电极	唐锋能源
	质子交换膜	汉丞科技
	双极板	上海治臻
	碳纸	上海嘉资、深圳通用碳纸
	催化剂	安徽桥水、上海唐锋、苏州擎动
	制氢	康明斯
	储氢	镁源动力、国富氢能
	氢燃料电池	氢蓝时代、喜玛拉雅、杰宁、上氢
	检验检测	上海氢测检、上海电气核电集团上汽氢能产业链认证中心

知识窗

临港氢能产业代表企业小知识

汉兴能源已获得专利的产品有变压吸附（PSA）专用吸附剂、甲醇裂解催化剂、天然气（轻烃）制氢装置各种催化剂等。

氢晨科技的核心产品为大功率燃料电池电堆、PEM电解槽和基础零部件等产品，已经开发出80千瓦、100千瓦、120千瓦和150千瓦四款自主开发的燃料电池堆。基于H3技术开发的全球单堆功率最大300千瓦金属板燃料电池电堆，体积功率密度为每升6.2千瓦，比肩国际一流水平。适用于49吨以上重型卡车，时速可达90千米。

唐锋能源拥有膜电极设计、材料、工艺、设备、测试评估等全套核心技术，特别是低铂载技术处于业内领先，推动氢燃料电池大幅降低成本。2020年7月，上海唐锋投产膜电极，2022年产值突破2亿元。上海唐锋已实现年600多辆氢燃料电池汽车的批量供应。

上海治臻的产品是金属双极板龙头，公司旗下有两类燃料电池金属双极板，分别是S05C和S06。目前是国内最大的金属双极板供应商，占国内市场份额的90%。

3.3 探索氢能应用场景

一般认为，交通场景将是氢能商业化的重要突破口。据测算，到2050年，交通场景中的氢能使用量将占到总体使用量的一半。临港地区氢能车辆应用场景是上海乃至长三角最丰富、最密集、最具有商业化和可持续开发价值的场景。临港集团充分利用集团园区大型制造企业聚集等优势资源，在"国际氢能谷"大力开发数万辆重卡、渣土车、通勤客车等氢能应用场景。2021年9月22日，上海临港印发《临港新片区打造高质量氢能示范应用场景实施方案（2021—2025年）》，提出到2025年，完成1 500辆氢燃料电池车辆应用；建成各类型加氢站点14座；年氢气供给量不低于14 000吨，构建工业副产氢和可再生能源制氢有机结合的氢源保障体系；打造具有临港新片区特色的可再生能源和谷电制氢产业，年氢气自给率不低于当年需求量的30%；推广氢能分布式能源和热电冷三联供系统技术在建筑领域和工业园区示范应用。

应用优势

第一，氢能汽车应用体量大。背靠全球最大深水港洋山港，临港拥有上海最大的重卡注册登记量（3万—4万辆，占全市70%），每日进出车辆约1 600辆；还拥有上海最大的工程渣土排放量（1 500万方—1 800万方/年，占全市1/3），600—800辆渣土车服务临港新片区开发建设，平均4 000车次/日；以及拥有上海最大的市郊通勤体量，以特斯拉、上汽、商飞、中国船舶等为代表的临港前20名大型制造企业的员工人数就近5万人。这三大场景，体量大、用户集中、区域集中，可形成场景集聚效应，带来规模化优势，促进商业化价值实现：一是可集中配套加氢站等氢能基础设施，便于规划审批和安全监管；二是利于优化氢源调配，提高氢气制、储、运、加、用效率；三是促进市场容量扩张，带动本地氢能产业链企业降本增效。以氢能汽车为例，如果5年5万台订单，每千瓦成本可下降70%—80%，降到2 000元以下。

第二，企业使用氢能车的意愿大。基于社会责任、成本和环保压力等多重因素，园区企业具有尝试氢能车辆替换的积极性。油价波动带来的运营成本压力、排放标准国六换代带来的环保压力、电动重卡电池重量大和充电慢带来的运营效率降低等问题，渣土车轻量化新规落地、行业环保要求趋严等因素，以及通勤电动客车续航里程焦虑等原因，都有力地助推企业探索车辆氢能化。

如前所述，2022年10月28日，国内首条氢能源中运量公交线路T2开始运营。园区同时已规划了中运量公共交通线路T6示范线和东海大桥氢燃料集卡替代计划。2022年年底，临港新片区内首座油氢合建站和首座纯氢加氢站也已投入运营。2023年6月，上海首批60辆氢能渣土车在临港新片区正式投放运营，后续还有100辆投放计划。一方面，"国际氢能谷"通过氢能场景的持续落地，加速临港加氢站等氢能基础设施的配套建设；另一方面，通过加速商业化场景的进一步转化落地，实现"场景—基础设施"的良性循环，进一步完善临港氢能产业发展的基础环境，带动临港氢能产业发展。

应用痛点

首先，基础设施配套不完善。截至2022年，临港投入运营的加氢站共有3座（平霄路站、同汇路站、广祥路站），距离在2025年建成14座加氢站、不低于38吨/天加氢能力的建设目标，仍有一定差距。而且，在加氢站点布局、建成时间节点上存在与氢能车辆应用场景脱节的情况。

另外，氢能重卡、渣土车场景业务强度大，对车辆周转效率要求高，因此用氢量大、加氢频次高，在短期内存在内部自建撬装加氢站的需求。建设氢能重卡运营服务中心，实现停车、少量仓库中转等功能，或许将有利于加速氢能重卡的推广。

其次，氢源保障亟须加强。临港计划在2025年实现30%以上的氢气自给率，且光伏等绿氢占比不低于10%。目前临港氢能产业上游的氢气供应领域中，氢气生产、运输及设备研发的生产企业仍然较少，特别是绿氢生产方面较为滞后。目前，临港的氢气供应主要来自于上海化工区的工业副产氢，与张家港和嘉兴港区等拥有自主工业副产氢源不同，临港目前还不具备工业副产氢就地利用条件，制氢加氢一体化设备也还未落成，面临氢源保障不足、用氢成本较高等问题。未来仍需要拓宽氢气供应渠道、稳定氢气价格，以保障产业链用氢的稳定性和持续性。

再次，氢能车辆购置成本高、加氢成本高。49吨氢能重卡（150万—160万元）、31吨氢能渣土车（约160万元）、11—12米氢能客车（约130万元）的购置成本都在百万以上，明显高于传统燃油车辆。短期内对政府补贴依赖明显，而且，政府补贴难以完全覆盖氢能车辆和燃油车辆在综合使用成本上的差额，需要产业链企业协同分摊。

最后，行政支持措施配套不足。目前临港氢能产业在审批流程和监管方面还需打通政策障碍，包括氢安全、液氢使用、Ⅳ型瓶使用，以及站内制氢等方面。氢能重卡场景存在洋山港区码头落箱效率低的问题。如果能够允许氢能重卡优先进港落箱，将极大提升氢能重卡物流运输效率，提升物流企业氢能车辆替换意愿。氢能渣土车场景车辆由专营单位营运，其营收直接取决于工程建设项目中渣土运输业务的中标情况。如果能够引导渣土运输招投标优先使用氢能车辆，并允许氢能渣土车免限行，将利于提升专营单位业务量和周转效率，提升车辆氢能化的积极性。氢能通勤客车场景主要面临运营额度不足的问题。未来需要针对氢能客车新批单独的专用运营额度，一事一议支持氢能客车场景落地。广东佛山等地已出台针对性行政支持措施，包括提高路权、免除时段限行、开通办证年检"绿色通道"、重点项目优先使用氢能车辆等，临港也可参照外地经验，制定配套对应的支持性政策措施。

3.4 打造园区多元化服务

国际标准的绿能服务平台

公共服务平台对战略性新兴产业起步发展有重要的支撑作用。临港已拥有上海电气氢储运装备产业计量测试中心、中石油新材料研究院，正在筹建氢能检测认证服务平台。氢能检测认证服务平台依托上海机动车检测中心、上海质量管理科学研究院等检测行业龙头企业，成为面向行业和覆盖制、储、运加、用等全链条的国家级氢能检测认证综合服务平台。围绕园区功能要素服务，国际氢能谷合作发起氢能产业发展基金，打造"基金+基地"特色模式，首期规模约10亿元，以股权投资服务产业发展，投资领域覆盖氢能制、储、运、用全产业链及相关领域，以资本助推加速氢能产业发展。

上海市氢能标准化技术委员会。由临港氢能公司、临港集团下属上海机动车检测认证技术研究中心有限公司成立合资公司，承担上海市氢能地标委秘书处职能，拟邀请产业链40余家企业作为委员，围绕氢能"制、储、输、用"建立健全氢能全产业链安全标准规范体系。

氢能检验检测认证基地。通过国际氢能谷的建设，认证基地将涵盖氢能制、储、输及多场景应用全价值链，开展多场景氢动力技术研发与示范应用，搭建氢能产业TIC基础平台，打造世界级的氢能实验中心。

氢能产业数据平台。国际氢能谷规划把氢能数据平台建设成为"一屏观产业"和"制储运加用"全场景全栈式大数据平台，为后续智慧能源、碳溯源和碳中和、氢交易平台建设发展做好数据支撑和技术保障。

氢交易平台。临港集团与上海环境能源交易所已达成战略合作，积极探索绿色低碳、气候投融资等领域全方位合作，联合推进设立统一、高效的氢能交易平台。研究完善相关政策措施，探索开展氢能贸易、氢储能和碳氢交易试点，探索氢能贸易、价格指数、溯源认证、氢储能参与电力市场和氢能碳减排市场化交易机制，推动清洁氢产生的减排量纳入核证减排信用（CCER）市场交易，逐步探索建设全国性氢交易所。

打造氢能实验室。国际氢能谷积极引进同济大学牵头的国家能源氢动力实验室，定位为世界一流的氢动力技术及装备的研发与转化平台。中国石油集团计划投资20亿元，在临港建设中国石油上海新材料研究院，重点开展研发固态金属储氢、有机液体储氢、储氢瓶、高性能质子交换膜、光伏膜、钙钛矿、碳纤维复材等新材料。上海氢测技术有限公司计划投资1.5亿元，在临港建设燃料电池测试实验室，为氢燃料电池系统及电堆企业提供优质的试验验证平台。

临港氢能产业发展基金。由临港氢能公司、国家绿色发展基金、临港先进制造基金、上海汽检等已经发起设立了首期8亿—10亿元的氢能产业基金，借助临港新片区在氢能产业核心零配件的布局，以及临港集团智能制造产业集群协同优势，将氢能上下游产业资源与园区多元化业态和企业资源相结合，形成投资生态圈，将先导技术发展与落地场景相结合，形成应用生态圈，以资本助推加速氢能产业发展，助力国家"双碳"战略推进。

多元化氢气供应保障

截至2022年年底，临港新片区内首座油氢合建站和首座纯氢加氢站均已投入运营，新片区氢能企业的产值规模已达20亿元。根据规划，到2025年，临港将推广上线1 500辆燃料电池车辆，建成各类型加氢站点

14 座，38 吨 / 天的供应能力，氢燃料电池汽车产业规模将突破 200 亿元。基本涵盖氢燃料电池汽车核心零部件和氢能装备全产业链。探索氢能在可再生能源制氢储氢、管道供氢、分布式和热电联供等领域先行先试。洋山综合保税区则为氢能产业链的贸易全球化、产品国际化，提供了有力保障。

推动氢能制、储、运、用等全产业链发展，是国际氢能谷的方向。氢能谷将围绕《氢能产业发展中长期规划（2021—2035 年）》，在国家赋予临港先行先试破解氢能现有政策瓶颈的背景下，加速推进重大项目落地，通过补链强链，进行新的制度创新，将临港新片区打造成为上海乃至全国氢能产业发展的制度创新试验田、技术攻坚先锋队、示范应用探索区、基础设施样板间及公共平台聚集地，助力临港新片区成为上海建设国际一流的氢能产业创新高地的新引擎和增长极。临港的目标是，到 2025 年，实现技术领先度、产业集聚度、设施完备度、应用覆盖度等方面领先全国，产值规模占全市 1/4 以上，车辆应用规模占全市 1/7 左右，基础设施规模占全市 1/5 左右，在新能源制氢储氢、管道供氢、分布式和热电联供等领域率先示范并形成行业标杆。届时，临港新片区将引进 5 家以上具有国际影响力的氢能燃料电池汽车零部件企业，氢燃料电池汽车产业规模将突破 200 亿元；形成 5 家年收入超过 10 亿元的零部件生产企业；培育 2 家以上的上市企业，围绕膜电极、碳纸等细分领域发展孵化一批独角兽企业。

4 他山之石

4.1 低碳循环：日本北九州工业园区

北九州市位于日本九州岛的最北端，面积 480.61 平方千米，人口 101 万，是日本主要的港口城市。北九州市 1963 年由九州北部 5 个中小城市合并而成，是日本重要煤炭资源地，也是日本重工业的发祥地。在战后经济高度成长时期（20 世纪 50—70 年代），该工业地带的主要产业有钢铁、化工、机械、窑业及信息关联产业等，是日本四大工业基地之一。但重化工企业的排放物严重污染了大气和水域，从 20 世纪中叶开始不断出现的公害问题，给该地区造成了难以估量的经济与环境损害。许多大型工厂集中在洞海湾边，年降尘量创日本最高纪录，许多市民感染上了哮喘病，北九州市也因此被称作"七色烟城"。1965 年，当地年平均降尘量高达 80 吨/平方千米/月（最高量为 108 吨），每平方千米每天平均要在头上砸 2.67 吨的灰尘。1968 年，震惊世界的八大公害事件之一的米糠油事件（亦称多氯联苯污染事件）就发生在这里。公害事件犹如当头一棒，让人意识到环境整治亟待解决。从政府到民间企业，从学者到普通市民，都把环保当成头等大事。政府实施了包括缔结防止公害的协议、疏浚洞海湾、设置公害监视中心、建设污水处理厂等一系列措施；企业也逐渐设置污染防治设备、引进清洁生产技术，北九州环境迅速得到改善（见图 7.5）。1987 年被日本环境厅评为"星空城市"，1990 年成为日本第一个获得联合国环境规划署颁发的"全球 500 佳"奖的城市。

| 20 世纪 60 年代 | 现在 |

图 7.5　日本北九州环境今昔对比

科学划分园区功能

北九州市将"产业振兴政策"与"环境保护政策"进行统合，制定了北九州市独具特色的地区政策，北九州生态工业园区工程在这样的背景下孕育而生。该市从 1997 年开始实施环境产业建设，环境新技术开发，减少垃圾，实现循环型社会为主要内容的生态市建设计划，提出了"从某种产业产生的废弃物为别的产业所利用，地区整体的废弃物排放为零"的生态城市构想。位于北九州若松区响滩的北九州生态工业园，1997 年 7 月获得日本国家批准，整个园区全部由围海造田而成。这个位置具有明显的地理优势：濒临日本海，紧靠 Kanmon 港和 Dokai 湾，有充足的废弃物可以利用；另外，它的面积很大，有 2000 公顷，管辖的地区可以进行低成本的垃圾处理，有充足的工业用水，附近的港口可以降低运输成本。园区主要设立三大区域：综合环保联合企业群区、实证研究区和再利用工厂群区。

综合环保联合企业群区是整个生态城的核心部分，各个企业相互协作，开展环保产业企业化项目，从而使该区成为资源循环基地。区域内主要汇集了废塑料瓶、报废办公设备、报废汽车等大批废旧产品再循环处理厂，并通过复合核心设施，将园区内企业排出的残渣、汽车碎屑等工业废料进行熔融处理，将熔融物质再资源化（如制成混凝土再生砖等），同时利用焚烧产生的热能发电，并提供给生态工业园区的企业。循环业已在 7 个领域运行，分别是 PET 瓶装、办公设备、汽车、家用电器、荧光灯、医疗设备及混合结构废料。如 PET 瓶装循环利用就是根据"包装容器循环利用法"，对市镇村分类收集的 PET 瓶进行循环处理，并把它作为纤维等原料，生产再生 PET 树脂。废木材、废塑料循环利用是将建筑工地排放的废木材粉碎，并与废塑料混合，生产耐水性能好、耐气候变化的建筑材料，如防护栅栏、散步回廊等。各个领域通过规模化收集并处理废弃物，最大限度地降低循环成本。综合环保联合企业群区有一个最大的特点，即北九州最活跃的大公司都是生态工业园项目的主要资助者，生态工业园的循环企业与北九州现有的制造业有着紧密的联系（见图 7.6）。比如 PET 瓶装循环公司的主要资助商有日本钢铁公司和三井公司；而循环技术公司的主要资助商有废弃物处理商新菱公司和理光公司。母公司不仅提供资金，还提供厂房、技术和技术诀窍。

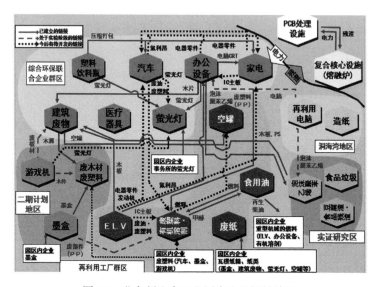

图 7.6　北九州生态工业园内企业间链接图

实证研究区是北九州生态工业园区的第二大支柱,该区域占地16.5万平方米,在该区域内,企业、行政部门和大学通过密切协作,联合进行废弃物处理技术、再生利用技术的实证研究,从而成为环境保护相关技术的研发基地。该区域还建立了低碳学习中心,主要用于提供学习场所,支持研究活动以及展示技术和产品,促进研究成果的交流、转化。北九州市还向环保技术实验研究等活动给予资金援助,支持新的环保技术研发。

以生态城为载体,北九州政府将教育/基础研究、技术/实证研究、环保技术产业化有机结合,带动了环境保护由技术向产业的迈进。1993年,北九州政府启动"北九学术研究城项目",通过研究机构、政府和大学的通力合作,对最先进的垃圾处理技术、资源回收再利用技术、新能源等广义范围内的环保相关技术进行基础性和验证性研究,同时与知名的大型企业推进产学研合作,推进技术的产业化,从而催生了包括机器人、半导体、汽车相关产业及环保技术为核心的新的产业集群。

生态城的第三个支柱是再生利用工厂群区,该区的目的是创建一些中小型废弃物处理公司,以获得最有效的循环,鼓励更多与循环业有关的投资企业投资。该区域分为"汽车循环区"和"新技术开发区"。汽车循环区是由分散在城区内的汽车拆解厂集体搬迁而形成的厂区,通过共同合作,实施更为合理、有效的汽车循环再利用。新技术开发区是当地中小企业和投资公司应用创新技术的区域,通过制定优惠政策,吸引一些小型废弃物处理企业进入该区,以扶持中小企业在低碳领域的发展。

园区通过发展资源循环再利用项目,提高了资源回收和再利用率。目前每年回收废弃物7.7万吨,其中来自北九州市外的废弃物达7万吨;再利用7万吨,其中北九州市内再利用1.9万吨。

北九州工业园区成功的经验

一是政府有力的政策支持。各级政府建立了生态工业园区补偿金制度。对进入园区的具有先进技术的企业，国家补助企业建设经费 1/3—1/2 的费用；北九州市政府对入园企业补助总投资额 2.5% 的费用，对入住园区的企业在土地、选址、建设项目立项等方面给予补助。属于自购土地的，新建项目最多可补助 10%，扩建项目最多可补助 6%；租赁土地的，在项目运行的第一年，可免除第一年租金的一半。对于相关科研机构，市政府每年也给予一定的补助。北九州还制定了对产业废弃物征税的条例，以促进废弃物的减量化、资源化。在政府政策投资银行等的政策性融资对象中，与 3R 事业[①]、废弃物处理设施建设等相关的项目，可以得到税收优惠。

二是完善的法律保障体系。从国家层面上，日本已经建立起完善的保障循环经济发展的法律体系，包括《推进循环型社会形成基本法》《固体废弃物管理与公共清洁法》《资源有效利用促进法》《促进容器和包装分类回收法》《家用电器回收法》《建筑材料回收法》《报废汽车循环利用法》等。北九州市制定了《北九州市公害防治条例》，其规定比国家标准更为严格；市政府还与市内的重要企业签订了《公害防治协议书》。

三是重视科研及人才培养。北九州市的工业化已有百年历史，积累了丰富的产业技术及人才优势。1994 年，北九州市开始构建"北九州学术研究城"，为循环经济的发展提供科技支持和智力支撑，园区有早稻田大学、北九州大学、英国克拉菲尔德大学等多所研究机构和新日铁公司等 40 多家企业进驻。在生态工业园的实证研究区内，政府、企业和多所大学联合起来建立了多个试验基地，吸收了大量高科技人才进行科学研究。

四是官产学民共同参与。北九州生态工业园区的建设以地方为主体，中央政府和地方政府共同辅助和管理，企业、研究机构、行政部门积极参与，形成了"官、产、学一体化"的生态工业园区管理和运作模式，企业

---

① "3R"即减少原料（reduce）、重新利用（reuse）和物品回收（recycle）。

与研究机构、政府之间进行强有力的合作。

同时,园区关注环保低碳宣传,提高公众参与度。北九州工业园区内的企业对居民实时公开信息,共同制定风险管理与风险评估的方法,加深互相的理解与信任。园区定期开放再循环工厂,为学生的环保教育提供教材,引导学生了解低碳工业园区的产业活动内容,培养低碳意识。同时,市民与非营利组织在园区内积极组织、参与绿色宣传活动。在进行大型低碳设施建设的时候,政府会召开情况说明会和居民座谈会,征求居民意见。

4.2 零碳智慧园区：德国欧瑞府（EUREF Campus）

零碳智慧园区是指在园区规划、建设、管理、运营全方位系统性融入碳中和理念，综合利用节能、减排、固碳、碳汇、碳捕集利用、碳交易等碳技术或方法，以智慧化管理实现产业低碳化发展、能源绿色化转型、设施集聚化共享、资源循环化利用，实现园区内部碳排放与吸收自我平衡，生产生态生活深度融合的新型产业园区。零碳智慧园区通过对多元分布式能源体系进行升级，构建多能转换、多能互补、多网融合的综合协同能源网络，基于数字管理平台实现园区碳排放等数据的全融合，赋能园区全面减排，可以有效降低园区二氧化碳直接排放和间接排放量。同时，结合碳捕捉、碳吸收、碳交易等方式抵消园区内剩余的二氧化碳，从而实现园区零碳排放。

在柏林市区西南方位的滕珀尔霍夫-舍内贝格区，有一座高达78米的圆柱形钢结构建筑，这座有着100多年历史的建筑曾是欧洲最大的煤气储气塔，代表了当时最先进的能源技术。然而在1995年被关闭后的很长一段时间，没有人知道该如何处理这座老旧的工业保护遗址。不仅是煤气罐本身无法被继续使用，包括其他煤气站中被列为文物保护的建筑部分，如金工车间、锅炉房、蒸馏室和水塔，也因年久失修逐渐残破和倒塌。2008年，柏林原煤气站的地皮要出售，时任德国能源署署长科勒提出，煤气站是旧时代的能源设施，可以考虑建设一个以新时代能源为主题的园区。

2014年，这座老煤气站更名为"欧瑞府能源科技园"，占地5.5万平方米，有25幢建筑，150家创新型企业，近3 500人入驻（如图7.7

所示）。这一零碳方案是兼顾社会效益与经济效益的超前规划，包括 EcoStruxure 架构的数字化方案——能源管理与整体智慧园区的云边端结合整体数字化方案，涵盖楼控产品，变频器，无六氟化硫中压开关设备，EBO（EcoStruxure Building Operation）楼宇运营系统，PME（EcoStruxure Power Monitoring Expert）电能管理系统，等等。还落地了基于微网 EMA（EcoStruxure Microgrid Advisor）的整体光伏、储能和充电方案，以及接入电池储能系统和智能充电站的零碳交通，确保整个园区在运营阶段实现碳中和。园区建成以来，园区与零碳能源技术实现了有机融合，成为德国第一个完全使用可再生能源的城市园区，并获得联合国"全球城市更新最佳实践"奖和城市发展类别中的"immobilienmanager"奖。欧瑞府零碳科技园已提前实现德国联邦政府制定的 2050 年气候保护目标——二氧化碳减排 80%，从源头打造零碳能源，形成了围绕新能源和低碳技术的完整产业生态圈。

图 7.7　德国欧瑞府全景图

欧瑞府值得我们借鉴的经验有以下几点：

一是以智能化能源管理系统满足供暖、用电等各类应用场景。欧瑞府零碳智慧园区通过施耐德电气与合作伙伴联合设计的零碳方案，完成了向

> **知识窗**
>
> ### 什么是"沼气票"
>
> 在德国鼓励沼气资源开发的初期，采取的激励政策是对沼气发电给予优惠电价。其电价在初期是 20 欧分/千瓦时出头，随着技术进步、成本下降，现在只有约 12 欧分/千瓦时。但是，如果沼气就在产生沼气的地方（大部分是在农村地区）发电，那么在大部分情况下，沼气发电时联产的热力就难以得到充分利用。
>
> 为了充分利用沼气发电联产的热力，并取得较好的经济效益，德国能源署开发了一个沼气证书，即"沼气票"机制：沼气站可将沼气先脱硫化氢，再脱二氧化碳，洗净达到天然气管网的甲烷气标准（沼气中甲烷占近 60%，其余基本上都为二氧化碳，还有少量的硫化氢和

零碳的转变。一方面，推动在园区内安装光伏板、风机，产生清洁电力，再改造成集分布式供能、本地用能、能源存储于一体的智能电网系统，实现最大比例使用光伏、风能、沼气等可再生能源。如园区内的水塔咖啡馆，看似老式的红砖厂房却是根据德国最高能效标准改造，配备了智能化的能源管理系统，利用小型热电联供能源中心完成供暖、制冷和供电，电转热和电转冷设备在楼宇之间相互连接。施耐德电气的监控系统优化了能源消耗。electroMobility 平台的访问者能够看到能源管理过程的可视化。另一方面，外购清洁电力和热力。由勃兰登堡州农业垃圾制成的沼气，通过天然气管网输送到园区能源中心，每年可燃烧发电 2 兆瓦时，足以满足 1 300 户家庭用电需求。发电余热则能将水加热至 90 摄氏度，通过 2.5 千米的供热管线满足园区取暖需求。

二是最大比例使用可再生能源，构建绿色低碳安全高效的能源体系。绿色能源方面，欧瑞府可再生能源比例极高，打造了可再生能源供电示范项目。园区中心的电动车充电站、智能充电站通过接入高达 1.9 兆瓦时的电池储能系统，可满足 100 辆电动汽车、公交车的充电需求。充电电力来源为风电和光电，通过在顶棚上覆盖光伏板，产生了清洁电力，为园区 170 余个电动车充电桩提供能源，是德国最大的新能源电动车充电站。园区的部分充电桩也很有特点。这些充电桩被直接安装在路灯灯柱上，充电桩的功能都集成在那个插线板大小的盒子里，看到的桩只是个插座。相比新建充电桩的高额投入，把一个路灯改装为充电桩大约只需不到 1 小时和

其他气体），而后按天然气价格售出，另外获得等量的沼气票。如有燃气用户在购买燃气用于燃气热电联供的同时，购买等量的沼气票，就被视为使用沼气，就能以优惠的沼气发电电价向电网销售所发的电力。

欧瑞府用的沼气并不是物理形态上的沼气，而是用燃气管网中的气。城市燃气管道里的燃气中有天然气，也有沼气洗净后的生物甲烷。沼气的生产者在将沼气洗净后卖给管道公司的同时，还获得了沼气的证书——沼气票。因为园区买了沼气票，点对点购买了勃兰登堡州的沼气，就是用了核算意义上的沼气。虽然园区的沼气比正常天然气大约贵 40%，但可获得可再生能源补贴。

来源：陶光远（2019）。

1 000 欧元。园区内的自动驾驶摆渡车在这里智能充电，充电时段和充电功率智能调控，给电网提供灵活性，依靠传感器、摄像头、GPS 导航等技术，安全地来回穿行。而且电动汽车充的电是风电和光电，而不是煤电。无人驾驶清扫车则可将清扫范围精确到厘米级。同时，由奥迪公司回收的退役电池组成电池存储设备，形成高达 1.9 兆瓦时的电池储能系统，实现了资源可持续利用。通过部署 EBO 楼宇运营系统、PEM 电能管理系统以及 EMA 智能微网系统，实现源（风电、地热、沼气、光电）、储（大容量电池、电车储能、储热）、荷（热、冷、电负荷）间的有效协同，提高园区整体运行能效，确保运营阶段的碳中和。

三是创新利用藻类生物反应器，提升生态系统碳汇能力。欧瑞府内部建筑外壁通过悬挂大片的藻类生物反应器，借助光合作用，每年可生产藻类 200 千克，每千克藻类可吸收 2 千克二氧化碳，并清除有害的二氧化氮等废气。净化空气的同时，藻类还可被提取加工成绿色粉末，作为营养添加剂用于化妆品和食品工业。

四是推广绿色低碳建筑建设。既有文物建筑采取适宜的节能改造措施，新建建筑则采用节能保温材料、遮阳板、三玻窗等节能建筑技术。园区内所有新建建筑均为绿色节能建筑，并获得绿色建筑 LEED 白金认证，所有建筑物都通过智能电表连接到当地电网，智能电表控制和测量消耗量，办公照明系统通过日光传感器进行自动控制。

通过这些基于清洁能源、人工智能的技术实践，园区80%至95%的能源可从可再生能源中获得。这些技术都出自欧瑞府园内的企业。目前，该科技园入驻150多家机构，既有德国铁路、施耐德电气、思科这样的全球500强巨头，也有MINT等诸多小型初创企业。欧瑞府扮演了创新孵化器角色，为初创企业提供办公场所、资金和咨询支持。此外，柏林工业大学、德国人工智能研究中心也在园区设立了研发机构，与企业一起将能源技术转化为商业可行方案。为了优化能源系统，不同机构将各自的产品及技术引进园区，形成了围绕新能源和低碳技术的完整产业生态圈。欧瑞府能源科技园展示了在经济允许的前提下，如何通过智能和创新的系统升级，实现气候保护这一目标。通过在不同要素之间（比如楼宇、交通和能源供应之间）建立联系，力求在最大比例使用可再生能源的前提下，尽最大可能降低系统成本，保障能源供给安全。

参考文献

[1] 全国信标委智慧城市标准工作组. 2022.《零碳智慧园区白皮书（2022）》[R/OL].（2022-01-24）[2023-12-02]. https://www.cleanconnect.cn/researchmore/93.

[2] 禹湘. 2018. 国家试点工业园区低碳发展分类模式研究[J]. 中国人口·资源与环境，28（9）：32-39.

[3] 清华大学建筑节能研究中心. 2022. 中国建筑节能年度发展研究报告2022（公共建筑专题）[M]. 北京：中国建筑工业出版社.

[4] 上海经信委. 2023. 金山区上海碳谷绿湾产业园"二转二"优秀案例[EB/OL].(2023-05-26)[2023-12-02]. https://mp.weixin.qq.com/s?__biz=MjM5MDU2MTc4NQ==&mid=2650572826&idx=3&sn=9c448d4379f7a6d0a8b65cb25229f531&chksm=be4acc8c893d459aee2ee51d83ee11958eaf44ac0a4c3166834b9843927a6f9f13a8ddbb1ba5&scene=27.

[5] 陶光远. 2019. 德国沼气生产新技术与沼气交易新模式——哈特瑙县沼气站考察实录[EB/OL]. (2019-03-05)[2023-12-02]. https://www.sohu.com/a/299285839_100049846.

后记

我认为，本书的研究对象——临港集团是一个具有典型意义的中国企业样本：大型国有企业集团，承担着建设临港新片区这一重大国家战略的使命和任务，一端连着政府，一端连着市场；以园区开发、企业服务和产业投资为主业的功能保障类国有企业，与一般的市场竞争类企业不同，必须同时兼顾社会效益和经济效益；作为园区开发者、建设者，因改革开放和经济全球化大势，在上海这一改革开放的前沿城市，近乎全程参与了园区这一蕴含中国智慧的重要制度创新、制度变革模式。倘从1988年漕河泾开发区建设算起，今天的临港集团就是一家积三十余年园区开发经验的企业，足见其参与国家改革开放的历程之长。即或从临港集团正式成立，迄来也是二十载春秋，此中所蕴含的独具中国特色的经营管理经验、知识和智慧，值得中国的管理学者深入研究、总结、提炼。这正是本书的创作初衷。

为了把这一颇具典型性的中国企业样本研究好、呈现好，华东理工大学商学院和临港集团创新管理学院，依托2018年成立的临港—华东理工大学自贸区创新研究院这一校企合作平台组织了编委会，编委会以华东理工大学副校长阎海峰、临港集团董事长袁国华为主任，临港集团总裁翁恺宁、临港集团创新管理学院院长李刚为副主任，成员包括万倩雯、朱丽华、朱丽娜、刘明星、邱姝敏、张严心、张磊、林木田、胡悦、董双、蒋竺均、谢羽倩、雷玮（按姓氏笔画为序）。需要特别说明的是，编委会中的袁国华、翁恺宁、李刚等均是最早投身临港开发建设的重要团队成员。其中，袁国华和李刚是临港集团成立时来自漕河泾新兴技术开发区的两名重要成员，堪称是漕河泾经验的直接传承者。

华东理工大学阎海峰总体负责项目开展和本书写作，主持讨论、审定全书的总体设计和详细写作提纲，审核、校对全书各章内容、提出修改意见，并执笔撰写本书第一章；其余各章的撰写分工如下：第二章由万倩雯、林木田和张严心执笔，第三章由邱姝敏执笔，第四章由朱丽娜执笔，第五章由胡悦执笔，第六章由雷玮执笔，第七章由蒋竺均执笔。华东理工大学董双参与了第六章的前期调研和写作，临港集团创新管理学院的刘明星、朱丽华、谢羽倩参与了相关讨论并帮助收集相关材料，华东理工大学商学院 EDP 中心主任张磊为项目开展和写作提供了许多服务保障。

在过去的一年多时间，双方密切合作，临港集团创新管理学院不仅从研究访谈安排、集团相关一手资料收集等方面为项目顺利开展提供了很多帮助，院长李刚还多次参与了前期写作提纲的讨论，从临港集团实践者的角度为本书结构搭建贡献智慧和力量。

总之，本书的出版，是华东理工大学和临港集团产学研紧密合作的结果，也是众人同心协力的结果。在此，借正式付梓之机，感谢为此做出过努力的各位同仁；感谢国家自然科学基金委的资助（项目批准号：71972072）。当然，还要感谢北京大学出版社以及那些专业高效的编辑们。

本书的出版是我们扎根中国企业实践，研究、探讨中国企业经营管理经验、知识和智慧的成果之一，冀望能够对中国大地上万千园区开发建设者有所裨益。

阎海峰

华东理工大学副校长、教授